ERWIN MARX

Der gesetzliche Richter im Sinne von Art. 101 Abs. 1 Satz 2 Grundgesetz

NEUE KÖLNER RECHTSWISSENSCHAFTLICHE ABHANDLUNGEN

HERAUSGEGEBEN VON

DER RECHTSWISSENSCHAFTLICHEN FAKULTÄT DER UNIVERSITÄT ZU KÖLN

HEFT 63

Berlin 1969

WALTER DE GRUYTER & CO.

vormals G. J. Göschen'sche Verlagshandlung · J. Guttentag, Verlagsbuchhandlung
Georg Reimer · Karl J. Trübner · Veit & Comp.

Der gesetzliche Richter
im Sinne von Art. 101 Abs. 1 Satz 2 Grundgesetz

Von

Dr. Erwin Marx

Köln

Berlin 1969

WALTER DE GRUYTER & CO.

vormals G. J. Göschen'sche Verlagshandlung · J. Guttentag, Verlagsbuchhandlung
Georg Reimer · Karl J. Trübner · Veit & Comp.

Archiv-Nr. 27 08 694
Satz und Druck: Saladruck, Berlin 36

Meinen Eltern

INHALTSÜBERSICHT

2. TEIL

Geschichte und Rechtsvergleichung

LITERATURVERZEICHNIS

Adamovich-Spanner — L. Adamovich und Hans Spanner: Handbuch des österreichischen Verfassungsrechts, 5. Aufl., Wien 1957.

Anschütz-Thoma — Gerhard Anschütz und Richard Thoma: Handbuch des Deutschen Staatsrechts, II. Band, Tübingen 1932.

Arndt, Adolf — Die Gesetzlichkeit des Richters als Strukturprinzip der rechtsprechenden Gewalt, JZ 56, 633.
Die Gesetzlichkeit des Richters, DRiZ 59, 171.
Die Verfassungsbeschwerde wegen Verletzung des rechtlichen Gehörs, NJW 59, 1297.
Der Berliner Konflikt zwischen Justiz und Verwaltung, DRiZ 61, 373.
Anmerkung zum Urteil des Bundesarbeitsgerichts vom 28. 9. 1961 — 2 AZR 32/60 —, JZ 62/545.
Das Unbehagen an der Verfassung (Nr. 1 unter „Umwelt und Recht"), NJW 63, 432.
Anmerkung zu den Beschlüssen des Bundesverfassungsgerichts vom 24. 3. 1964 — 2 BvR 42, 83, 89/63 — und vom 2. 6. 1964 — 2 BvR 498/62 —, NJW 64, 1667.
Private Betriebs-„Justiz"? (GG Art. 92; BGB §§ 138, 242; BetrVG § 56), („Umwelt und Recht" Nr. 1), NJW 65, 26.
Ungesetzliche Arbeitsgerichte (§ 14 ArbGG; Art. 97, 101 Abs. I GG)? („Umwelt und Recht" Nr. 1), NJW 65, 430.
Die Erschöpfung des Rechtsweges (§ 90 Abs. 2 BVerfGG; §§ 318, 322, 565 Abs. 2 ZPO), („Umwelt und Recht" Nr. 3), NJW 65, 807.
Anmerkung zum Beschluß des Bundesverfassungsgerichts vom 3. 2. 1965 — 2 BvR 166/64 —, NJW 65, 1219.

Bachof, Otto — Grundgesetz und Richtermacht, Rektoratsrede, Tübinger Universitätsreden Heft 6, Tübingen 1959.

Baur, Fritz — Betriebsjustiz, JZ 65, 163.

Berger — Zulässigkeit der Überbesetzung der Kollegialgerichte mit Beisitzern, NJW 55, 1138.

Bettermann, Karl August — Die Unabhängigkeit der Gerichte und der gesetzliche Richter, in Bettermann-Nipperdey-Scheuner: Die Grundrechte, Berlin 1959, III. Band, 2. Halbband, S. 523 (542 ff.).

Nochmals: Bei Zurückverweisung — andere Richter!, JZ 59, 17.

Bockelmann, Paul — Strafprozessuale Zuständigkeitsordnung und gesetzlicher Richter, GA 57, 357.
Entspricht die Zuständigkeitsordnung im Strafprozeß dem Grundgesetz?, NJW 58, 889.

Börresen, Hakon — Nach einem Deutschlandaufenthalt, DRiZ 62, 321.

Bötticher, Eduard — Die Gleichheit vor dem Richter, Hamburger Universitätsreden Bd. 16, Hamburg 1954.

Bohlmann, Hans — Der „gesetzliche Richter" in der Praxis, DRiZ 65, 149.

Bonner Kommentar — (BK), Kommentar zum Bonner Grundgesetz, Hamburg 1950 ff.

v. Brauchitsch, M. — Verwaltungsgesetze des Bundes und der Länder, neu herausgegeben von C. H. Ule, Band I, 2. Halbband: Verwaltungsgerichtsbarkeit, bearb. von Carl Hermann Ule, 2. Aufl., Köln, Berlin, München, Bonn 1962.

Brorsen, W. — Die Verfassungen der Erde, 1. Lief., Tübingen 1950.

Brüggemann, Dieter — Die rechtsprechende Gewalt (Wegmarken des Rechtsstaats in Deutschland), Berlin 1962.

Bruns, Rudolf — Zur Auslegung des Art. 101 Abs. 1 Satz 2 Grundgesetz, NJW 64, 1884.

Bülow, Oskar — Gesetz und Richteramt, Leipzig 1885.

Creuzburg und *Hänsel* — Harry Creuzburg und Erich Hänsel: Die Zusammenarbeit der Strafverfolgungsorgane mit den Konfliktkommissionen, NJ 62, 721.

Dallinger, Wilhelm — Anmerkung zum Urteil des Bundesgerichtshofs vom 4. 10. 1956 — 4 StR 294/56 —, MDR 57, 112.

Dennewitz, Bodo — Die Verfassungen der modernen Staaten, 1. Bd., Hamburg 1947.

Dersch-Volkmar — Hermann Dersch und Volkmar: Arbeitsgerichtsgesetz, 6. Aufl., Berlin und Frankfurt 1955.

Dietz-Nikisch — Rolf Dietz und Arthur Nikisch: Arbeitsgerichtsgesetz, München und Berlin 1954.

Dinslage, Karl-Heinz — Zur „Überbesetzung" der Gerichte — Perfektionismus oder Praktikabilität?, DRiZ 65, 12.
Anmerkung zum Beschluß des Bundesverfassungsgerichts vom 3. 2. 1965 — 2 BvR 166/64 —, NJW 65, 1221.
Zur Vertretung des Vorsitzenden, DRiZ 65, 333.

Dohna, Graf zu — Artikel 105 WV (Ausnahmegerichte), S. 110 ff. in: Nipperdey, Die Grundrechte und Grundpflichten der Reichsverfassung, s. dort.

Ehle, Dietrich — Verfassungskontrolle und Gemeinschaftsrecht, NJW 64, 321.

Erdsiek, Gerhard — Anmerkungen zur Gesetzlichkeit des Richters, a) zur Geschäftsverteilung in überbesetzten Kollegien; b) zum Ausmaß der Beteiligung des Vorsitzenden, NJW 63, 240.

Eyermann-Fröhler — Kommentar zur Verwaltungsgerichtsordnung, 4. Auflage, München und Berlin 1965.

Fleiner-Giacometti — Schweizerisches Bundesstaatsrecht, Zürich 1949.

Forsthoff, Ernst — Lehrbuch des Verwaltungsrechts, I. Band, 8. Aufl., München und Berlin 1961.

Franz, Günther — Staatsverfassungen, 2. Aufl., München 1964.

Franz, Otto — Gesetzlicher Richter und richterlicher Eildienst, DRiZ 65, 157.

Friesenhahn, Ernst — Über Begriff und Arten der Rechtsprechung, in: Festschrift für Richard Thoma, Tübingen 1950, S. 21.

Gebhard, Ludwig — Handkommentar zur Verfassung des Deutschen Reichs vom 11. 8. 1919, München, Berlin und Leipzig 1932.

Geiger, Willi — Gesetz über das Bundesverfassungsgericht, Kommentar, Berlin und Frankfurt a. M. 1952.

Gelhaar, Wolfgang — Die Besetzung der Großen Senate bei den Oberen Bundesgerichten, DRiZ 65, 73.

Giese-Schunck — Grundgesetz für die Bundesrepublik Deutschland, 7. Aufl., Frankfurt/M. 1965.

Habscheid, Walther J. — Das Problem der Unabhängigkeit der Schiedsgerichte, NJW 62, 5.

Hamann, Andreas — Das Grundgesetz, Ein Kommentar, 2.Aufl., Neuwied, Berlin, Darmstadt 1961.

Haueisen, Fritz — Die Beachtung nicht gerügter Verfahrensmängel durch das Revisionsgericht, NJW 61, 2329.

Heußner, Hermann — Die Nachprüfung der fehlerhaft besetzten Richterbank durch die Revisionsinstanz, NJW 61, 1189.

Hoepner, Hermann — Zur Dienstaufsicht über Richter, DRiZ 65, 6.

Jaeger, August — Der Richter, Berlin 1939.

Jauernig, Othmar — Wirksame Urteile der Friedensgerichte? Kritische Betrachtungen zu den Beschlüssen des Bundesverfassungsgerichts vom 17. 11. 1959 und 5. 4. 1960, NJW 60, 1885.

Joachim, Hans G. — Der gesetzliche Richter, DRiZ 65, 181.

Kaiser, Eberhard — Die Einberufung der Schwurgerichte und der Anspruch auf den gesetzlichen Richter, NJW 63, 1853.

Kern, Eduard — Der gesetzliche Richter, Berlin 1927 (zit.: Kern, Seite).

Anmerkung zum Urteil des Bundesverfassungsgerichts vom 20. 3. 1956 — 1 BvR 479/55 —, JZ 56, 409.

Anmerkung zum Urteil des Bundesgerichtshofs vom 11. 11. 1958 — 1 StR 532/58 —, JZ 59, 219.
Die Ständigkeit der Gerichte und die Überbesetzung der Kammern und Senate, DRiZ 59, 142.
Das Ende der Friedensgerichte, JZ 60, 244.
Anmerkung zu den Beschlüssen des Bundesverfassungsgerichts vom 24. 3. 1964 — 2 BvR 42, 83, 89/63 — und 2. 6. 1964 — 2 BvR 498/62 —, JZ 65, 58.
Gerichtsverfassungsrecht, 4. Aufl., München und Berlin 1965.

Klein, Hans H. — Rechtsweg und Justizverweigerung, JZ 63, 591.

Kleinheyer, Gerd — Staat und Bürger im Recht, Die Vorträge des Carl Gottlieb Svarez vor dem Preußischen Kronprinzen (1791/92), Bonn 1959 (Bonner Rechtswissenschaftliche Abhandlungen, Band 47).

Koebel, Ulrich — Zur Besetzung der Senate bei den Oberlandesgerichten, NJW 64, 1771.

Koehler, Alexander — Verwaltungsgerichtsordnung, 1.Aufl., Berlin und Frankfurt a. M. 1960.

Kohlhaas — Ist § 338 Ziff. 1 StPO wirklich reformbedürftig? (Schlußwort), NJW 59, 471.

Kreft, Friedrich — Die Zuständigkeit des Richterwahlausschusses des Bundes, DRiZ 61, 165.

Kröger, Gerhard — Der gesetzliche Richter und die „besondere Bedeutung" des Falles i. S. des § 24 I Nr. 2, 3 GVG, Diss. Münster 1962.

Krumme — Anmerkung zum Urteil des Bundesgerichtshofs vom 4. 10. 1956 — 4 StR 294/56 — bei LM StS Nr. 3 zu Art. 101 GG.

Leibholz-Rinck — G. Leibholz und H. J. Rinck: Grundgesetz, Kommentar an Hand der Rechtsprechung des BVerfG, Köln 1966.

Lechner, Hans — Bundesverfassungsgerichtsgesetz, Kurzkommentar, München und Berlin 1954.
(Wintrich-Lechner): Die Verfassungsgerichtsbarkeit, in: Bettermann-Nipperdey-Scheuner: Die Grundrechte, Berlin 1959, III. Band, 2. Halbband, S. 643 (658 ff.).

Leßner, Kurt — Der gesetzliche Richter in der Arbeitsgerichtsbarkeit in Vertretungsfällen, RdA 61, 233.

Leverenz, Bernhard — Die Weisungsgebundenheit der Staatsanwaltschaft, DRiZ 61, 101.

Löwe-Rosenberg — Ewald Löwe und Werner Rosenberg: Die Strafprozeßordnung und das Gerichtsverfassungsgesetz, Großkommentar, I. Bd., 20. Aufl., Berlin 1958; 21. Aufl., Berlin 1963; II. Bd., 21. Aufl., Berlin 1965.

Lorenz, Robert — Gesetzlicher Richter und ordentlicher Rechtsweg im Rahmen amtsrichterlicher Strafvollstreckung, NJW 63, 701.

Lühr, Karl — Die Unabhängigkeit der Richter des Oberappellationsgerichts Celle, ein Beispiel richterlicher Unabhängigkeit im Zeitalter des Absolutismus, DRiZ 61, 341.

v. Mallinckrodt, Joseph — Die überbesetzte Strafkammer, DRiZ 59, 322.

v. Mangoldt, Hermann — Das Bonner Grundgesetz, Kommentar, Berlin und Frankfurt a. M. 1953.

v. Mangoldt-Klein — Hermann von Mangoldt und Friedrich Klein: Das Bonner Grundgesetz, 2.Aufl., Bd. I, Berlin und Frankfurt a. M. 1957; Bd. II, 1964.

Maunz-Dürig — Theodor Maunz und Günter Dürig: Grundgesetz, Kommentar, Lieferung 1—7, München und Berlin 1964.

Maunz-Sigloch-Schmidt=Bleibtreu-Klein — Bundesverfassungsgerichtsgesetz, 1. Lief., München und Berlin 1965.

Maurach, Reinhart — Handbuch der Sowjetverfassung (Veröffentlichungen des Osteuropa-Institutes München, Band XIV), München 1955.
Deutsches Strafrecht, Allg. Tl., 3. Aufl., Karlsruhe 1965.

Mellwitz, Artur — Sozialgerichtsgesetz, München und Berlin 1956.

Meyer, Karl E. — Kollegialgerichte mit beeinflußbarer Besetzung, DRiZ 51, 86.
Aus dem Leben eines amerikanischen Richters, DRiZ 54, 10.

Meyer-Cording, Ulrich — Die Vereinsstrafe in der Rechtsprechung des Bundesgerichtshofes, JZ 59, 649.

Mittelbach, Hans — Zur Unterbrechung der Strafverfolgungsverjährung MDR 54, 138.

Mommsen, Th. — Römisches Strafrecht, Leipzig 1899 (unveränderter photomechanischer Nachdruck Graz 1955).

Müller, Hanswerner — Unter welchen Voraussetzungen ist jemand als Richter wegen früherer Befassung mit der Sache ausgeschlossen?, NJW 61, 102.
Abweichungen von der gewöhnlichen Gerichtsorganisation und ihre Auswirkungen, NJW 63, 614.

Müller, Wolfgang — Die Rechtsprechung des Bundesgerichtshofs über die Verwendung von Hilfsrichtern, DRiZ 63, 37.

Naumann, Richard — Die Finanzgerichtsordnung, NJW 63, 1701.

Niese, Werner — Die Rechtsprechung des Bundesgerichtshofes in Strafsachen (Band 4—10 der Amtlichen Sammlung — Entscheidungen zum Strafverfahrensrecht), JZ 60, 534, A. I. Gesetzlicher Richter (S. 534/5).

Nipperdey, Hans Carl — Die Grundrechte und Grundpflichten der Reichsverfassung, Kommentar zum zweiten Teil der Reichsverfassung, Erster Band: Allg. Bedeutung der Grundrechte und die Artikel 102—117, Berlin 1929.

Oehler, Dietrich — Der gesetzliche Richter und die Zuständigkeit in Strafsachen, ZStrW 64, 292, Berlin 1952.

Ostler, Fritz — Gesetzlicher Richter und willkürliche Entziehung, JR 57, 454.

Paetow, Hans — Die „Vorabentscheidung“ nach Art. 177 EWG-Vertrag, ihre formellen und materiellen Voraussetzungen, MDR 67, 445.

Pfeiffer, Gerd — Die Verfassungsbeschwerde in der Praxis, Essen 1959.

Preisendanz, Holger — Eröffnungsbeschluß eines örtlich unzuständigen Amtsgerichts und Strafverfolgungsverjährung, NJW 61, 1805.

Prelinger, Diether — Bewährungsauflage und Grundgesetz, JR 61, 496.

Radbruch, Gustav — Einführung in die Rechtswissenschaft, 9. Aufl., Stuttgart, verbesserter Neudruck 1958.

Reiff, Hans — Das Schicksal friedensgerichtlicher Entscheidungen nach dem Karlsruher Spruch, NJW 60, 1559.

Richter, Ernst-Günther — Die Stellenbesetzung nach § 7 II VwGO und der Grundsatz des gesetzlichen Richters, JZ 61, 658 bis 660, 687—692.

Rinck, Hans-Justus — Gesetzlicher Richter, Ausnahmegericht und Willkürverbot, NJW 64, 1649.

Schiedermair, Rudolf — Der gesetzliche Richter im Verwaltungsprozeß, DÖV 60, 6.

Schilgen, Walter — Verknöcherung des „gesetzlichen Richters“?, NJW 64, 2290.

Schmidt, Eberhard — Entspricht die Zuständigkeitsordnung in Strafsachen dem Satz vom „gesetzlichen Richter“?, MDR 58, 721.

Anmerkung zum Urteil des Bundesverfassungsgerichts vom 19. 3. 1959 — 1 BvR 295/58 —, JZ 59, 535.

Anmerkung zum Beschluß des Bundesgerichtshofs vom 2. 5. 1960 — GSSt 3/59 —, JZ 61, 61.

Das deutsche Richtergesetz, JZ 63, 73.

Schneider, Rudolf — Die verfassungsrechtliche Problematik einer Überbesetzung der Kollegialgerichte, ZZP 77, 409.

Schorn, Hubert — Die Präsidialverfassung der Gerichte aller Rechtswege, Münster 1957.

Die Europäische Konvention zum Schutze der Men-

schenrechte und Grundfreiheiten, Frankfurt a. M. 1965.
Die Strafgewalt der Finanzämter, JR 65, 171.

Schräder, Wilhelm	Die Gesetzlichkeit des Richters, DRiZ 59, 321.
Schraft, Hans	Sozialgerichtsgesetz, Berlin 1961.
Schreiber, Wolfgang	Nochmals: Eröffnungsbeschluß eines örtlich unzuständigen Amtsgerichts und Strafverfolgungsverjährung, NJW 61, 2344.
Schroeder, Friedrich-Christian	Die Anklageerhebung beim Landgericht und beim Bundesgerichtshof wegen der „besonderen Bedeutung des Falles", MDR 65, 177.
Schröder, Jochen	Rechtseinheit und richterliche Entscheidungsfreiheit, NJW 59, 1517.
Schultz, Günther	„Blick in die Zeit", MDR 60, 892. „Blick in die Zeit" (Diskussionsbeitrag zu den Beschlüssen des Bundesverfassungsgerichts vom 24. 3. 1964 und 2. 6. 1964), MDR 64, 819.
Schunck-De Clerck	E. Schunck und H. De Clerck: Verwaltungsgerichtsordnung, Kommentar, 1. Aufl., Siegburg 1961.
Seibert, Claus	Bei Zurückverweisung — andere Richter!, JZ 58, 609. Andere Richter, JZ 59, 120. Befangenheit und Ablehnung, JZ 60, 85.
Siebecke, Otto	Reformbedürftigkeit des § 338 Ziff. 1 StPO?, NJW 58, 1816.
Stackelberg, Curt Ferdinand Freiherr *von*	Ist § 338 Ziff. 1 StPO wirklich reformbedürftig?, NJW 59, 469.
Stree, Walter	Verfassungsbeschwerde bei Verstoß gegen Vorlegungspflicht?, NJW 59, 2051.
Thoma	s. Anschütz-Thoma.
Ule, C. H.	Verfassungsrecht und Verwaltungsprozeßrecht, DVBl 59, 537. Anmerkung zum Beschluß des VGH Kassel vom 21. 8. 1962 — B V 123/62 —, DVBl 63, 75. DVBl 64, 979 (983): s. Westphal.
Wagner, Albrecht	Der Richter, Geschichte, Aktuelle Fragen, Reformprobleme, Karlsruhe 1959.
Weidner, Viktor	Zur Rechtsprechung des Bundessozialgerichts, JZ 59, 758.
Werner, Fritz	Das Problem des Richterstaates, Vortrag, Schriftenreihe der Juristischen Gesellschaft e. V. Berlin, Heft 2, Berlin 1960.
Westphal, Martin, und C. H. *Ule*	Freie Wahl des Berichterstatters durch den Vorsitzenden bei überbesetztem Spruchkörper? Kammerbesetzung mit fünf Beisitzern?, DVBl 64, 979.
Woesner, Horst	Rechtsstaatliches Verfahren in Staatsschutzsachen, NJW 61, 533.
Zurcher, Arnold J.	Verfassungen nach dem zweiten Weltkrieg, Meisenheim/Glan 1956.

FUNDSTELLEN ZITIERTER GERICHTSENTSCHEIDUNGEN

1. Bundesverfassungsgericht

Urteil	v. 30. 4. 1952	1 BvR 14, 25, 167/52: BVerfGE 1, 264
Beschl.	v. 18. 9. 1952	1 BvR 612/52: BVerfGE 1, 418
Beschl.	v. 8. 12. 1952	1 PBvV 1/52: BVerfGE 2, 79
Beschl.	v. 10. 6. 1953	1 BvF 1/53: BVerfGE 2, 307 = NJW 53, 1177 (= DÖV 53, 563, IV, 1)
Urteil	v. 17. 12. 1953	1 BvR 335/51: BVerfGE 3, 213 = NJW 54, 30
Beschl.	v. 26. 2. 1954	1 BvR 537/53: BVerfGE 3, 359 = NJW 54, 593 = MDR 54, 282 = JZ 54, 331
Beschl.	v. 1. 7. 1954	1 BvR 361/52: BVerfGE 4, 1
Beschl.	v. 23. 2. 1956	1 BvL 28/55, 49/55: BVerfGE 4, 387 = NJW 56, 625 = DVBl 56, 297 = DÖV 57, 676 (Nr. 220) = JR 56, 754
Urteil	v. 20. 3. 1956	1 BvR 479/55: BVerfGE 4, 412 = NJW 56, 545 = JZ 56, 407
Urteil	v. 16. 1. 1957	1 BvR 134/56: BVerfGE 6, 45 = NJW 57, 337
Beschl.	v. 13. 3. 1958	1 BvR 155/58: BVerfGE 7, 327
Beschl.	v. 8. 1. 1959	1 BvR 396/55: BVerfGE 9, 89
Urteil	v. 19. 3. 1959	1 BvR 295/58: BVerfGE 9, 223 = NJW 59, 871 = MDR 59, 363 = JZ 59, 533 = DRiZ 59, B 92 Nr. 615 (Ls.) = AP Nr. 3 zu Art. 101 GG = RdA 60, 119 Nr. 99 (Ls.)
Beschl.	v. 17. 11. 1959	1 BvR 88/56, 59/57, 212/59: BVerfGE 10, 200 = NJW 60, 187 = JZ 60, 253 (Ls.)
Beschl.	v. 5. 4. 1960	1 BvR 312/53, 362, 819, 925/59: NJW 60, 1051
Beschl.	v. 7. 7. 1960	2 BvR 435, 440/60: BVerfGE 11, 263 = NJW 60, 1563
Beschl.	v. 15. 3. 1961	2 BvL 8/60: BVerfGE 12, 264
Beschl.	v. 3. 10. 1961	2 BvR 4/60: NJW 62, 29 = JZ 62, 182 = DVBl 62, 536 Nr. 212 (Ls.)
Beschl.	v. 9. 5. 1962	2 BvL 13/60: BVerfGE 14, 56 = NJW 62, 1611
Urteil	v. 3. 7. 1962	2 BvR 628/60 u. 247/61: BVerfGE 14, 156 = NJW 62, 1495 = MDR 62, 715 = DÖV 63, 628 Nr. 229
Beschl.	v. 20. 12. 1962	2 BvR 612/62: BVerfGE 15, 245 = MDR 63, 194 = AP Nr. 12 zu Art. 101 GG = RdA 63, 203 Nr. 95 (Ls.)

Beschl.	v. 7. 3. 1963	2 BvR 629, 637/62: BVerfGE 15, 303
Beschl.	v. 6. 3. 1963	2 BvR 129/63: BVerfGE 15, 298 = DRiZ 63, 154 = DÖV 63, 342 = BB 63, 496
Beschl.	v. 24. 3. 1964	2 BvR 42, 83, 89/63: BVerfGE 17, 294 = NJW 64, 1020 = NJW 64, 1667 (Ls.) = NJW 64, 2007 (Ls.) = MDR 64, 569 = JZ 65, 57 = DRiZ 64, 175 = DVBl 64, 395
Beschl.	v. 2. 6. 1964	2 BvR 498/62: BVerfGE 18, 65 = NJW 64, 1667 = NJW 64, 2007 (Ls.) = DRiZ 64, 240 = DVBl 64, 629
Beschl.	v. 24. 11. 1964	2 BvL 19/63: BVerfGE 18, 241 = NJW 65, 343 = DVBl 65, 196
Beschl.	v. 3. 2. 1965	2 BvR 166/64: BVerfGE 18, 344 = NJW 65, 1219 = MDR 65, 545 = DRiZ 65, 164 = DVBl 65, 395 = AP Nr. 30 zu Art. 101 GG = RdA 65, 360 Nr. 177 (Ls.) = BB 65, 606
Beschl.	v. 30. 3. 1965	2 BvR 341/60: BVerfGE 18, 423 = NJW 65, 1223 = MDR 65, 546 = DRiZ 65, 201
Beschl.	v. 6. 4. 1965	2 BvR 141/65: BVerfGE 18, 440 = NJW 65, 1014 = MDR 65, 547 = JZ 65, 357 = DVBl 65, 479
Beschl.	v. 7. 4. 1965	2 BvR 227/64: BVerfGE 18, 441 = DVBl 65, 474
Beschl.	v. 11. 5. 1965	2 BvR 259/63: NJW 65, 1323 = MDR 65, 722 = DRiZ 65, 237 = BVerfGE 19, 38
Beschl.	v. 18. 5. 1965	2 BvR 40/60: NJW 65, 2291 = MDR 65, 975 = DRiZ 65, 375 = BVerfGE 19, 52
Beschl.	v. 16. 6. 1965	1 BvR 124/65: NJW 65, 1707 = MDR 65, 974 = BVerfGE 19, 88
Beschl.	v. 5. 10. 1965	2 BvR 119/65: DRiZ 65, 377 = BVerfGE 19, 145
Beschl.	v. 8. 12. 1965	1 BvR 662/65: BVerfGE 19, 323
Beschl.	v. 25. 10. 1966	2 BvR 291, 656/64: BVerfGE 20, 336 = NJW 67, 99 = MDR 67, 192 = DVBl 67, 79
Beschl.	v. 8. 2. 1967	2 BvR 235/64: NJW 67, 1123 = DRiZ 67, 164 = BVerfGE 21, 139
Urteil	v. 6. 6. 1967	2 BvR 375, 53/60, 18/65: NJW 67, 1219 = DRiZ 67, 234 (Auszug) = BVerfGE 22, 49 = JZ 67, 490
Beschl.	v. 2. 5. 1967	1 BvR 578/63: BVerfGE 21, 362
Beschl.	v. 19. 7. 1967	2 BvR 489/66: BVerfGE 22, 254 = NJW 68, 32
Beschl.	v. 16. 4. 1969	2 BvR 115/69: BVerfGE 25, 336 = NJW 69, 1104 = JZ 69, 599
Beschl.	v. 11. 6. 1969	2 BvR 518/66: NJW 69, 2192
Beschl.	v. 16. 7. 1969	2 BvL 2/69: NJW 69, 1619
Beschl.	v. 17. 12. 1969	2 BvR 271, 342/68: NJW 70, 1227 = Die Sozialgerichtsbarkeit 70, 207

2. Landesverfassungsgerichte

Bayrischer Verfassungsgerichtshof

Entsch.	v. 9. 6. 1950	Vf. 201-VI-49: BayVerfGHE 3, 67
Beschl.	v. 26. 2. 1962	Vf. 118-VI-61: NJW 62, 790 (m. Lit.) = DRiZ 62, 128 = DVBl 62, 836 Nr. 333 (Ls.) = DÖV 63, 482 Nr. 130 (Ls.) = JR 63, 155 = JVBl 62, 131 = JuS 62, 283 = AP Nr. 11 zu Art. 101 GG = RdA 63, 208 Nr. 146 (Ls.)
Entsch.	v. 10. 5. 1967	Vf. 44 — VI — 64: NJW 68, 99

3. Bundesgerichtshof

a) Zivilsachen

Urteil	v. 26. 5. 1952	III ZR 218/50: BGHZ 6, 178 = NJW 52, 879
Urteil	v. 28. 10. 1953	VI ZR 217/52: BGHZ 11, 27 = NJW 54, 266 = LM § 128 ZPO Nr. 2, 3
Beschl.	v. 14. 6. 1954	GSZ 3/54: BGHZ 14, 39 = NJW 54, 1281
Urteil	v. 28. 10. 1954	III ZR 197/52: BGHZ 15, 135 = NJW 55, 103 (Ls.) = LM StS Art. 101 GG Nr. 2
Urteil	v. 3. 3. 1956	IV ZR 301/55: BGHZ 20, 154 = LM § 128 ZPO Nr. 9
Urteil	v. 12. 5. 1956	IV ZR 86/55: BGHZ 20, 355 = NJW 56, 1238 = LM StS Art. 101 GG Nr. 4
Urteil	v. 26. 2. 1959	II ZR 137/57: BGHZ 29, 352 = JZ 59, 665
Urteil	v. 16. 5. 1962	V ZR 155/60: BGHZ 37, 125 = DRiZ 62, 329
Beschl.	v. 19. 6. 1962	GSZ 1/61: BGHZ 37, 210 = NJW 62, 1570
Beschl.	v. 26. 10. 1962	I ZB 18/61: BGHZ 38, 166 = NJW 63, 295 = DRiZ 63, 61
Beschl.	v. 5. 11. 1962	NotZ 11/62: BGHZ 38, 208 = NJW 63, 446 = DVBl 63, 62 = JVBl 63, 71
Urteil	v. 10. 7. 1963	VIII ZR 204/61: BGHZ 40, 91 = NJW 63, 2071 = MDR 63, 1005 = DRiZ 63, 357 = DVBl 64, 47 Nr. 30 (VIII 2 K 204/61, Ls.) = JVBl 63, 198
Beschl.	v. 30. 1. 1964	I a ZB 6/63: BGHZ 42, 248 = NJW 65, 633
Urteil	v. 23. 4. 1965	IV ZR 133/64: NJW 65, 1434 = MDR 65, 643 = DRiZ 65, 239
Urteil	v. 25. 6. 1965	V ZR 154/64: NJW 65, 1715 Nr. 8 = MDR 65, 734 = DRiZ 65, 304 = JVBl 65, 230
Urteil	v. 12. 7. 1965	III ZR 241/64: NJW 65, 1715 Nr. 9 = MDR 65, 733 = DRiZ 65, 343 = JVBl 65, 231
Beschl.	v. 12. 7. 1965	IV ZB 125/65: NJW 65, 1965 = MDR 65, 896 = JZ 65, 619 (dort *auch* bezeichnet als Beschl. v. 12. 7. 1965 — IV ZR 53/65) (Ls.) = DRiZ 65, 343 (rechts unten)

Urteil	v. 25. 4. 1966	II ZR 80/65: NJW 66, 1458 (Nr. 7) = MDR 66, 655

b) Strafsachen

Urteil	v. 7. 10. 1952	1 StR 94/52: JZ 53, 92
Urteil	v. 6. 1. 1953	2 StR 162/52: BGHSt 3, 353 = NJW 53, 353
Urteil	v. 28. 9. 1954	5 StR 275/53: BGHSt 7, 23 = NJW 55, 152
Urteil	v. 4. 10. 1956	4 StR 294/56: BGHSt 9, 367 = NJW 57, 33 = MDR 57, 112 = JZ 57, 97 = LM StS Art. 101 GG Nr. 3
Urteil	v. 11. 12. 1956	5 StR 382/56: NJW 58, 918
Urteil	v. 22. 11. 1957	4 StR 497/57: BGHSt 11, 106 = NJW 58, 429 = MDR 58, 253 = LM StS Art. 101 GG Nr. 5
Urteil	v. 20. 3. 1959	4 StR 416/58: BGHSt 13, 53 = NJW 59, 1093
Urteil	v. 29. 10. 1959	2 StR 393/59: BGHSt 13, 297 = NJW 60, 56 = JZ 60, 416 (Ls.)
Urteil	v. 6. 11. 1959	4 StR 376/59: BGHSt 14, 11 = NJW 60, 542
Beschl.	v. 2. 5. 1960	GSSt 3/59: BGHSt 14, 321 = NJW 60, 1475 = MDR 60, 857 = JZ 61, 58 = JVBl 60, 249
Urteil	v. 17. 8. 1960	2 StR 237/60: BGHSt 15, 116 = NJW 60, 2109 = JVBl 60, 248
Urteil	v. 6. 3. 1962	1 StR 554/61: BGHSt 17, 176 = NJW 62, 1167
Urteil	v. 28. 9. 1962	4 StR 301/62: BGHSt 18, 51 = NJW 62, 2361
Urteil	v. 18. 12. 1964	2 StR 368/64: BGHSt 20, 132 = NJW 65, 544 = MDR 65, 313 = DRiZ 65, 134
Urteil	v. 5. 1. 1965	1 StR 506/64: NJW 65, 875 = MDR 65, 403 = DRiZ 65, 202
Urteil	v. 21. 3. 1967	5 StR 81/67: NJW 67, 1141 = BGHSt 21, 222

4. Bundesarbeitsgericht

Urteil	v. 12. 5. 1960	2 AZR 559/58: BAGE 9, 218 = NJW 60, 1542 = MDR 60, 792 = DRiZ 60, B 130 Nr. 1448 (Ls.) = AP Nr. 7 zu Art. 101 GG (m. Anm. Ed. Bötticher) = RdA 61, 47 Nr. 63 = BABl 60, 649, 655 (Wlotzke) = SAE 61, 103 (Anm. Hiersemann) = AuR 61, 26 = BlfSt 61, 125 (Ls.)
Urteil	v. 14. 4. 1961	1 AZR 290/59: BAGE 11, 89 = NJW 61, 1740 = MDR 61, 798 Nr. 141 = JZ 62, 26 = AP Nr. 10 zu Art. 101 GG (m. Anm. R. Pohle) = RdA 61, 298 Nr. 344 = AuR 62, 27 = AR-Blattei, Arbeitsgerichtsbarkeit IV, Entsch. 3

Urteil	v. 21. 8. 1961	5 AZR 263/59: NJW 61, 2177
Urteil	v. 28. 9. 1961	2 AZR 32/60: BAGE 11, 276 = NJW 62, 318 = MDR 62, 250 (m. Lit.) = JZ 62, 544 (m. Anm. A. Arndt)
Urteil	v. 18. 10. 1961	1 AZR 437/60: BAGE 11, 333
Urteil	v. 2. 2. 1962	1 AZR 385/57: BAGE 12, 234 = AP Nr. 3 zu § 611 BGB Gefährdungshaftung des Arbeitgebers
Urteil	v. 2. 3. 1962	1 AZR 258/61: BAGE 12, 321
Urteil	v. 23. 8. 1963	1 AZR 469/62: NJW 64, 268
Urteil	v. 12. 9. 1967	1 AZR 34/66: NJW 68, 317

5. Bundesverwaltungsgericht

Urteil	v. 7. 3. 1958	VII C 84/57: BVerwGE 6, 247
Urteil	v. 30. 9. 1959	V C 142/56: DÖV 60, 239 Nr. 41
Beschl.	v. 13. 6. 1961	VI CB 159/60: MDR 61, 1037
Urteil	v. 25. 11. 1964	V C 60/63: MDR 65, 228 = DVBl 65, 542 Nr. 177 (Ls.) = JVBl 65, 59
Urteil	v. 8. 7. 1966	VII C 192/64: BVerwGE 24, 315 = NJW 67, 642 (m. Anm. Dislage)
Urteil	v. 29. 8. 1968	II C 67/65: BVerwGE 30, 172
Urteil	v. 18. 4. 1969	VII C 58/67: BVerwGE 32, 21 = NJW 69, 1980

6. Bundessozialgericht

Urteil	v. 20. 2. 1957	3 RK 19/55: BSGE 5, 1 = NJW 57, 1007 = AP Nr. 1 zu Art. 101 GG
Urteil	v. 23. 8. 1957	9 RV 1032/55: BSGE 5, 289
Urteil	v. 19. 2. 1959	8 RV 575/57: NJW 59, 910 Nr. 39
Beschl.	v. 30. 3. 1960	2 RU 255/59: JZ 60, 417
Urteil	v. 22. 3. 1962	10 RV 275/60: MDR 62, 608
Beschl.	v. 30. 10. 1962	8 RV 325/62: NJW 63, 173 = AP Nr. 1 zu § 33 SGG = RdA 63, 359 Nr. 239

7. Bundesfinanzhof

Urteil	v. 10. 2. 1958	Gr. S. 1/55 S: BStBl 58 III, 198
Urteil	v. 28. 6. 1961	II 293/58 U: NJW 61, 2280
Urteil	v. 20. 2. 1962	I 150/60 S: NJW 62, 2369 Nr. 25

8. Bundesdisziplinarkammer

BDiszK V — Nürnberg, Vorlegungsbeschl. v. 15. 1. 1958 — V VL 28/57: NJW 59, 552 Nr. 38

9. Oberlandesgerichte, Kammergericht

OLG Hamm, Beschl. v. 17. 4. 1958 — 1 Ss 233/58: DAR 58, 330 Nr. 186

OLG Hamm, Urteil v. 17. 11. 1958 — 2 Ss 1170/58: NJW 59, 114

OLG Düsseldorf, Urteil v. 16. 3. 1961 — (1) Ss 1023/60: NJW 61, 1319

OLG Hamm, Urteil v. 8. 2. 1962 — 2 Ss 893/61: JZ 62, 715 = DRiZ 63, B 27 Nr. 128

OLG Nürnberg, Beschl. v. 11. 12. 1962 — Ws 456/62: NJW 63, 502 = NJW 63, 923 (Ls.) = GA 63, 157 (dort zit. als Beschl. v. 5. 11. 1962)

OLG Neustadt, Urteil v. 19. 11. 1964 — Ss 145/64: MDR 65, 225 = DVBl 65, 542 Nr. 176 (Ls.)

OLG Bremen, Urteil v. 14.4. 1965 — Ss 19/65: NJW 65, 1447

OLG Karlsruhe, Urteil v. 8. 8. 1968 — 1 Ss 36/68: NJW 68, 2389

10. Oberverwaltungsgerichte, Verwaltungsgerichte

OVG Berlin, Beschl. v. 20. 10. 1964 — OVG I K 6/64: NJW 65, 785

VGH Kassel, Beschl. v. 30. 11. 1964 — B V 31/64: NJW 65, 709 = DVBl 65, 616 Nr. 195 (Ls.)

11. Reichsgericht

a) Zivilsachen

Beschl. v. 18. 5. 1931 — IV B 10/31: RGZ 133, 29

b) Strafsachen

Urteil des II. Strafsenats v. 27. 5. 1892 — Rep. 1395/92: RGSt 23, 166

Beschl. des IV. Strafsenats v. 24. 9. 1907 g. K. T.-B. des O. R. A. 1678/07: RGSt 40, 271

Urteil v. 8. 2. 1938 — 4 D 836/37: RGSt 72, 77

12. Sonstige Gerichte

Oberstes Gericht der „DDR“: OG Urt. v. 7. 6. 1951 — 2 Zst 24/51: NJ 51, 377

ABKÜRZUNGSVERZEICHNIS

Es wurden die in der deutschen Schriftsprache und in der juristischen Fachsprache geläufigen Abkürzungen verwendet, insbesondere:

AO	Reichsabgabenordnung vom 22. 5. 1931, RGBl I, S. 161
AP	Hueck-Nipperdey-Dietz: Nachschlagewerk des Bundesarbeitsgerichts — Arbeitsrechtliche Praxis — (Nr., § bzw. Art., Stichwort)
ArbGG	Arbeitsgerichtsgesetz vom 3. 9. 1953, BGBl I, S. 1267
AuR	Arbeit und Recht, Zeitschrift für die Arbeitsrechtspraxis (Jahr, Seite)
BABl	Bundesarbeitsblatt (Jahr, Seite)
BAGE	Entscheidungen des Bundesarbeitsgerichts (Band, Seite)
BAG-Haushalts-Beratung	Beratung des Haushalts des Bundesarbeitsgerichts, Punkt 4 der Tagesordnung in der Sitzung des Rechtsausschusses des Bundestages vom 3. 12. 1958, Deutscher Bundestag, 3. Wahlperiode 1957, 12. Ausschuß, Protokoll der 37. Sitzung, S. 45 ff.
BayVerfGHE	Sammlung von Entscheidungen des Bayrischen Verwaltungsgerichtshofs mit Entscheidungen des Bayrischen Verfassungsgerichtshofs, II. Teil (Band — neue Folge — und Seite)
BayVerfGHG	Gesetz über den Verfassungsgerichtshof vom 22. 7. 1947, GVBl Bayern Nr. 12, S. 147
BB	Der Betriebs-Berater (Jahr, Seite)
BBG	Bundesbeamtengesetz vom 14. Juli 1953, BGBl I, S. 551
BDiszK	Bundesdisziplinarkammer
BDO	Bundesdisziplinarordnung vom 28. 11. 1952, BGBl I S. 761
BFH	Bundesfinanzhof
BGBl	Bundesgesetzblatt (Jahr, Teil, Seite)
BGHSt	Entscheidungen des Bundesgerichtshofes in Strafsachen (Band, Seite)
BGHZ	Entscheidungen des Bundesgerichtshofes in Zivilsachen (Band, Seite)

BinnSchiffVerfG	Gesetz über das gerichtliche Verfahren in Binnenschiffahrts- und Rheinschiffahrtssachen vom 27. 9. 1952, BGBl I, S. 641
BPatG	Bundespatentgericht
BlfSt	Blätter für Steuerrecht, Sozialversicherung und Arbeitsrecht (Jahr, Seite)
BRRG	Rahmengesetz zur Vereinheitlichung des Beamtenrechts (Beamtenrechtsrahmengesetz) vom 1. 7. 1957, BGBl I, S. 667
BSGE	Entscheidungen des Bundessozialgerichts (Band, Seite)
BStBl	Bundessteuerblatt (Jahr, Teil, Seite)
BVerfGE	Entscheidungen des Bundesverfassungsgerichts (Band, Seite)
BVerfGG	Gesetz über das Bundesverfassungsgericht vom 12. 3. 1951, BGBl I, S. 243
BVerwGE	Entscheidungen des Bundesverwaltungsgerichts (Band, Seite)
CCC	Constitutio Criminalis Carolina (Die Peinliche Gerichtsordnung Karls V.)
DAR	Deutsches Autorecht (Jahr, Seite)
DÖV	Die Öffentliche Verwaltung (Jahr, Seite)
DRiG	Deutsches Richtergesetz vom 8. 9. 1961, BGBl I, S. 1665
DRiZ	Deutsche Richterzeitung (Jahr, Seite)
DVBl	Deutsches Verwaltungsblatt (Jahr, Seite)
EGZPO	Gesetz, betreffend die Einführung der Zivilprozeßordnung vom 30. 1. 1877, RGBl 244
FGG	Gesetz über die Angelegenheiten der freiwilligen Gerichtsbarkeit vom 17. 5. 1898, RGBl S. 189, in der Fassung der Bekanntmachung vom 20. 5. 1898, RGBl S. 771
FGO	Finanzgerichtsordnung vom 6. 10. 1965, BGBl I, S. 1477
FlurberG	Flurbereinigungsgesetz vom 14. 7. 1953, BGBl I, S. 591
GA	Goltdammers Archiv für Strafrecht (Jahr, Seite)
GBl	Gesetzblatt der „Deutschen Demokratischen Republik“ (Jahr, Teil, Seite)
GebrMG	Gebrauchsmustergesetz vom 5. 5. 1936, RGBl II, S. 130, in der Fassung vom 9. 5. 1961, BGBl I, S. 570
GG	Grundgesetz für die Bundesrepublik Deutschland vom 23. 5. 1949, BGBl S. 1
GVBl	Gesetz- und Verordnungsblatt (Land, Jahr, Seite)

GVG	Gerichtsverfassungsgesetz vom 27. 1. 1877, RGBl S. 41, in der Fassung der Bekanntmachung vom 12. 9. 1950, BGBl S. 513
HdbDStR	Handbuch des Deutschen Staatsrechts (Band, Seite)
JGG	Jugendgerichtsgesetz vom 4. 8. 1953, BGBl I, S. 751
JR	Juristische Rundschau (Jahr, Seite)
JuS	Juristische Schulung (Jahr, Seite)
JVBl	Justizverwaltungsblatt (Jahr, Seite)
JZ	Juristen-Zeitung (Jahr, Seite)
KartG	Gesetz gegen Wettbewerbsbeschränkungen (Kartellgesetz) vom 27. 7. 1957, BGBl I, S. 1081
KgfEG	Gesetz über die Entschädigung ehemaliger deutscher Kriegsgefangener (Kriegsgefangenenentschädigungsgesetz) in der Fassung vom 8. 12. 1956, BGBl I, S. 908
LAG	Gesetz über den Lastenausgleich vom 14. 8. 1952, BGBl I, S. 446
LMStS	Nachschlagewerk des Bundesgerichtshofs in Strafsachen, herausgegeben von Lindenmaier, Möhring u. a. (Gesetz, § bzw. Art., Nr., Blatt)
Ls.	Leitsatz
MDR	Monatsschrift für Deutsches Recht (Jahr, Seite)
MRK	Konvention zum Schutze der Menschenrechte und Grundfreiheiten vom 4. 11. 1950
NJ	Neue Justiz (Jahr, Seite)
NJW	Neue Juristische Wochenschrift (Jahr, Seite)
OG	Oberstes Gericht der „Deutschen Demokratischen Republik“
OLG	Oberlandesgericht
OVG	Oberverwaltungsgericht
PatG	Patentgesetz vom 5. Mai 1936, RGBl II, S. 117, in der Fassung vom 9. Mai 1961, BGBl I, S. 550
PersVG	Personalvertretungsgesetz vom 5. 8. 1955, BGBl I, S. 477
RdA	Recht der Arbeit (Jahr, Seite)
RGBl	Reichsgesetzblatt (Jahr, Teil, Seite)
RGSt	Entscheidungen des Reichsgerichts in Strafsachen (Band, Seite)
RGZ	Entscheidungen des Reichsgerichts in Zivilsachen (Band, Seite)
RiWahlG	Richterwahlgesetz vom 25. 8. 1950, BGBl S. 368
SAE	Sammlung Arbeitsrechtlicher Entscheidungen (Jahr, Seite)

SGG	Sozialgerichtsgesetz vom 3. 9. 1953, BGBl I, S. 1239; 23. 8. 1958, BGBl I, S. 613
StGB	Strafgesetzbuch vom 15. 5. 1871, RGBl S. 127, in der Fassung vom 1. 9. 1969, BGBl I, S. 1445
StPÄG	Änderungsgesetz zur Strafprozeßordnung
StPO	Strafprozeßordnung vom 1. 2. 1877, RGBl S. 253, in der Fassung vom 17. 9. 1965, BGBl I, S. 1374
VwGO	Verwaltungsgerichtsordnung vom 21. 1. 1960, BGBl I, S. 17
WDO	Wehrdisziplinarordnung in der Fassung vom 9. 6. 1961, BGBl I, S. 697
WehrpflG	Wehrpflichtgesetz in der Fassung vom 14. 5. 1965, BGBl I, S. 391
WV	Die Verfassung des Deutschen Reichs vom 11. 8. 1919, RGBl S. 1383
ZPO	Zivilprozeßordnung vom 30. 1. 1877, RGBl S. 83, in der Fassung der Bekanntmachung vom 12. 9. 1950, BGBl S. 533
ZStrW	Zeitschrift für die gesamte Strafrechtswissenschaft (Band, Seite)
ZZP	Zeitschrift für Zivilprozeß (Band, Seite)

EINFÜHRUNG

Der im Bonner Grundgesetz in Art. 101 I 2 niedergelegte Grundsatz des gesetzlichen Richters[1] dient der Gerechtigkeit,[2] und zwar der blinden Gerechtigkeit, die — im positiven Sinne verstanden — die höchste Form der Gerechtigkeit ist, da sie quasi-objektive, offensichtliche und damit aufgewertete Gerechtigkeit bietet.

Vom Anbeginn seiner Geschichte her verfolgte der Grundsatz des gesetzlichen Richters — ausgehend von einem prinzipiellen Vertrauen aller in die unabhängige Gerichtsbarkeit — den Zweck, das Mißtrauen des Rechtsuchenden in die Neutralität des jeweils Richtenden auszuschalten und damit die grundlegende Voraussetzung für die Anerkennung des Rechtspruches zu schaffen. So soll auch heute Art. 101 I 2 GG gewährleisten, daß dem Rechtsuchenden nicht nur vom Richter sein Recht gesprochen wird, sondern daß dieses Recht vor allem von „seinem gesetzlichen Richter" ihm zuteil wird; denn dieser Richter ist ihm blindlings nach gesetzlicher Regel zugefallen und daher wie kein anderer zur Entscheidung der Sache ausgewiesen. Es läßt sich sogar sagen, daß nur die richterliche Überzeugung des gesetzlichen Richters für den Rechtsuchenden verbindlich ist.[3]

Nicht in jedem Falle nämlich werden alle Richter zum selben Urteil kommen (insbesondere nicht der zugeteilte parteiische Richter), da die Anwendung der Normen auf den einzelnen Fall nicht lediglich ein Akt der Logik, sondern zugleich ein Akt des Rechtsgefühls und des Gewissens ist.[4] Daraus geht hervor, wie sehr die Gleichheit aller

---

[1] Art. 101 Abs. 1 Satz 2 des Grundgesetzes für die Bundesrepublik Deutschland vom 23. 5. 1949 lautet: „Niemand darf seinem gesetzlichen Richter entzogen werden."

[2] Deshalb formuliert *Oehler* — ZStrW 64, 292 (296) — treffend: Niemand darf „seinem *gerechten* Richter entzogen werden".

[3] So *von Stackelberg*, NJW 59, 469 (470); ähnlich *Arndt*, Die Gesetzlichkeit des Richters und die Wahrheitsfrage, in: Aktuelle Rechtsprobleme, Hubert Schorn zum 75. Geburtstag, Frankfurt/M. 1966, S. 1 ff. (S. 9 und 11 ff.).

[4] *Werner*, Das Problem des Richterstaates, S. 10; ähnlich *Bötticher*, Die Gleichheit vor dem Richter, S. 34: „Erst durch den Richterspruch wird das Gesetz zum Tönen gebracht, wie die Glocke durch den Klöppel", mit Hinweis auf Oskar *Bülow*, Gesetz und Richteramt, S. 48: „Nicht nur das Gesetz, sondern Gesetz und Richteramt schaffen dem Volke sein Recht"; eingehend dazu auch *Bachof*, Grundgesetz und Richtermacht, insbesondere S. 8.

vor dem Gesetz — und somit die Gerechtigkeit — abhängig ist von der Gleichheit in der Rechtspflege; diese wiederum ist nicht bereits durch die „Waffengleichheit der Parteien" (mit Blick auf den Prozeßgegner) garantiert; vielmehr bedarf es (mit Blick auf Personen anderer Prozesse) der „Gleichheit in der Reihe", deren Unterfall[5] des „gleichen Weges aller zum Richter" besonders durch den (Gerichts-) Verfassungsgrundsatz des gesetzlichen Richters geschützt ist.[6]

Art. 101 I 2 GG erscheint durch diese Beziehung zum Gleichheitsgrundsatz sowie durch die Wechselwirkung mit der Unabhängigkeit der Gerichte und die Verbindung mit dem Grundsatz der Gewaltenteilung als Ausfluß[7] und Garant[8] der rechtsstaatlichen Ordnung.[9]

---

[5] In Parallele zur „Gleichmäßigkeit der Entscheidungen des Richters", *Bötticher*, a. a. O., S. 6 f., 21 ff.

[6] *Bötticher*, a. a. O., S. 6 f., 21 ff.

[7] *Schiedermair*, DÖV 60, 6 (9), II: Die Bundesrepublik und alle Bundesstaaten sind Rechtsstaaten. Allein im Hinblick auf diesen bewußt gewählten Verfassungsstatus wäre die Gesetzlichkeit des Richters geltendes Recht.

[8] „Eine unabhängige, unpolitische und rein sachlich eingestellte Rechtspflege ist ein besonders wichtiges Erfordernis und zugleich eine unentbehrliche Bürgschaft des Rechtsstaates." (Einleitung der Beratungen über Art. 101 GG, Herrenchiemsee 1948.)

[9] Siehe hierzu *Joachim*, DRiZ 65, 181 (insbesondere Vorbem. und I 1).

1. TEIL
Das Prinzip des gesetzlichen Richters in der grundgesetzlichen Ordnung

A. Der Begriff des gesetzlichen Richters im Sinne von Art. 101 I 2 GG und seine Bedeutung für die Gerichtsverfassung

„Gesetzlicher Richter" ist der Richter, dessen Zuständigkeit (im weitesten Sinne) für den zur Entscheidung stehenden Fall sich aus genereller abstrakter Norm ergibt.[1]

I. Der Begriff des Richters im Sinne von Art. 101 I 2 GG

Die aufgezeigten psychologischen, logischen und rechtsstaatlich-politischen Grundlagen eines Prinzips des gesetzlichen Richters, der sich aus alledem ergebende Sinn dieses Prinzips sowie Wortlaut und Standort des Art. 101 GG erweisen, daß dieser Grundsatz nach Ursprung, Wesen und Ziel ein Verfassungsprinzip nur der sogenannten Dritten Gewalt ist, dem keine Parallele etwa des gesetzlichen Verwaltungsbeamten gegenübersteht. Zwar sind die Gleichbehandlung aller und die Neutralität des Beamten gegenüber „seinem Fall" oberste Grundsätze auch der ausführenden Gewalt, die durch Vorschriften über Befangenheit und Beteiligung, Bestechung und Rechtsbeugung geschützt werden; aber als Organ dieser Staatsgewalt kann der Beamte insoweit nicht neutral sein, als er den Staat in der Wahrnehmung seiner — nämlich der öffentlichen — Interessen repräsentiert: Da der Staat hier in eigener Sache auftritt und es um seine Rechte und seine Pflichten geht, kann die sogenannte Zweite Gewalt als solche nicht neutral sein;[2] als hinreichenden rechtsstaatlichen Ausgleich hierfür hat das Grundgesetz die Möglichkeit einer vollen rechtlichen Nachprüfung der Akte der ausführenden Gewalt durch die rechtsprechende Gewalt eröffnet.

Ganz anders ist der Ausgangspunkt bei der rechtsprechenden Gewalt: Jedermann soll sich an den Richter als einen mit Staatsgewalt ausgestatteten, aber an allen Sachen — auch soweit der Staat selbst als Partei beteiligt ist — uninteressierten Dritten wenden können;

[1] Vgl. *von Mangoldt*, Art. 101 Anm. 3.

[2] Vgl. zum Vorhergehenden *Bettermann*, S. 525 ff., insbesondere 527.

der Wahrspruch[3] des Richters ist durch keine andere Staatsgewalt nachprüfbar, so daß er eines unerschütterlichen Vertrauens aller bedarf. Der Richterspruch ist das letzte und schließlich verbindliche Wort in einer Sache, weshalb für den Einzelnen von den unwägbaren Elementen der Persönlichkeit des Richters und der davon mitbedingten Entscheidung weit mehr als von der Person eines Verwaltungsbeamten und dessen Entscheidung, gegebenenfalls sogar sein Vertrauen zum Staat überhaupt abhängt.

Das Unbeteiligtsein jeglicher Staatsgewalt am Zu-Fall eines Richters auf eine bestimmte Sache gewährleistet und dokumentiert Art. 101 I 2 GG; ein dem gesetzlichen Richter entsprechender Grundsatz ist für die Zweite Gewalt entbehrlich, weil bereits genügende und der Verwaltung angemessenere Garantien der Rechtsstaatlichkeit — insbesondere durch Kontrolle mittels der Rechtsprechung — gegeben sind; denn Aufgabe der Zweiten Gewalt ist: zweckmäßige (sachgerechte) Verwaltung auf der Grundlage der Rechtsnormen, Aufgabe der Dritten Gewalt dagegen: Anstreben der objektiven Gerechtigkeit in jedem einzelnen Falle auf der Grundlage der Rechtsnormen, jedoch — da dieses Ziel wegen der Verschiedenheit der Richterpersönlichkeiten und der daher rührenden Unterschiede bei der Auslegung der Gesetze oder bei der Bildung der richterlichen Überzeugung nicht erreichbar ist[4] — Fällung einer als objektiv gerecht anerkennbaren Entscheidung durch den gesetzlichen Richter einer Sache auf der Grundlage der Rechtsnormen.[5]

Wortlaut, Sinn und die Stellung des Art. 101 im IX. Abschnitt des Grundgesetzes lassen daher erkennen, daß „Richter" im Sinne des Art. 101 I 2 GG der Richter im Sinne des Art. 92 GG und des Deutschen Richtergesetzes ist. Richter und Gerichte sind demzufolge von den (beiden) übrigen Gewalten (der Legislative und Exekutive) getrennte[6], besondere (Art. 20 II 2 GG) Staatsorgane, die speziell zur Rechtsprechung berufen bzw. bestimmt sind.[7] Die Richter ge-

---

[3] Vgl. *Arndt,* NJW 59, 1297, der den materialen Begriff des Rechtsprechens wie folgt definiert: Rechtsprechung ist die verselbständigte und mittels Repräsentation ausgeübte Staatstätigkeit, die auf Grund eines Wahrspruches über die Verwirklichung eines bestimmten Sachverhalts Rechtskraft für eine Berechtigung wirkt, d. h. sie als gültig qualifiziert.

[4] Vgl. auch oben S. 1 f. (Einführung).

[5] Zum „gesetzlichen Verwaltungsbeamten" siehe weiter *Forsthoff,* § 22, 2 a (S. 381, Fußn. 2 a. E.), insbesondere auch zum „gesetzlichen Staatsanwalt" *Schiedermair* in DÖV 60, 6 (10), *Leverenz* in DRiZ 61, 101 (102); vgl. zur Klärung des Wesens der Staatsanwaltschaft aber ferner *Arndt,* DRiZ 61, 373 (374). Zum „gesetzlichen Prüfer" bei Laufbahnprüfgn. s. BVerwGE 30, 172 (178).

[6] Vgl. § 1 VwGO.

[7] *Bettermann,* S. 628 ff., insbesondere 633 ff.

nießen gemäß Art. 97 I GG und den einschlägigen Vorschriften des Deutschen Richtergesetzes die sachliche Unabhängigkeit sowie gemäß Art. 97 II GG und den entsprechenden Paragraphen des Deutschen Richtergesetzes die Garantien der persönlichen Unabhängigkeit.[8] Richter im Sinne des Art. 101 I 2 GG, denen niemand entzogen werden darf, sind daher

1. nur die Gerichte und Richter der staatlichen (Bundes- und Landes-) Gerichtsbarkeit (Art. 92, 2. Halbsatz), nicht aber (private) Schiedsgerichte und ihre Richter;[9] weder gilt Art. 101 I 2 GG — als solcher — innerhalb dieser (Vereins- oder Verbands-)Schiedgerichtsbarkeit, noch gilt er — insoweit greifen vielmehr unter gewissen Umständen die staatlichen Rechtsweggarantien ein[10] — im Verhältnis einer Schiedsgerichtsbarkeit zur staatlichen Gerichtsbarkeit.[11] Es kann die Zuständigkeit eines Schiedsgerichts vertraglich vereinbart werden, ohne daß dadurch jemand seinem gesetzlichen Richter entzogen würde;[12] aber das Schiedsgericht wird in diesen Fällen niemals zum gesetzlichen „Richter" im Sinne von Art. 101 I 2 GG, da es eben kein staatliches Gericht ist. Entsprechend kann umgekehrt niemand durch Vorenthaltung eines zuständigen Schiedsgerichts „seinem gesetzlichen Richter entzogen werden". — Ebensowenig wirkt Art. 101 I 2 GG über die deutsche staatliche Gerichtsbarkeit hinaus im internationalgerichtlichen Bereich, und zwar gilt dies nicht nur, soweit schiedsgerichtsähnliche Institutionen in Frage stehen, sondern auch, soweit es sich um Gerichte handelt, denen von den Partnerstaaten echte überstaatliche Hoheit verliehen ist.[13] Der Begriff des Richters in Art. 101 I 2 GG korrespondiert nämlich mit Art. 92 GG, der sich nur auf die deutsche, innerstaatliche Gerichtsbarkeit bezieht. In der internationalen Gerichtsbarkeit ergibt sich der Grundsatz des gesetzlichen Richters allenfalls aus einer analogen Anwendung des Art. 101 I 2 GG als allgemeinem Rechtsprinzip,[14] das in Art. 6 I MRK weitere Anerkennung durch zahlreiche Staaten gefunden hat.

---

[8] Dazu grundlegend *Bettermann*, S. 523—642.

[9] BGH in JZ 59, 665 (666, II 1 a).

[10] Vgl. §§ 1041 ZPO, 110 ArbGG und auch hier B II 3 e) (S. 70); zu den Bestrebungen mancher Verbände allerdings, die Anrufung der ordentlichen Gerichte auszuschalten, siehe *Meyer-Cording*, JZ 59, 649 (652, VI); zur Problematik der Betriebsjustiz siehe etwa *Arndt*, NJW 65, 26.

[11] Vgl. BAG in NJW 64, 268 (269, 2 b).

[12] Vgl. BAG a. a. O. und in NJW 68, 317 (318) sowie hier A II 2 a (S. 24).

[13] Vgl. in diesem Zushg. den umstr. Art. 177 EWG-Vertrag (Vorabentschdg. des Europ. Gerichtshofes); vgl. z. d. Verf. gem. Art. 177 EWG-Vertrag *Paetow*, MDR 67, 445.

[14] So anscheinend *Ehle*, NJW 64, 321 (327, V 2 a).

2. Sind demnach einerseits nur die Richter der deutschen staatlichen Gerichtsbarkeit „Richter“ im Sinne des Art. 101 I 2 GG, so fallen darunter aber andererseits die Richter aller Zweige der staatlichen Gerichtsbarkeit, also nicht etwa nur die Strafrichter oder die Richter der ordentlichen Gerichte.

3. Weiter schließt Art. 101 I 2 GG — da er die Richter in ihrer richterlichen Funktion versteht und damit alle Richter ohne Rücksicht auf ihre gerichtsverfassungs- und dienstrechtliche Stellung erfaßt[15] — die Laienrichter und sonstigen ehrenamtlichen Richter ein, desgleichen die nebenamtlichen, auf Zeit berufenen und nicht planmäßig angestellten Richter; auch sie dürfen niemandem, dessen gesetzliche Richter sie sind, entzogen werden.

4. Schließlich gilt Art. 101 I 2 GG nicht nur für den rechtsprechenden Richter, sondern er erstreckt sich auf alle Aufgaben der Dritten Gewalt, die der Richter in richterlicher Unabhängigkeit ausführt; denn wie der Grundsatz des gesetzlichen Richters ohne gleichzeitige Gewährung der Unabhängigkeit gegenstandslos wäre, so kann auch die richterliche Unabhängigkeit erst durch Verkoppelung mit dem Prinzip der Gesetzlichkeit des Richters ihre volle Kraft entfalten.[16]
Daher fällt unter Art. 101 I 2 GG ferner der Richter der freiwilligen Gerichtsbarkeit, und zwar gleichgültig, ob eine von ihm wahrgenommene Aufgabe materiell der Rechtsprechung oder der Verwaltung angehört,[17] weil nämlich (materielle) Verwaltungssachen vielfach gerade zu dem besonderen Zweck an die freiwillige Gerichtsbarkeit überwiesen werden, weil so die Neutralitätsgarantien des unabhängigen Richters wirksam werden können.[18]

Gleiches gilt für den Vollstreckungsrichter.

Nur ein Richter im Sinne dieser vorangehenden Definition kann „gesetzlicher Richter“ sein, dem nach Art. 101 I 2 GG niemand entzogen werden darf.

II. Der Begriff des „gesetzlichen“ Richters im Sinne von Art. 101 I 2 GG

Ein Richter im Sinne der oben gegebenen Begriffsbestimmung ist dann gesetzlicher Richter eines Falles („sein gesetzlicher Richter“, der nicht entzogen werden darf), wenn er zur Bearbeitung dieses Falles gesetzlich berufen ist, und zwar derart, daß die Zuständigkeit (im weitesten Sinne) des einzelnen Richters generell und abstrakt —

---

[15] *Kreft*, DRiZ 61, 165 (166, II 1).
[16] Vgl. *Bettermann*, S. 543 und 560 unter (4) und 2 a.
[17] BVerfG in NJW 67, 1123.
[18] *Bettermann*, S. 541 f.

unverschiebbar — festgelegt ist. Dazu ist einmal erforderlich, daß die Zuständigkeit selbst (die Aufgabenteilung) in dieser Weise normiert ist, zum anderen und zunächst aber, daß Gerichte, Spruchkörper und Richter auf Grund Gesetzes für eine bestimmte Zeit fest bestellt sind, damit die Zuständigkeitsregelung nicht ins Leere fällt. Demnach hat die Gesetzlichkeit des Richters eine organisatorische, statisch-institutionelle Komponente — überwiegend ohne normativen Gehalt — und eine (rein) normative, zuordnende Komponente.

1. Die institutionell-organisatorische Grundlage für die Gesetzlichkeit des Richters

a) Auf Gesetz gegründetes Gericht

Voraussetzung des gesetzlichen Richters ist das gesetzliche Gericht. Durch das Grundgesetz[19] (und die Gerichtsverfassungsgesetze) wurden die ordentliche und verschiedene besondere Gerichtsbarkeiten eingerichtet; weitere Sondergerichte können ebenfalls nur durch (förmliches) Gesetz eingerichtet werden (Art. 101 II GG). Darüberhinaus hat auch die Errichtung der einzelnen Gerichte und die Abgrenzung der zugehörigen Gerichtsbezirke rechtmäßig zu erfolgen; da es sich bei diesen Vorgängen um reine Organisationsakte handelt, kann Art. 101 I 2 GG in dieser Hinsicht — wenn überhaupt — nur insoweit Bedeutung haben, als er etwa eine besondere Rangstufe staatlicher Willensäußerungen für derlei Akte vorsehen sollte.

Dabei kann es sich nicht um den Vor*rang* des höherrangigen Staatsaktes handeln; denn dieser wird bereits durch Art. 20 III GG umfassend geregelt und für den Bereich der Gerichtsverfassung durch Art. 101 I 2 GG nur bestätigt. Vielmehr geht es um die Frage, ob Art. 101 I 2 GG einen Vor*behalt* des förmlichen Gesetzes für die genannten Organisationsakte beinhaltet, oder ob Verwaltungsakt oder Verordnung hierfür ausreichen.

Ein Verwaltungsakt erweist sich unter dem Gesichtspunkt der Gesetzlichkeit des Richters von vornherein als unbrauchbares Organisationsmittel und unzureichende Rechtsgrundlage für die Errichtung und Aufhebung der Gerichte sowie die Abgrenzung der Gerichtsbezirke, da ihm das nötige Maß an Beständigkeit und Offenkundigkeit fehlt. Auch aus Art. 101 II GG darf kein Umkehrschluß dahin gezogen werden, daß diese Maßnahmen zwar bei den Sondergerichten nur durch Gesetz, bei der ordentlichen Gerichtsbarkeit aber ebenso durch Verwaltungsakt getroffen werden dürften.[20]

---

[19] Art. 95, 96 GG.

[20] *Bettermann*, S. 544, 2 b.

Dagegen könnte eine Verordnung zur Vornahme dieser Organisationsakte ausreichen. Diese Ansicht wird — im Ergebnis ohne Einschränkung — von Bettermann vertreten.[21] Ein Vorbehalt des förmlichen Gesetzes sei für diese Angelegenheiten insbesondere nicht aus Art. 101 I 2 GG herzuleiten, da „gesetzlicher Richter" jeder Richter sei, dessen Zuständigkeit rechtssatzmäßig festgelegt ist, also auch der rechtsverordnete Richter.[22] Diese Formulierung Bettermanns — die vermutlich nur zur Widerlegung der Bundesverfassungsgerichtsentscheidung vom 10. 6. 1953[23] ausreichen soll, mit der sich Bettermann an dieser Stelle auseinandersetzt — ist jedoch nicht umfassend genug gewählt und stimmt mit den übrigen dortigen Ausführungen nicht überein. Wie Bettermann nämlich nachgewiesen hat, handelt es sich bei den bezeichneten Maßnahmen zur Gerichtsorganisation — Errichtung und Aufhebung eines namentlich bestimmten Gerichts, Verlegung seines Sitzes und Änderung seines Bezirks — nicht um abstrakte, sondern um konkrete Regelungen; sie können nicht Gegenstand eines materiellen Gesetzes sein, denn mit ihnen wird unmittelbar eine konkrete Rechtsgestaltung vorgenommen.[24] Soweit also diese Akte Grundlage für die Festlegung des gesetzlichen Richters sind, erweist es sich als gegenstandslos, sie unter dem Gesichtspunkt zu betrachten, ob sie an sich abstrakt und generell oder konkret und speziell sind. Vielmehr kann lediglich die Frage sein, ob ein Organisationsakt sich in allgemeiner Weise oder aber in einem bestimmten Falle (bzw. bezüglich bestimmter Personen) bei der Ermittlung des (gesetzlichen) Richters auswirkt.

Der Schluß Bettermanns geht daher fehl, wenn er unter dem Blickpunkt des Art. 101 I 2 GG für die Vornahme dieser Organisationsakte nicht nur das formelle Gesetz, sondern ebenfalls die Verordnung als zulässig ansieht, weil auch durch Verordnung die Zuständigkeit des Richters rechtssatzmäßig festgelegt sei. Er übersieht, daß es sich bei den genannten Organisationsakten nie um eine rechtssatzmäßige Vorbestimmung des gesetzlichen Richters handelt, sondern um konkrete Regelungen, die indessen als Grundlage der Zuständigkeitsverteilung auf die Festlegung des gesetzlichen Richters abstrakt und generell einwirken; in dieser Hinsicht stände also Art. 101 I 2 GG nicht einmal entgegen, diese Organisationsangelegenheiten durch Verwaltungsakt zu regeln. Art. 101 I 2 GG sagt demnach *insofern* nichts darüber aus, ob für die Organisationsakte lediglich formelle Gesetze ausreichen oder gleicherweise (Organisations-) Verordnungen.

---

[21] *Bettermann,* S. 548 f.

[22] *Bettermann,* S. 546, (2).

[23] BVerfGE 2, 307.

[24] *Bettermann,* S. 545, (1).

Ein Vorbehalt des formellen Gesetzes (bzw. einer Form überhaupt) durch Art. 101 I 2 GG für solche Akte kann daher nur mit anderen Gesichtspunkten begründet werden. Da ein Organisationsakt — obwohl immer konkrete Regelung — auf die Festlegung des gesetzlichen Richters allgemein und fallunabhängig einwirken kann, gleichgültig, ob dieser Staatsakt in der Form des Verwaltungsaktes, der Verordnung oder des Gesetzes ergangen ist, kann nicht die Form des einzelnen Aktes als solche darüber entscheiden, ob er die gemäß Art. 101 I 2 GG bei der Festlegung des gesetzlichen Richters erforderliche Abstraktheit und Generalität wahrt; den Ausschlag in dieser Hinsicht gibt vielmehr ein dem Akt innewohnender Wille (und die ihm eigene Kraft) zu angemessener Geltungsdauer unter Ausschluß eines Geltungswillens nur für bestimmte Personen oder Fälle.

Nur die hinreichende Bestandskraft und der Wille zu dauernder und allgemeiner Wirkung kann also den — konkret-speziellen — Organisationsakt zu einer genügend festen Basis für die normative Zuständigkeitsverteilung machen. Diese Kriterien sind möglicherweise den Organisationsakten in Form des Verwaltungsaktes, der Organisations-Verordnung oder des förmlichen Gesetzes in verschieden starkem Maße eigen; es liegt sogar nahe anzunehmen, daß sie nur bei Organisationsakten der einen oder anderen Form für allgemein so stark ausgeprägt sind, wie es Art. 101 I 2 GG erfordert, damit die Abstraktheit und Generalität der Richterzuteilung verbürgt ist.

Der Geltungswille für eine angemessene Zeitdauer, über den bestimmten Fall oder die bestimmte Person(-engruppe) hinaus ist beim Gesetz grundsätzlich vorhanden — solange sich nicht aus dem Wortlaut oder bisweilen auch dem Sinn etwas Gegenteiliges ergibt — und durch die verfahrensmäßig erschwerte Abänderbarkeit auch weitgehend geschützt. Demgegenüber bietet die durch einen Verwaltungsakt getroffene organisatorische Regelung nicht die Gewähr für ihre Beständigkeit, selbst wenn der Verwaltungsakt in besonderer Form ergangen ist; vielmehr wäre ein häufiger Organisationswechsel durch Verwaltungsakte, die dem Anschein nach mit den Gesetzen in Einklang ständen, denkbar. Obwohl die neuerlassenen Verwaltungsakte gegebenenfalls wegen Verstoßes gegen Art. 101 I 2 GG angegriffen werden könnten, darf dies nicht darüber hinwegtäuschen, daß bereits die Möglichkeit, des öfteren die organisatorische Basis der Festlegung des zuständigen Richters zu ändern, den Grundsatz des gesetzlichen Richters erschüttern müßte. Aus diesem Grunde entspricht die Errichtung und Aufhebung eines Gerichts sowie die Änderung des Gerichtsbezirks durch Verwaltungsakt nicht dem Art. 101 I 2 GG, auch wenn sie im einzelnen Falle nicht auf Auswechslung des gesetzlichen Richters in einem bestimmten Falle oder hinsichtlich bestimmter Personen abzielt.

Zweifelhaft ist die Beurteilung von Verordnungen unter diesem Gesichtspunkt des Art. 101 I 2 GG. Einer Verordnung wohnt normalerweise der Wille inne, generell und abstrakt einen gewissen Lebensbereich zu regeln, oder im Falle einer Organisationsverordnung, wie sie hier in Frage steht, durch angemessene Geltungsdauer normgleich zu wirken. Jedoch ist ihre Beständigkeit nicht besonders gewährleistet; vielmehr soll die Verordnung gerade die Möglichkeit bieten, eine Materie ohne größeren verfahrensmäßigen Aufwand rasch zu regeln und damit zugleich eine Änderung oder Aufhebung zu erleichtern. Hinzu kommt hier im Unterschied zum formellen Gesetz, daß über Inhalt und Zeitpunkt des Erlasses der Verordnung weitgehend nicht mehr die gesetzgebende, sondern die ausführende Gewalt entscheidet; das gilt in besonderem Maße bei der Organisationsverordnung, da fraglich ist, ob die Schranken des Art. 80 I GG für Organisations-Verordnungen überhaupt gelten;[25] schließlich aber ist gerade die Beeinflussung der richterlichen Zuständigkeit durch Organisationsänderung nicht so sehr von dem Inhalt einer neuen Verordnung — sei er vom Gesetzgeber gemäß Art. 80 I GG vorgezeichnet oder nicht — abhängig, sondern oft weit mehr vom Zeitpunkt der Neuregelung. Daher erscheint es rechtsstaatlich betrachtet bedenklich, der Verwaltung diese Angelegenheiten der Gerichtsorganisation zur Regelung durch Verordnung zu überlassen und ihr damit einen beträchtlichen Einfluß auf die Festlegung des gesetzlichen Richters einzuräumen.[26, 27] Bettermann ist zwar der Ansicht[28], daß die Errichtung der einzelnen Gerichte und die Bestimmung ihres Sitzes und Bezirkes typische Exekutivfunktionen darstellen, da mit ihnen für jeden einzelnen Bezirk das Gerichtsverfassungs- oder Prozeßgesetz ausgeführt wird, das die Schaffung dieser Art von Gerichten vorsieht und ihre Gerichtsbarkeit regelt. Bettermann räumt jedoch andererseits ein,[29] daß diese Maßnahmen „nicht zum Hausgut der Verwaltung“[30] gehören und die Verwaltung ihre Zuständigkeit dazu nicht aus ihrer — ohnehin umstrittenen — Organisationsgewalt ableiten kann. Demgegenüber fallen nach der Ansicht des Bundesverfassungsgerichts[31] diese Organisationsakte wegen ihrer Bedeutung für die sachliche Eigenständigkeit und Unabhängigkeit der rechtsprechenden Ge-

[25] Vgl. *Bettermann*, S. 545, (1).

[26] Vgl. BVerfGE 2, 307 (320).

[27] Vgl. auch Art. 97 II 3 GG, § 32 DRiG.

[28] *Bettermann*, S. 547, (5).

[29] *Bettermann*, S. 547, (5).

[30] BVerfGE 2, 307 (319); Begriff bei *Thoma* in HdbDStR II, 228.

[31] BVerfGE 2, 307 (316, 319 f.); ebenso *Arndt*, NJW 65, 430 (im Hinblick auf § 14 ArbGG); *Schiedermair*, DÖV 60, 6 (8, 11); Gegenansicht von *Bettermann*, S. 545 ff.

walt im Rechtsstaat aus dem Rahmen der allgemeinen Behördenorganisation derart heraus, daß sie grundsätzlich nur durch formelles Gesetz angeordnet werden dürfen.

Diese Erkenntnisse hat bereits die Verwaltungsgerichtsordnung vom 21. 1. 1960 verwertet; nach § 3 werden die oben genannten und einige weitere Organisationsakte[32] durch formelles Gesetz angeordnet.[33] Im Bereich der ordentlichen Gerichtsbarkeit schreibt § 1 I VO vom 20. 3. 1935[34] lediglich für die Errichtung und Aufhebung eines Gerichtes und die Verlegung eines Gerichtssitzes die Gesetzesform vor. Zwar hat die Regelung der Verwaltungsgerichtsordnung nicht Verfassungsrang und gilt daher nur für die Verwaltungsgerichtsbarkeit, doch sollte in den übrigen Gerichtszweigen schon in ihrem Sinne verfahren werden.

Unter dem Gesichtspunkt des Art. 101 I 2 GG ist die formellgesetzliche Durchführung der Organisationsangelegenheiten nicht deshalb entbehrlich,[35] weil das Verbot der Zuständigkeitsbestimmung ad hoc durch Organisationsänderung ad hoc gleichermaßen für die Exekutive wie für die Legislative gilt und daher ein Verstoß hiergegen ohnehin in beiden Fällen gleich zu behandeln wäre. Entscheidend ist vielmehr, daß ein solcher Verstoß eigentlich nie nachgewiesen werden kann und daher ein Organisationswechsel — wenn er „zufällig“, „routinemäßig“ oder „turnusmäßig“ vor großen Prozessen vorgenommen wird — um so skeptischer von der Öffentlichkeit hingenommen wird. Daher wird Art. 101 I 2 GG nur dann Genüge getan, wenn bereits an der nächstliegenden kritischen Stelle eingehakt und schon die Möglichkeit einer solchen Einflußnahme der ausführenden Gewalt ausgeschaltet wird. Eine Zuständigkeitsbestimmung ad hoc durch formell-gesetzliche Organisationsänderungen ad hoc ist zwar auch denkbar und durch Art. 101 I 2 GG verboten, aber unabhängig von der rechtsstaatlichen Gesinnung einzelner die Staatsgewalt tragender Personen weitgehend ausgeschlossen, so daß der Grundsatz des gesetzlichen Richters hier von seinen Wurzeln her geschützt ist.

Nur eine Gerichtsorganisation, die im einzelnen durch formelles Gesetz geregelt ist, entspricht dem Grundsatz des gesetzlichen Rich-

---

[32] U. a. in § 3 I Ziff. 4 die Zuweisung einzelner Sachgebiete an ein Verwaltungsgericht für die Bezirke mehrerer Verwaltungsgerichte; diese Maßnahme bedarf auch nach der Ansicht Bettermanns der Regelung durch formelles Gesetz, und zwar für ihn folgerichtig unter dem Gesichtspunkt des Vor*rangs* des (förmlichen) Gesetzes, s. *Bettermann*, S. 546, (3).

[33] In dieser Richtung aber vorher bereits weitgehend §§ 7, 28 SGG.

[34] VO v. 20. 3. 1935 — RGBl I 403 = BGBl III 300—5; vgl. im übrigen auch etwa HessG über den Sitz und den Bezirk der Gerichte der ordentlichen Gerichtsbarkeit vom 8. 2. 1961 (GVBl S. 29).

[35] So indes *Bettermann*, S. 546, (2).

ters. Art. 101 I 2 GG beinhaltet demnach in seiner die Gerichtsorganisation betreffenden, statisch-institutionellen Komponente einen Vorbehalt des formellen Gesetzes.[36]

b) Auf Grund Gesetzes berufener Richter

Ebenso wie der Aufbau der Gerichte und die Abgrenzung ihrer Sprengel kann auch die Berufung des einzelnen Richters in einer Beziehung zum Grundsatz des gesetzlichen Richters stehen.

Eine Berufung oder Ernennung des einzelnen Richters „durch" Gesetz ist nicht erforderlich zur Wahrung der Gesetzlichkeit des Richters und auch nicht durchführbar; der einzelne Richter kann überhaupt nicht „durch" Rechtssatz berufen werden. Jedoch bliebe die gesetzliche Regelung von Angelegenheiten der Gerichtsorganisation — mit dem Ziel der Unverschiebbarkeit des gesetzlichen Richters — wirkungslos, wenn die Besetzung der Gerichte mit Richtern willkürlich vorgenommen werden könnte. Demnach muß auch die personelle Seite der Ordnung des Gerichtswesens unter dem Vorbehalt des Gesetzes stehen, so daß diese Akte zwar nicht durch Gesetz, wohl aber gemäß dem Gesetz oder zumindest auf Grund des Gesetzes ergehen müssen, um dem Art. 101 I 2 GG zu genügen. In Frage kommt hierfür — soweit es sich nicht lediglich um Vorgänge innerhalb *eines* Gerichts (gerichtsinterne[37] Vorgänge) handelt, etwa die Bildung der Spruchkörper — nur ein förmliches Gesetz. Zum Teil werden diese staatsrechtlich hochbedeutsamen Fragen sogar in der Verfassung geregelt.

So ist nach Art. 97 II 1 GG, §§ 27 ff. DRiG vom 8. 9. 1961 dem (Berufs-)Richter ein Richteramt bei einem bestimmten Gericht zu übertragen, und zwar grundsätzlich eine Planstelle auf Lebenszeit. Weiterhin kann ein Richter nur unter den in Art. 97 II 1, 3, 98 II GG, §§ 30 ff. DRiG genannten strengen Voraussetzungen abberufen oder versetzt werden. Schließlich kann der Eintritt in den Ruhestand nach Erreichen der gemäß Art. 97 II 2 GG, §§ 48, 76 DRiG festgesetzten Altersgrenze nicht hinausgeschoben werden (§§ 48 II, 76 II DRiG). Damit sind personelle Umschichtungen zur Verdrängung des gesetzlichen Richters in einem bestimmten Fall nahezu ausgeschlossen. Selbst gezielte Berufungen und Ernennungen sind kaum denkbar,[38] da zunächst eine freie Planstelle vorhanden sein müßte, die besetzt werden könnte; in dieser Hinsicht ist daher auch gleichgültig, ob die Richter-

---

[36] Vgl. hierzu auch — insbesondere im Hinblick auf die Arbeitsgerichtsbarkeit — *Joachim*, DRiZ 65, 181 (III 1, 2).

[37] *Schiedermair*, DÖV 60, 6.

[38] Vgl. BVerfG in NJW 65, 1223 (B 1).

berufung bei der Regierung[39] oder bei einem Richterwahlausschuß[40] liegt, gegebenenfalls unter Beteiligung der Ersten und (oder) Dritten Gewalt. Eine (Ab-)Beförderung, um die fragliche Planstelle für einen genehmeren Richter freizumachen, dürfte praktisch selten sein, würde man doch den weniger genehmen Richter dadurch endgültig höher einstufen.[41]

Die Stellung der ehrenamtlichen (Laien-)Richter ist unter dem Gesichtspunkt des Art. 101 I 2 GG ebensogut gesichert, wenn ihre persönliche Unabhängigkeit auch nicht so weit geht, wie die der (endgültig angestellten) Berufsrichter. Die ehrenamtlichen Richter werden für eine gesetzlich festgelegte Zeit an ein bestimmtes Gericht berufen und können nur unter den Voraussetzungen früher von ihrem Amt entbunden werden, die in den Gesetzen abschließend geregelt sind.[42]

Entsprechendes gilt für die Richter auf Probe und die Richter kraft Auftrags. Auch sie werden einem bestimmten Gericht zugeteilt, wenngleich sie nicht in eine bestimmte (Plan-)Stelle eingewiesen werden; das ergibt sich aus den §§ (27 I), 13 („bei einem Gericht, ... oder bei einer Staatsanwaltschaft"), 14 II DRiG („... führt im Dienst die Amtsbezeichnung des wahrgenommenen Richteramts."). Sie sind mindestens durch den Geschäftsverteilungsplan des Gerichtes für die Dauer des Geschäftsjahres an dieses Gericht gebunden; nur sehr begrenzt kann der Ausbildungszweck eine vorzeitige Versetzung an ein anderes Gericht gestatten. Darüberhinaus kann eine Versetzung nur unter denselben Voraussetzungen wie die eines Richters auf Lebenszeit oder die eines Richters auf Zeit gemäß §§ 30 ff. DRiG vorgenommen werden.[43] Gleiches gilt für das Ausscheiden des Richters auf Probe oder kraft Auftrags: es gelten die allgemeinen Bestimmungen der §§ 18 ff., 30 ff. DRiG; weitergehend ist lediglich eine Entlassung gemäß §§ 22 f. DRiG zu den gesetzlich festgelegten Zeitpunkten und (bzw.) den dort genannten sonstigen Voraussetzungen zulässig, womit also auch hier dem Grundsatz des gesetzlichen Richters Genüge getan wird.

Das geltende Recht entspricht damit den Anforderungen, die Art. 101 I 2 GG an die gesetzliche Ausformung der Gerichtsorganisa-

---

[39] Wie in einigen Bundesländern.

[40] Wie u. a. beim Bund, vgl. Art. 95 II, 98 IV GG.

[41] Vgl. vor allem auch §§ 54 ff., 74 II, 75 I DRiG, wo die Mitwirkung der Richterschaft gewährleistet ist.

[42] Vgl. § 44 II DRiG, §§ 36 ff., insbesondere 42, 52 GVG, §§ 77, 84 f., 108, 113 GVG; weiter z. B. §§ 20 Satz 2 („innerhalb *des* Gerichtsbezirks"), 25, 29 II, 24, 34 VwGO, §§ 20 I 1, 21 I 2 (im Bezirk *des* Arbeitsgerichts), 21 V, 24, 27, 37 II ArbGG.

[43] Vgl. auch § 70 II GVG, (§ 85 Ziff. 7 DRiG).

tion in der Weise stellt, daß kein Eingriff in den Einzelfall durch personelle Umbesetzung der einzelnen Gerichte (im staatsrechtlichen Sinne) möglich ist.

Nicht ausgeschlossen wird durch die Gesetze allerdings ein Einfluß verschiedener Staatsorgane und der politischen Parteien (oder Verbände) auf die Stellenbesetzung im allgemeinen. Zweifelhaft ist aber, ob Art. 101 I 2 GG einen solchen Einfluß überhaupt verhindern will.

Der Grundsatz des gesetzlichen Richters dient der Rechtsstaatlichkeit der Gerichtsverfassung und damit überhaupt der Rechtsstaatlichkeit des gerichtlichen Verfahrens, nicht jedoch der Freihaltung des Gerichtswesens von parteipolitischen Einflüssen.Gegen Art. 101 I 2 GG verstößt nicht einmal die (mittelbare) Mitwirkung der Parteien bei der Besetzung *der* Stellen, von denen aus der Gang der Rechtspflege gesteuert werden kann; demzufolge ist von Art. 101 I 2 GG her nichts gegen den Einfluß des Vorsitzenden eines Spruchkörpers in jedem einzelnen Verfahren einzuwenden — solange er sich nicht auf die Besetzung des Spruchkörpers (Gericht im prozessualen Sinne) im Einzelfall auswirken kann.[44]

Mit Art. 101 I 2 GG kann daher gegebenenfalls unerwünschten parteipolitischen Einflüssen auf die Besetzung der Richterstellen nicht entgegengewirkt werden: Sie widersprechen nicht dem Grundsatz des gesetzlichen Richters, sondern allenfalls anderen Verfassungsgrundsätzen; es darf in diesem Zusammenhang nicht verkannt werden, daß die Einschaltung des demokratischen Prinzips bei der Stellenbesetzung der Berufsrichter und vor allem der ehrenamtlichen Richter ein berechtigtes Anliegen ist.[45] Ebensowenig wird die Mitwirkung des Parlaments und der Exekutive bei der Gewinnung und Beförderung der Richter als allgemeines Eingreifen in die Unabhängigkeit der Judikative durch Art. 101 I 2 GG verboten, da insoweit der Grundsatz des gesetzlichen Richters die Unabhängigkeit der Dritten Gewalt und das Gewaltenteilungsprinzip nicht schützt. Es ist daher auch in dieser Hinsicht[46] für Art. 101 I 2 GG gleichgültig, ob die Richter von der Regierung berufen werden (wie in einigen Ländern der Bundesrepublik[47]) oder ob dies durch einen Richterwahlausschuß geschieht (wie etwa überwiegend beim Bund[48]) und wie gegebenenfalls diese Ausschüsse besetzt sind, ob insbesondere auch die Rechtspflegeorgane darin vertreten sind.[49]

---

[44] Vgl. dazu hier A, II, 2, b, cc, (4) (S. 48 ff.).

[45] Vgl. § 5 RiWahlG, §§ 36, 40, 42, 77, 84 GVG, §§ 26, 28 f., 34 VwGO §§ 20 I, 37 II, 43 I ArbGG.

[46] Vgl. oben S. 12 f.

[47] Vgl. Art. 98 IV GG; im einzelnen *Bettermann,* S. 605 ff., 610.

[48] Vgl. Art. 95 II GG; *Bettermann,* a. a. O.

[49] Vgl. dazu §§49, 54 ff., 74 f. DRiG.

Der Grundsatz des gesetzlichen Richters will also nicht verhindern, daß außerhalb der unabhängigen Rechtsprechung stehende Machtträger einen Einfluß auf die Besetzung der Richterstellen im allgemeinen anstreben oder ausüben.

c) Weitere Anforderungen des Art. 101 I 2 GG in organisatorischer Hinsicht

Fraglich ist, ob dem Art. 101 I 2 GG im Hinblick auf die Gerichtsorganisation Genüge getan ist, indem der Gesetzgeber in befriedigendem Maße einer Zuständigkeitsänderung ad hoc durch Organisationsänderung bzw. Richterwechsel ad hoc vorgebeugt hat, oder ob Art. 101 I 2 GG weiter speziell für den Inhalt der Organisationsakte Maßstäbe setzt und etwa sogar qualitative Anforderungen an Gerichte und Richter im allgemeinen oder im einzelnen stellt.

aa) Müssen Gerichte in Übereinstimmung mit der Verfassung eingerichtet (bzw. errichtet) sein, damit sie „gesetzliches Gericht" im Sinne von Art. 101 I 2 GG sein können

Ausgangspunkt zur Beantworung dieser Frage ist das Urteil des Bundesverfassungsgerichts über die Verfassungswidrigkeit der württemberg-badischen Friedensgerichte.[50] Das Bundesverfassungsgericht formuliert dort,[51] Art. 101 I 2 GG setze voraus, daß nur Gerichte bestehen, die in jeder Hinsicht den Anforderungen des Grundgesetzes entsprechen. Dieser Kernsatz der Entscheidung ist seinem Wortlaut nach mehrdeutig, jedoch im Zusammenhang der Ausführungen und in der Konstruktion zu Ende gedacht nur so zu verstehen, daß das Bundesverfassungsgericht den Art. 101 I 2 GG in zweierlei Hinsicht ausgeweitet hat: materiell insofern, als gegen das Gebot der Gesetzlichkeit des Richters nun nicht mehr nur solche gesetzlichen Akte zur Gerichtsorganisation verstoßen sollen, die verfassungswidrig sind, weil sie unter das eigens durch Art. 101 I 2 ausgesprochene Verbot der Zuständigkeitsbestimmung ad hoc durch Organisationsakt (Organisationsänderung) ad hoc fallen, sondern nunmehr auch solche gerichtsorganisatorischen Normen, die verfassungswidrig sind, weil sie mit irgendeinem anderen Verfassungsgrundsatz nicht übereinstimmen.
Formell, im Sinne der Erweiterung des Rechtsschutzes durch Ausdehnung der verfassungsgerichtlichen Überprüfbarkeit, ist Art. 101 I 2 GG dahingehend ausgeweitet worden — und das ist das eigentlich

[50] BVerfGE 10, 200.
[51] S. 213, II.

Bahnbrechende, aber auch zu Bedenken Veranlassende an der These des Bundesverfassungsgerichts —, daß innerhalb der auf Art. 101 I 2 GG gestützten und daher nach § 90 I BVerfGG zulässigen Verfassungsbeschwerde nicht mehr nur die in Art. 101 I 2 GG spezifisch enthaltene Garantie der Bestimmbarkeit des zuständigen Richters, sondern weitergehend die allseitige Verfassungsmäßigkeit der Organisation der rechtsprechenden Gewalt Gegenstand der Nachprüfung sein kann.

Ob diese Ausweitung des Grundsatzes des gesetzlichen Richters hingenommen werden darf, ist zweifelhaft.

Die Bedeutung des Problems ist nicht so weittragend, wenn man mit Jauernig[52] davon ausgeht, daß „'verfassungswidrige Gerichte' ... im Sinne des Grundgesetzes Nicht-Gerichte" sind. Muß jemand vor einem Nicht-Gericht sein Recht suchen, dann wird er — sofern ihm nach den Gesetzen der Rechtsweg offen stehen soll — dem Richter schlechthin und also auch seinem gesetzlichen Richter entzogen; die Problematik würde demnach bereits innerhalb des Begriffs des „Richters" gelöst, ohne daß es noch erforderlich wäre, auf den Gehalt des Merkmals „gesetzlich" des Art. 101 I 2 GG einzugehen. Art. 101 I 2 GG brauchte materiell überhaupt nicht herangezogen zu werden, weil das (verfassungswidrige) Nicht-Gericht bereits aus außerhalb des Art. 101 I 2 GG liegenden Gründen wegfiele und der von ihm verdeckte, „hinter" ihm stehende gesetzliche Richter allein auf Grund der den (allgemeinen) Rechtsweg eröffnenden Norm wieder hervorträte. Für die prozessuale Seite gilt allerdings (auch) in diesem Falle die Erwägung Kerns,[53] daß dem Rechtsuchenden — würde man hier einen Verstoß gegen Art. 101 I 2 GG verneinen — der direkte Weg an das Bundesverfassungsgericht versperrt wäre und daß ein gegen die Entscheidung des verfassungswidrigen Gerichts (etwa) über Art. 19 IV GG angerufenes ordentliches Gericht nicht mit Sicherheit das Bundesverfassungsgericht gemäß Art. 100 I GG wegen der verfassungswidrigen Organisationsnorm anriefe.

Sind hingegen verfassungswidrige Gerichte nicht als Nicht-Gerichte zu bezeichnen, ist ihnen vielmehr Gerichtseigenschaft zuzugestehen, wie es das Bundesverfassungsgericht bei den württemberg-badischen Friedensgerichten getan hat, die es als verfassungswidrige Sondergerichte ansah,[54] so steht der Rechtsuchende, der vor einem solchen Gericht sein Recht zu nehmen hat, vor einem Richter; fraglich ist nur, ob er vor „seinem gesetzlichen Richter" im Sinne des Art. 101 I 2 GG steht. Damit verlagert sich das Problem in das Merkmal „gesetzlich" des Art. 101 I 2, was zu der Frage führt, ob diesem Begriff ein bis-

[52] *Jauernig*, NJW 60, 1885 (IV, 1; VI, 2).
[53] *Kern*, JZ 60, 244.
[54] BVerfGE 10, 200 (213, I, II; 216).

her unbekannter Gehalt beizulegen ist, indem darunter nicht mehr nur die generelle und abstrakte Bestimmbarkeit des zuständigen Richters zu verstehen ist, sondern die Verfassungsmäßigkeit des Richters im Sinne der gesamten Verfassungsordnung, also über den eigentümlichen Gehalt des Art. 101 I 2 GG hinaus.[55]

Für die erweiterte Auslegung des Merkmals „gesetzlich" spricht, daß sich der zuständige Richter aus dem Zusammenspiel einer Vielzahl von gesetzlichen Regelungen ermittelt. Zu diesen Normen zählt auch das Grundgesetz als Richtlinie und oberstes Gesetz. Wirkt ein Verfassungssatz in der Weise auf eine im Zusammenhang mit weiteren Regelungen den gesetzlichen Richter bezeichnende Norm, daß er diese als verfassungswidrig erkennen läßt, so entfällt sie aus dem Verband der Normen, aus denen sich der gesetzliche Richter ergibt. Gesetzlicher Richter ist der Richter, der sich aus den verbleibenden Normen einwandfrei ermittelt. Das gilt um so mehr, wenn die verfassungswidrige Norm gemäß § 95 III 2 BVerfGG vom Bundesverfassungsgericht für ex tunc nichtig erklärt wird. Kann eine solche Norm vor ihrer Nichtigerklärung überhaupt als abstrakte, generelle, die Bestimmbarkeit des zuständigen Richters sicherstellende Regelung angesehen werden, so ist es jedenfalls bedenklich, allein auf Grund des Wegfalls des Scheins einer gültigen Norm nun einen anderen Richter als den „gesetzlichen" Richter zu bezeichnen als vorher. Dies ist besonders ungewöhnlich, wenn es sich nicht lediglich um eine die Zuständigkeit regelnde verfassungswidrige Vorschrift, sondern weitergehend um die verfassungswidrige Organisation eines Gerichts oder einer Gerichtsbarkeit handelt; in diesem Falle hätte man dem Rechtsuchenden ein Gericht als gesetzlichen Richter angeboten, das im übrigen (d. h. über Art. 101 I 2 GG hinaus) keine Billigung durch die Verfassung findet. Art. 101 I 2 GG bezweckt aber nicht nur, daß die zur Entscheidung durch die Gerichte vorgesehenen Fälle blindlings verteilt werden, sondern daß sie blindlings auf *die* Gerichte und Richter verteilt werden, von denen eine der Verfassung und allgemein dem Recht gemäße Entscheidung der Sache zu erwarten ist; das ist aber grundsätzlich allein bei den Gerichten der Fall, bei deren Er-

[55] *Hierin* ist die materielle Ausweitung des Art. 101 I 2 GG durch das angeführte Urteil des Bundesverfassungsgerichts zu sehen und nicht, wie *Kern* (JZ 60, 244) meint, darin, daß nun auch eine generelle (abstrakte) Regelung unter das Verbot der Richterentziehung fallen könne; daß jemand auch durch eine ihrem Äußeren nach generelle, abstrakte Norm oder eher noch durch einen auf Dauer angelegten, aber gezielten Organisationsakt seinem gesetzlichen Richter entzogen werden kann, dürfte im Prinzip nicht zweifelhaft sein, eine derartige Richterentziehung ist lediglich im einzelnen Falle schwierig nachzuweisen; vgl. oben S. 11 (A, II, 1, a) und unten S. 103 f. (C, I, 5, b).

richtung die in der Verfassung vorgesehenen Sicherungen berücksichtigt worden sind.

Diese Auslegung des Art. 101 I 2 GG bedeutet eine sinngemäße Erweiterung des Grundsatzes des gesetzlichen Richters, jedoch keine unzulässige Ausweitung des Art. 101 I 2 GG; sie ist vielmehr die der grundgesetzlichen Grundordnung und der Entwicklung der Dritten Gewalt allein angepaßte Interpretation dieser Vorschrift. Art. 101 I 2 GG ist ein Teil der Verfassung und daher erfüllt vom Sinn der Gesamtordnung; er übernimmt in seinen Merkmalen „gesetzlich" und „Richter" die Grundsätze, die die Verfassung für die Ordnung der Dritten Gewalt aufgestellt hat. Das ergibt sich zumal aus folgender Überlegung: Der Grundsatz des gesetzlichen Richters wäre nicht geeignet, durch seine Aufnahme in eine nicht-rechtsstaatliche Verfassung den Aufbau einer rechtsstaatlichen Gerichtsbarkeit zu bewirken; dieses könnte nur durch eine Entscheidung des Verfassungsgebers und ein durchgängiges Bekenntnis der Verfassung zum Rechtsstaat geschehen; in einem Nicht-Rechtsstaat würde der Grundsatz des gesetzlichen Richters als überflüssige Verfassungsnorm verkümmern, da es in einem solchen Staat gleichgültig ist, ob und wie jemand vor den Richter gestellt wird und vor welchen (soweit nicht einzelne Richter noch bestehende Möglichkeiten, rechtsstaatlich zu richten, wahrnehmen). Nächstliegendes Ziel kann es in dieser Situation für die Gewaltunterworfenen nur sein, daß eine unabhängige Rechtspflege geschaffen wird; alle weiteren Sicherungen einer rechtsstaatlichen Gerichtsbarkeit können lediglich erst auf der Unabhängigkeit der Gerichte aufbauen.[56] Das bedeutet umgekehrt, daß ein Bereitstellen des gesetzlichen Richters allein dann sinnvoll ist, wenn allgemein und im einzelnen Fall dieser Richter unabhängig ist und wenn — sofern die Verfassung ein Mehr an Rechtsstaatlichkeit der Rechtsprechung garantiert — die entsprechenden Eigenschaften allen Richtern in gleichem Maße eigen sind.

Auf diese Weise kann im Rechtsstaat der Grundsatz des gesetzlichen Richters — unmittelbar oder mittelbar — eine Kontrolle der Verfassungsmäßigkeit der Gerichtsbarkeit übernehmen, indem jeder verfassungswidrige, ungleiche Richter als nicht-„gesetzlicher" Richter abgelehnt werden kann.

Der Begriff des „gesetzlichen" Richters im Sinne von Art. 101 I 2 GG ist nach alledem nicht formal zu verstehen in der Weise, daß er der auf Grund genereller abstrakter Regelung bestimmbare zuständige Richter in einem Falle ist, sondern der gesetzliche Richter ist im materialen Sinne des Grundgesetzes zu verstehen als der durch

[56] So im Ergebnis auch *Joachim*, DRiZ 65, 181.

abstrakte und generelle, allseits verfassungsmäßige Norm eingesetzte und danach im Einzelfall zuständige Richter.[57]

bb) Welche Anforderungen sind — allgemein oder im einzelnen Falle — an die Ausgestaltung der Amtsverhältnisse der Richter zu stellen, damit diese „gesetzlicher Richter" im Sinne von Art. 101 I 2 GG sein können

Hier ist zu unterscheiden zwischen den Anforderungen, die an die Regelung der Rechtsverhältnisse der Richter im allgemeinen — sie erfolgt durch (förmliches) Gesetz — zu stellen sind, und den Anforderungen, die an die Berufung (usw.) des einzelnen Richters — sie wird durch Verwaltungsakt auf Grund des Gesetzes vorgenommen — zu stellen sind.

Was die gesetzliche Normierung des richterlichen Amtsverhältnisses anbetrifft, so hat sich das Deutsche Richtergesetz im Einklang mit dem Grundgesetz für den gegenüber den Organen der anderen Staatsgewalten verselbständigten, unabhängigen Richter entschieden; hier gilt für die Stellung des einzelnen Richters als Glied der Richterschaft dasselbe wie für die Dritte Gewalt als solche.[58] Weiter hat das Deutsche Richtergesetz — über die oben[59] bereits besprochene, für die Erkennbarkeit des zuständigen Richters wesentliche Regelung der Berufung, Abberufung, Amtsdauer usw. hinaus — das Richteramt im rechtsstaatlichen Sinne umfassend entwickelt. Diese Regelung entspricht dem Art. 101 I 2 GG. Er hat den durch rechtsstaatliche Traditionen vorgezeichneten, so aus dem Zusammenhang des Grundgesetzes erkennbaren und vom Deutschen Richtergesetz — trotz Zulassung landesgesetzlicher Sonderbestimmungen — fest umrissenen Richtertyp in seinen Sinn aufgenommen.[60] Ein Gesetz, das das richterliche Amtsverhältnis grundsätzlich abweichend von diesem rechtsstaatlichen Bild des Richters ausgestaltet, ist verfassungswidrig; wer vor einem durch ein solches Gesetz geprägten Richter steht, steht nicht vor seinem gesetzlichen Richter.

---

[57] So im Ergebnis — außer der zitierten Bundesverfassungsgerichtsentscheidung 10, 200 und BVerfG NJW 70,1227 — auch *Kern* in einer Auseinandersetzung mit dem Beschluß in JZ 60, 244 (245, B II 2 b, bb) und beiläufig *Arndt,* JZ 62, 545 f. (3., a. E.); diese Ansicht ist wohl auch den Ausführungen *Schiedermairs,* DÖV 60, 6 (9, II, 1), zu entnehmen.

[58] Vgl. oben S. 15 ff. (A, II, 1, c, aa) sowie Art. 92 ff. GG, §§ 1 ff., 25 ff., 44 f. DRiG.

[59] Siehe oben S. 12 ff. (A, II, 1, b).

[60] Entsprechendes gilt von dem besonderen Richtertyp des technischen Mitglieds des BPatG, den die §§ 36 b II, S. 2 und 3, 17 II PatG hinsichtlich besonderer fachlicher Qualifikation umreißen; vgl. hierzu BGH in NJW 65, 633 (635, 6.).

Von der gesetzlichen Normierung des Richteramtes (im allgemeinen) ist zu unterscheiden die Berufung (usw.) des einzelnen Richters, die durch Verwaltungsakt erfolgt. Dieser Verwaltungsakt ist auf Grund jenes (verfassungsmäßigen) Gesetzes vorzunehmen; unterlaufen lediglich bei der Vornahme des Veraltungsaktes Fehler infolge irriger Anwendung des Gesetzes oder eines Versehens im tatsächlichen Bereich, so steht der Rechtssuchende deshalb nicht minder vor seinem gesetzlichen Richter, auch wenn etwa diesem die Befähigung zum Richteramt fehlt oder der Ernennung Formfehler anhaften. Dieser Richter ist auf Grund eines mit der Verfassung übereinstimmenden Gesetzes berufen worden und daher überhaupt in Übereinstimmung mit der Verfassung (und Art. 101 I 2 GG), denn der Berufungsakt stand auf dem Boden der Verfassung, obgleich er gerichtsverfassungsrechtlich unhaltbar ist;[61] es handelt sich hier um eine Rechtsverletzung im Range der Verletzung einfachen Gesetzesrechts und nicht um eine Verfassungsverletzung.

d) Ergebnis

Der Grundsatz des gesetzlichen Richters im Sinne von Art. 101 I 2 GG gebietet also in organisatorischer Hinsicht, daß nur durch formelles Gesetz der Verfassung entsprechende Gerichtsbarkeiten eingerichtet und die einzelnen Gerichte (im staatsrechtlichen Sinne) mit ihren Sprengeln errichtet werden; Gleiches gilt für Organisationsänderungen. Ebenso durch formelles Gesetz ist zu gewährleisten, daß regelmäßig nur Richter im Sinne der Verfassung und der rechtsstaatlichen Tradition an die Gerichte berufen werden, und zwar dies in einer Weise, daß durch Richterwechsel die generelle und abstrakte Bestimmbarkeit des für eine Rechtssache zuständigen Richters grundsätzlich nicht beeinträchtigt werden kann.

2. Die Gesetzlichkeit des Richters auf Grund normativer Verteilung der Rechtssachen auf die Richter und Gerichte

Art. 101 I 2 GG wirkt sich aus auf Akte zur Organisation der rechtsprechenden Gewalt und auf die Regelung der Zuständigkeitsverteilung innerhalb der Judikative.[62] Er gewährleistet die generell-

---

[61] Vgl. dazu Urt. d. 2. Senats des BAG, JZ 62, 544, das zum selben Ergebnis kommt, jedoch in der Begründung teilweise abweicht, da das Gericht keinen Anlaß hatte, auf Organisationsfragen einzugehen; wie das BAG: Anm. v. *Arndt*, JZ 62, 545; ebenso BSG in MDR 62, 608.

[62] *Bettermann* (insbesondere S. 561, 3 a, vgl. aber anderseits S. 550, d [1]) tendiert dahin, das Merkmal „gesetzlich“ nur auf die Zuständigkeitsverteilung zu beziehen.

abstrakte Bestimmbarkeit des für den einzelnen Fall zuständigen Richters, indem er zunächst von der Grundlage einer in ihrem jeweiligen Zustande gesicherten, gefestigten Organisation des Gerichtswesens ausgeht; sobald dieses stabile und in seiner Entwicklung überschaubare System von verfassungsmäßigen Gerichtsbarkeiten, Gerichten und Richtern — ein System potentieller gesetzlicher Richter — bereitgestellt ist, läßt sich daraus durch Überlagerung mit einem System von — im weitesten Sinne — zuständigkeitsregelnden Normen der im einzelnen Falle zuständige „gesetzliche" Richter ermitteln.

a) Der Begriff der normativen Zuständigkeitsbestimmung im Sinne von Art. 101 I 2 GG

Art. 101 I 2 GG schreibt für die notwendig konkreten und speziellen Akte zur Gerichtsorganisation die Gesetzesform (bzw. für die Regelung der Personalangelegenheiten der Richter die formell-gesetzliche Grundlage) vor, um ihnen eine hinreichende Beständigkeit und damit eine abstrakte und generelle, (norm-)gleiche Wirkung für die jeweils anhängigen oder in Zukunft voraussichtlich anhängig werdenden Rechtssachen beizugeben und gezielte Eingriffe der Exekutive von vornherein so weit wie möglich auszuschließen. Demgegenüber zwingt Art. 101 I 2 GG nicht zu einer formell-gesetzlichen Regelung der Zuständigkeit im weitesten Sinne; er darf in dieser Hinsicht nicht weniger, braucht aber auch nicht mehr zu fordern als eine rechtsatzmäßige, generelle und abstrakte Festlegung der Zuständigkeit. „Gesetzlicher" Richter einer Sache ist in diesem Sinne also auch der nach gesetzlich ermächtigter Rechtsverordnung zuständige Richter.[63] Zwar kann die Exekutive in einzelnen Fällen auch hier durch eine gezielte Zuständigkeitsänderung jemand seinem gesetzlichen Richter entziehen. Allgemein gesehen ist diese Gefahr jedoch zu unbedeutend, als daß ihr bereits durch eine vorverlegte Sicherung, nämlich den Ausschluß der Exekutive von jeglicher Zuständigkeitsnormierung, begegnet werden müßte. Eingriffe der Exekutive in den Einzelfall durch Änderung der Zuständigkeitsregelung sind bereits dadurch befriedigend ausgeschaltet, daß Art. 101 I 2 GG die Zuständigkeit durch generelle und abstrakte Normen festgelegt wissen will, also jede Verordnung dieser Anforderung genügen muß[64]. Zudem ist die Zuständigkeitsänderung im Vergleich mit der Organisationsänderung das ungeeignetere Mittel für eine gezielte Richterauswechselung, und zwar einmal — auf die

---

[63] *Bettermann*, S. 561 (3 b). S. dazu auch BVerfG in NJW 69, 1619 (1622).

[64] So auch die — im übrigen aber mehrfach anfechtbare — Argumentation des OVG Berlin, NJW 65, 785 (786).

Dauer gesehen — wegen der geringeren Anzahl der verschiedenen Änderungsmöglichkeiten und zum anderen, weil durch Zuständigkeitsänderung eine Sache zwar einem bestimmten Richter entzogen, aber nur selten auch einem bestimmten Richter zugewiesen werden kann. Auch vom allgemeinen Rechtsstaatsgedanken her ist es weniger vonnöten, die Exekutive von der Zuständigkeitsregelung fernzuhalten, als vielmehr, ihre Beteiligung bei der Organisation der Gerichte auszuschalten, da in letzterer Hinsicht die Exekutive einen tiefer greifenden Einfluß auf die Judikative ausüben kann.

Ungeachtet dieser Erwägungen ist die Zuständigkeit — im untechnischen Sinne — der Gerichte trotzdem weitgehend durch förmliches Gesetz festgelegt worden; da derartige Regelungen auf Dauer angelegt sind und ihr Geltungsbereich sich grundsätzlich über das gesamte Staatsgebiet erstreckt, war die Gesetzesform ohnehin die für sie nahezu vorgegebene Form. Umgekehrt verhält es sich lediglich bei der Zuständigkeitsnormierung innerhalb eines Gerichts, der Geschäftsverteilung; kleinster Geltungsbereich und regelmäßige (jährliche) Änderung machen eine formell-gesetzliche Regelung unmöglich. Da aber gerade hier — wegen der in diesem Bereich der Zuständigkeitsverteilung verhältnismäßig großen Möglichkeit zu gezieltem Eingreifen — eine Einflußnahme der Verwaltung nicht zu wünschen ist, wird dieser Bereich nach dem Grundsatz der Selbstverwaltung der Gerichte vom Präsidium des Gerichts in voller richterlicher Unabhängigkeit geordnet;[65] innerhalb der Spruchkörper geschieht dies durch deren Vorsitzenden.[66]

Sind förmliches Gesetz und (autonome) Geschäftsverteilung die häufigsten Formen „gesetzlicher" Zuständigkeitsnormierung im Sinne des Art. 101 I 2 GG, so sind „gesetzliche Richter" doch auch der rechtsverordnete und alle anderen Richter, deren Zuständigkeit im weitesten Sinne auf einem materiellen Gesetz beruht. Es kann etwa der Rechtsweg zu einem bestimmten Gerichtszweig kraft Gewohnheitsrechts zugelassen sein, wie dies bis zum Erlaß der Verwaltungsgerichtsordnung angesichts der sogenannten traditionellen Zuständigkeiten der Zivilgerichte für bestimmte öffentlich-rechtliche Streitigkeiten der Fall war.[67] Die auf Gewohnheitsrecht beruhende Zuständigkeit ist sogar geradezu der Idealfall gesetzlicher Zuständigkeitsbestimmung im Sinne von Art. 101 I 2 GG, da zum Wesen des Gewohnheitsrechts eine über das normale Maß andauernde und gleichmäßige Anwendung gehört; es steht und fällt also mit dieser konsequenten Anwendung und wird deshalb in seiner Abstraktheit und Ge-

---

[65] Vgl. §§ 22 a ff., 63 ff., 117, 131 GVG, §§ 6 f., 9 IV, 10 IV VwGO, §§ 30, 39, 44 ArbGG, §§ 24 ff., 36, 48 SGG.

[66] Vgl. etwa §§ 69 II GVG, 8 II VwGO, 8 II FGO.

[67] Vgl. jetzt die Fassung des § 40 VwGO.

neralität von keiner geschriebenen Norm erreicht. Eine „gesetzliche" Zuständigkeitserklärung im Sinne des Art. 101 I 2 GG kann schließlich auch durch Staatsvertrag — soweit das vorrangige (formelle) Gesetz hierfür Raum läßt[68] — sowie innerhalb eines Gerichts in sehr engem Rahmen durch gesetzlich ermächtigte „Anordnung"[69] oder „Bestimmung"[69] des Gerichtsvorstands getroffen werden.[70]

So gewährleistet der Grundsatz des gesetzlichen Richters, daß der im einzelnen Falle zuständige Richter sich aus generellen, abstrakten Normen gleich welcher Form bestimmen läßt; zwar gilt das, was Forsthoff[71] im Hinblick auf werterfüllte, wertverwirklichende Gesetze sagt, nämlich daß sie entgegen der naturrechtlichen Anschauung weder lückenlos noch zweifelsfrei sein können, auch für die im wertfreien Raum stehenden, schematisch ordnenden prozessualen Normen zur Festlegung des gesetzlichen Richters; aber Art. 101 I 2 GG gebietet jedenfalls — indem er die gerichtliche Zuständigkeit unter den Vorbehalt des Gesetzes stellt und also in seinen Anforderungen entsprechend über die Art. 3 I und 20 III GG hinausgeht[72] —, daß die die richterliche Zuständigkeit regelnden Gesetze niemandem ein echtes (Handlungs-)Ermessen bei der Bestimmung des gesetzlichen Richters einräumen, daß unbestimmte Rechtsbegriffe in diesen Gesetzen möglichst selten verwendet werden und sich damit der gesetzliche Richter möglichst eindeutig im voraus erkennen läßt.[73, 74]

Aus diesen Ausführungen ergibt sich, daß der gesetzliche Richter nicht unmittelbar aus dem Gesetz zu entnehmen sein muß,[75] sondern daß die Normen, die seiner Festlegung dienen, vollziehbar sein dürfen (und ihres Normcharakters wegen sogar vollziehbar sein müssen); Art. 101 I 2 GG besagt lediglich, daß der jeweilige gesetzliche Richter anhand von Normen bestimmbar sein muß. Das schließt ein, daß ein Richter bisweilen erst unter Anwendung der Norm durch einen Richter, der über die Zuständigkeit (unabhängig) zu entscheiden hat, zum „gesetzlichen" Richter wird; Gesetzlichkeit des Richters bedeutet also nicht, daß dessen Zuständigkeit vorbestimmt und daher von vornherein allgemein erkennbar ist; sie bedeutet vielmehr, daß die Zu-

---

[68] Vgl. § 3 II VwGO, §§ 7 II, 10 III 2, 31 III SGG, §§ 89 II, 93 II KartG, § 4 II BinnSchiffVerfG, § 138 II 1 FlurberG.

[69] Vgl. §§ 22 c III, 65, 67, 117, 131 GVG, §§ 30 IV, 39 IV, 44 II 4 ArbGG; hierzu auch S. 46 f. (A, II, 2, b, cc, [2]).

[70] *Bettermann*, S. 561 f. (3 b).

[71] *Forsthoff*, S. 88 (§ 5, 4.).

[72] Siehe hierzu auch S. 67 f. (B, II, 3 a und c).

[73] *Bettermann*, S. 558 (1), 562 (d); BVerfG in NJW 64, 1020.

[74] Im einzelnen vgl. S. 26 ff. (A, II, 2, b), insbesondere S. 31 ff. (A, II, 2, b, cc), S. 33 ff. (A, II, 2, b, cc [2]), S. 97 ff. (C, I, 5, a).

[75] Vgl. dazu *Schiedermair*, DÖV 60, 6 (11).

ständigkeit eines Richters im Wege der Normanwendung zunächst durch den zur Entscheidung über die Zuständigkeit berufenen Richter bestimmbar ist und daß dessen Entscheidung dann für jedermann anhand der Normen kontrollierbar — nachvollziehbar — und damit auch der gesetzliche Richter für jedermann wenigstens nachbestimmbar ist.[76]

Daher läßt der Grundsatz des gesetzlichen Richters auch Platz für Vorschriften über die Lösung von Kompetenzkonflikten, die allerdings so gefaßt sein müssen, daß sie keinen negativen Kompetenzkonflikt zulassen, da sonst eine mit den den Rechtsweg eröffnenden Normen nicht zu vereinbarende völlige Entziehung des Gerichtsschutzes möglich wäre, was Art. 101 I 2 GG widerspräche.[77, 78]

Unabhängig von der Forderung, daß der gesetzliche Richter sich möglichst eindeutig anhand von Normen im voraus erkennen läßt, erlaubt Art. 101 I 2 GG doch Parteivereinbarungen über die Zuständigkeit, soweit das staatliche Gesetz für sie Raum läßt; „der prorogierte Richter ist zugleich ein legaler Richter, wenn und soweit die Prorogation legal ist".[79] Die gesetzliche Zulassung von Parteivereinbarungen über die Zuständigkeit gestattet Art. 101 I 2 GG grundsätzlich, da er lediglich die willkürliche Zuständigkeitsbestimmung durch Richter, Verwaltungsbehörden und Parlamente verbietet, nicht aber die „gewillkürte" Zuständigkeit im technischen Sinne: die Zuständigkeit kraft Privat- oder Parteiautonomie.[80] Daraus erweist sich zugleich, daß Art. 101 I 2 GG der privaten oder kollektiven Schiedsgerichtsbarkeit nicht entgegensteht;[81] sofern jemand auf Grund einer Vereinbarung sein Recht vor einem Schiedsgericht zu suchen hat, aber dort nicht suchen will, greifen allenfalls die staatlichen Rechtsweggarantien ein, nicht aber Art. 101 I 2 GG, da er nicht selbständig den Rechtsweg eröffnet oder den Rechtsweg an sich garantiert.[82]

Der Grundsatz des gesetzlichen Richters läßt nicht nur zu, daß der Gesetzgeber Privatvereinbarungen über die gerichtliche Zuständigkeit vorsieht, sondern gestattet auch die Schaffung von Wahlzuständig-

---

[76] Diese Zusammenhänge verkennt *Bruns* (NJW 64, 1884, insbesondere 4 c); daher greift er eine von keiner Seite aufgestellte These an, wenn er versucht, diejenigen, die den gesetzlichen Richter — auch — als natürliche Person verstehen, mit dem Hinweis darauf zu widerlegen, daß der jeweils zuständige Richter nicht sicher normativ vorherbestimmt werden könne.

[77] Siehe dazu *Schiedermair*, DÖV 60, 6 (12, III).

[78] Vgl. im geltenden Recht etwa §§ 17 GVG, 41 VwGO, 48 a ArbGG, sowie §§ 11, 276 ZPO, 48 I ArbGG.

[79] *Bettermann*, S. 562 (e); vgl. auch *Kern*, S. 171.

[80] *Bettermann*, a. a. O.

[81] Teilweise a. A. *Baur*, JZ 65, 163 (insbes. II 1); wie hier jedoch BAG in NJW 64, 268 (269, 2 b); vgl. hierzu auch oben S. 5 (A I).

[82] Vgl. hier B, II, 3, e (S. 70).

keiten,[83] also einer Mehrheit von Gerichtsständen in der gleichen Sache, aus denen eine Partei, der Kläger — vgl. etwa § 35 ZPO —, ein Gericht durch Klageerhebung auswählt. Es darf — in diesem besonderen Falle — für ein und dieselbe Rechtssache mehrere, allerdings auf Grund Rechtssatzes genau erkennbare gesetzliche Richter geben; der nach Ausübung des Wahlrechts feststehende zuständige Richter muß sich schon vor der Wahl als einer von mehreren gesetzlichen Richtern durch reine Rechtsanwendung haben ermitteln lassen. Bei einer derartigen Regelung bleibt der Staat wie bei der abschließenden Normierung der Zuständigkeit solange von jeder Möglichkeit ausgeschlossen, einen Richter ad hoc einzusetzen, wie er nicht selbst das Wahlrecht hat. Tritt dagegen der Staat oder ein sonstiger Träger öffentlicher Gewalt in bestimmten Verfahren stets oder regelmäßig als Kläger auf und steht ihm als solchem die Wahlbefugnis zu, so bedeutet die Zuständigkeitsbestimmung durch die Partei hier zugleich Kompetenzentscheidung durch den Staat im Einzelfall;[84] nach dem Grundsatz des gesetzlichen Richters dürfen in diesen Prozessen keine Wahlzuständigkeiten vorgesehen werden, da der Staat die gerichtliche Zuständigkeit nur als Rechtsetzer — generell und abstrakt — regeln darf und muß.

Ist im Sinne des Vorhergehenden der gesetzliche Richter durch Normen allgemein vorherbestimmt, so bleibt die Frage, wie sich aus diesen Normen unter Zugrundelegung des jeweiligen Tatbestandes der gesetzliche Richter jedes einzelnen Falles entnehmen läßt; Grundsätze hierfür finden sich im Urteil des Bundesarbeitsgerichtes vom 21. 8. 1961.[85] Danach sind dann, wenn sich die zuständigkeitsbegründenden und anspruchsbegründenden Behauptungen decken, die vorgetragenen Tatsachen nur daraufhin zu prüfen, ob sie schlüssig die Zuständigkeit des angerufenen Gerichts ergeben; tun sie dies, so ist es unerheblich, ob rechtliche Erwägungen, die von der die Zuständigkeit leugnenden Partei vorgetragen werden, die Zuständigkeit des angegangenen Gerichts zweifelhaft erscheinen lassen. Würden nämlich in diesen Fällen die vorgetragenen zuständigkeitsbegründenden Tatsachen einer konkreten rechtlichen Beurteilung unterzogen und würde von deren Ergebnis die Zuständigkeitsentscheidung abhängig gemacht, so käme dies einer Entscheidung über die materiell-rechtliche Begründetheit des Klageanspruchs gleich; „über die Berechtigung des materiell-rechtlichen Anspruchs kann aber nicht von dem angegangenen Gericht anläßlich der Prüfung seiner Zuständigkeit, sondern in Wahrung des Grundsatzes des Art. 101 GG und der auf ihm beruhenden

---

[83] Siehe auch hier C, I, 5, a (S. 98).

[84] *Bettermann*, S. 563 (5).

[85] BAG in NJW 61, 2177.

Ordnung der gerichtlichen Kompetenzen nur von dem Gericht entschieden werden, dessen Zuständigkeit für die materiell-rechtliche Prüfung und Entscheidung gegeben ist".[86]

b) Der Umfang der von Art. 101 I 2 GG geforderten normativen Zuständigkeitsregelung

Der Gundsatz des gesetzlichen Richters stellt die Zuständigkeit im weitesten Sinne unter den Vorbehalt des Gesetzes.

aa) Gesetzlicher Rechtsweg

Gesetzlicher Richter kann zunächst nur der Richter sein, zu dem durch eine generelle und abstrakte Norm der Rechtsweg für den zur Entscheidung stehenden Fall eröffnet ist; der Rechtsweg muß einmal überhaupt und zum anderen zu diesem Gerichtszweig offen stehen, denn Art. 101 I 2 GG garantiert nicht wie Art. 19 IV GG den Rechtsweg in dem Sinne, daß er ihn eröffnet, sondern er gewährleistet, daß eine Sache von einem Richter bearbeitet wird, wenn ein Weg zu den Gerichten besteht, und daß sie nur von einem Richter *der* Gerichtsbarkeit entschieden wird, zu der der Rechtsweg für solche Sachen allgemein zugelassen ist.[87]

Der Rechtsweg zu den einzelnen Gerichtsbarkeiten ist seit Erlaß der Verwaltungsgerichtsordnung und mit der Fassung des dortigen § 40 ausnahmslos positivrechtlich geregelt, und zwar — im Rahmen der konkurrierenden Gesetzgebung, Art. 74 Nr. 1 GG — primär durch Bundesgesetz als Weg zu den allgemeinen Zivil-(Justiz-) und Verwaltungsgerichten[88] oder als Weg zu den besonderen Zivil-[89] und Verwaltungsgerichten[90], in zweiter Linie durch Landesgesetz[91] als Weg zu Landessondergerichten. Aus den vorhandenen Vorschriften ergibt sich im geltenden Recht generell-abstrakt der gesetzliche Rechtsweg.

Zweifelhaft und bestritten ist, ob Art. 101 I 2 GG lediglich diesen gleichen Weg aller zu den Gerichtsbarkeiten garantiert oder ob er darüberhinaus — in Anbetracht des Bestehens verschiedener Gerichts-

---

[86] BAG, a. a. O.

[87] Vgl. ferner hier B II 3 e (S. 70).

[88] Vgl. §§ 13 GVG, 40 VwGO.

[89] Arbeitsgerichte; § 2 ArbGG, ungeachtet dessen, ob es sich hier noch um echte Zulässigkeitsfragen handelt oder bereits um Fragen der Zuständigkeit.

[90] Vgl. etwa § 51, insbesondere § 51 III SGG.

[91] Vgl. u. a. Art. 101 II, (96 I) GG, § 40 I 2 VwGO, § 51 III SGG, i. V. mit entsprechenden Landesgesetzen.

zweige — bestimmte Richtlinien für die Organisation der Rechtsprechungstätigkeit, nämlich für die Kompetenzabgrenzung zwischen den einzelnen Gerichtsbarkeiten gibt. So vertritt Schiedermair[92] die Ansicht, die ausdrückliche Erwähnung bestimmter — verfassungsrechtlich sanktionierter — Gerichtsbarkeiten im Grundgesetz in unmittelbarer Verbindung mit dem Erfordernis der Gesetzlichkeit des Richters und die grundsätzliche Gleichbehandlung dieser Gerichtsbarkeiten im Grundgesetz könne nur den Sinn haben, daß den Gerichtsbarkeiten eine aus ihrem Typ abgeleitete Richtlinie für ihren Zuständigkeitsbereich an die Hand gegeben werden sollte, den der Gesetzgeber nicht beliebig durchbrechen darf.

Damit geht Schiedermair zu weit; Art. 101 I 2 GG gewährleistet lediglich jedem gerichtlich zu entscheidenden Fall den gleichen Richter; dieser ist in erster Linie dadurch gewährt, daß die Zuständigkeit im weitesten Sinne generell-abstrakt — also für alle Fälle gleich — festgelegt ist. Im Gegensatz zu dieser Zuständigkeitsregelung, die insgesamt unter dem Vorbehalt des Gesetzes steht, werden konkrete Organisationsakte von Art. 101 I 2 GG zunächst nur insoweit erfaßt, als sie die Zuständigkeitsregelung zu ergänzen haben, indem sie eine Grundlage für die gleichmäßige Zuteilung des normativ zuständigen Richters schaffen; weitergehend wirkt sich Art. 101 I 2 GG für Akte zur Organisation der rechtsprechenden Gewalt lediglich noch insofern aus, als er sicherstellt, daß nur — an der Verfassung gemessen — gleichwertige Gerichte und Richter bestehen bzw. eingesetzt werden, daß also alle Gerichte und Richter dem von der Verfassung gezeichneten Typ entsprechen. Damit steht für jedermann der gleiche Richter bereit. Ein sachlich oder persönlich abhängiger Richter ist demnach einem unabhängigen Richter im Sinne des Grundgesetzes nicht gleichwertig und kann so auch nicht gesetzlicher Richter sein. Hingegen sind die verschiedenen Gerichtszweige und ihre Richter untereinander an der Verfassung gemessen gleichwertig, so daß es bereits aus diesem Grunde im Hinblick auf Art. 101 I 2 GG gleichgültig ist, welcher Gerichtsbarkeit eine bestimmte Materie zur Entscheidung übertragen wird. Darüberhinaus aber sind die Richter der verschiedenen Gerichtszweige auch gleichwertig hinsichtlich der Bearbeitung aller Rechtsbereiche, denn sie bringen grundsätzlich die gleichen fachlichen, charakterlichen und sonstigen persönlichen Voraussetzungen zur Ausübung des Richteramtes mit; die Richter jedes Gerichtszweiges können und müssen im Prozeß Vorfragen entscheiden, die anderen Gerichtszweigen zugewiesenen Rechtsmaterien angehören, sie haben sogar außerjuristische, etwa medizinische oder technische Tatbestände zu beurteilen und sind daher — davon gehen alle Pro-

---

[92] *Schiedermair*, DÖV 60, 6 (10).

zeßgesetze und das Grundgesetz aus — um so mehr in der Lage, jeden ihrer Kompetenz unterstellten Rechtsbereich zu bewältigen. Das Grundgesetz steht nicht auf dem Standpunkt, daß die einzelnen Gerichtsbarkeiten bzw. ihre Richter nur bestimmt geartete Materien beurteilen können oder beurteilen dürfen, sondern daß sie aus (Traditions- und) Zweckmäßigkeitsgründen nur einen Teil der gesamten Rechtsmaterie beurteilen sollen[93]. Diese Ansicht entspricht im Ergebnis der des Bundsverfassungsgerichts[94], nämlich daß es etwa „ein verfassungsrechtlich gesichertes Entscheidungsmonopol der Verwaltungsgerichte für alle öffentlich-rechtlichen Fragen schlechthin" nicht gebe.[95]

Mag eine Kompetenzabgrenzung der einzelnen Gerichtszweige entsprechend ihrem Namen und der organisatorischen Unterstellung unter die verschiedenen Fachministerien wünschenswert und heute in keiner Hinsicht mehr bedenklich sein, so verstößt doch eine andere Regelung nicht gegen einen zwingenden Verfassungssatz und insbesondere nicht gegen Art. 101 I 2 GG.

Der Verfassungsgrundsatz des gesetzlichen Richters gewährleistet lediglich jedermann den gleichen Rechtsweg und gibt darüber hinaus keine materiellen Richtlinien für die Kompetenzabgrenzung zwischen den Gerichtszweigen. Einziges Erfordernis, das der Grundsatz des gesetzlichen Richters in dieser Hinsicht aufstellt, ist also der gleiche Weg aller zu den Gerichten; dieser ist nicht mehr gegeben und somit Art. 101 I 2 GG verletzt, wenn die Kompetenzen zweier Gerichtsbarkeiten durch eine Regelung gegeneinander abgegrenzt sind, die gegen eines der Differenzierungsverbote des Art. 3 III GG oder gegen Art. 101 I 1 GG als Unterfall des Art. 101 I 2 GG verstößt.

bb) Gesetzlich zuständiges Gericht

Gesetzlich im Sinne des Art. 101 I 2 GG muß auch geregelt sein die Kompetenzabgrenzung zwischen den Gerichten eines Gerichtszweiges, also die Zuständigkeit im technischen Sinne; generell-abstrakt festliegen müssen demnach die örtliche, sachliche und funktionelle Zuständigkeit.

Diese Zuständigkeiten sind heute in allen Gerichtszweigen weitgehend positivrechtlich in förmlichen Gesetzen niedergelegt, wenn-

---

[93] Vgl. hierzu auch BFH in BStBl 58 III, 198.

[94] BVerfGE 4, 387 (399).

[95] Ebenso mit Bezug hierauf BGH in JVBl 63, 71 (72, II); vgl. ferner BVerfGE 12, 264 (275, B III 5) sowie — entgegengesetzter Auffassung — BDiszK V, Nürnberg, in NJW 59, 552 (Nr. 38); aufschlußreich in diesem Zusammenhang auch (allerdings § 24 I 2 Nr. 1 StGB, also die Zuständigkeitsabgrenzung zwischen Zivil- und Strafgerichten betreffend) *Prelinger* in JR 61, 496.

gleich sie nicht immer ausschließlich und starr geregelt sind. Soweit diese Gesetze — das Gerichtsverfassungsgesetz und die Prozeßordnungen, sowie die Gerichtsordnungen der übrigen Gerichtszweige, außerdem eine Reihe von Landesgesetzen — selbst die Zuständigkeiten abschließend bestimmen, wirken sie normativ in einer Vielzahl von Fällen für eine Vielzahl von Personen und entsprechen insoweit dem Grundsatz des gesetzlichen Richters.

Daneben finden sich in diesen Gesetzen aber auch Vorschriften, in denen der Gesetzgeber in beträchtlichem Ausmaße andere Staatsorgane an der Entscheidung über die gerichtliche Zuständigkeit beteiligt hat, so daß unzulässige ad hoc-Eingriffe in die richterliche Zuständigkeit möglich sein können. Im Strafprozeß insbesondere wirkt die Staatsanwaltschaft an der Ermittlung des sachlich zuständigen Gerichts mit, indem das Gesetz ihr die Entscheidung überläßt, vor welchem von mehreren grundsätzlich möglichen erstinstanzlichen Gerichten sie den einzelnen Fall anklagt. Beinhalten die entsprechenden Vorschriften ein echtes Wahlrecht der Staatsanwaltschaft — die Freiheit, im gleichen Fall hier oder dort anzuklagen[96] —, dann sind sie verfassungswidrig, weil der Staat als Kläger in diesem Verfahren über die weisungsgebundene Staatsanwaltschaft in anderer Eigenschaft wie als Rechtsetzer das zuständige Gericht von Fall zu Fall bestimmen könnte.[97] Hingegen genügen sie der Verfassung, wenn sie so ausgelegt werden (können!), daß sie die Staatsanwaltschaft — ohne ihr irgendein Ermessen einzuräumen — ermächtigen und verpflichten, unter besonderen Voraussetzungen von der Regelzuständigkeit abzuweichen, und wenn diese Entschließung der Staatsanwaltschaft durch das Gericht, bei dem sie angeklagt hat, nachprüfbar ist;[98] denn unter diesen Umständen kann von einer normativen, allein durch Gesetzesauslegung erkennbaren richterlichen Zuständigkeit gesprochen werden.[99]

---

[96] *Bettermann*, S. 564.

[97] Vgl. §§ 25 Nr. 2 Buchst. c, 26 GVG sowie oben S. 24 f. (A, II, 2, a) und unten S. 98 (C, I, 5, a); zu § 26 I GVG vgl. das BGH-Urt. v. 29. 10. 1959, NJW 60, 56, dessen Begründung nicht überzeugt.

[98] Vgl. §§ 24 I Nr. 2, 74 a II GVG, 103, 112 JGG i. V. mit §§ 209, 270 StPO.

[99] Eingehend zu diesen Fragen *Bettermann*, S. 563 ff.; hierzu und zur örtlichen Zuständigkeit auch unten S. 89 f. (C, I, 2) und S. 98 (C, I, 5, a); im Grundsatz ebenso wie hier BVerfGE 9, 223 (229, III A 3) und 22, 256 (260 ff.), ob allerdings — wie das BVerfG sowie *Kröger* (Diss., insbes. S. 75 ff.) und *Schroeder* (MDR 65, 177) annehmen — die fraglichen §§ verfassungskonform ausgelegt werden können, erscheint zweifelhaft; diese Möglichkeit wird verneint von *Bockelmann*, GA 57, 357 (insbes. 361 ff.), und NJW 58, 889, *Eb. Schmidt*, MDR 58, 721 (725, III 3), und JZ 59, 535, *Oehler*, ZStrW 64, 292 (insb. 303 ff.); demgegenüber wurde vom BGH schlechthin die Befugnis der Staatsanwaltschaft zur Wahl des zuständigen Gerichts als mit Art. 101

Die örtliche Zuständigkeit der Strafgerichte entbehrt von jeher derjenigen zwingenden gesetzlichen Regelung, welche alle Willensentscheidungen der Rechtsanwendungsstellen auszuschließen vermöchte.[100] Mit der Beseitigung des „fliegenden Gerichtsstandes der Presse“[101] ist nur der krasseste Auswuchs dieser lediglich formalen Positivierung der Zuständigkeit entfallen.[102] Auch heute besteht durch die §§ 7 ff. StPO eine Häufung von Gerichtsständen, über deren Rangfolge und besondere Voraussetzungen ihrer Begründung sich aus dem Gesetz nichts entnehmen läßt;[110] diese Regelung entspricht daher nicht dem Grundsatz einer rein normativ feststehenden Zuständigkeitsordnung im Sinne des Art. 101 I 2 GG.[103]

Wie diese Befugnisse, die die Gesetze abhängigen rechtsanwendenden Staatsorganen bei der Festlegung des gesetzlichen Richters einräumen, im Hinblick auf die Gesetzlichkeit des Richters sehr bedenklich oder gar verfassungswidrig sind, so ist gleichermaßen die Bestimmung des zuständigen Gerichts durch willensmäßig-konstitutive Entscheidung des nächsthöheren Gerichts verfassungsrechtlich nicht haltbar.[104, 105] Schiedermair[106] führt für seine gegenteilige Auffassung an, es handele sich dabei zwar um eine Verwaltungsmaßnahme, der aber der Charakter einer staatlichen Exekutiventscheidung dadurch genommen sei, daß sie weisungsfrei als Ermessensentscheidung getroffen werde. Schiedermair läßt indes außer acht, daß die gerichtliche Zuständigkeit nie durch Ermessensentscheidung, also weder durch Verwaltungsakt noch durch Richterspruch[107], sondern nur rechtsatzmäßig bestimmt und

---

I 2 GG vereinbart anerkannt (BGHSt 9, 367 mit zustimmender Anm. von *Krumme* bei LM StS Nr. 3 zu Art. 101 GG und ebenfalls zustimmender — allerdings in der Begründung vorsichtigerer — Anm. von *Dallinger* in MDR 57, 113, ferner BGH in NJW 58, 918).

[100] *Dohna*, S. 111.

[101] *Radbruch*, S. 153 f.: „...: da für Strafprozesse das Gericht des Begehungsortes der Straftat zuständig ist, das Reichsgericht aber eine Preßstraftat an jedem Ort als begangen ansah, an dem auch nur *ein* Exemplar der Druckschrift verbreitet wurde, war für Preßprozesse meist eine Unzahl zuständiger Gerichte gegeben, unter denen sich nun die Staatsanwaltschaft das für eine Verurteilung günstigste, insbesondere unter Umgehung der süddeutschen Schwurgerichte, aussuchen konnte, — bis nach langem Kampf endlich 1902 die Zuständigkeit auf den Bezirk des Erscheinungsortes der Druckschrift beschränkt wurde“; großzügiger als Radbruch: *Kern*, S. 173.

[102] Siehe § 7 II StPO.

[103] *Bettermann*, S. 564 (u.); *Dohna*, S. 111 (u.).

[104] *Bettermann*, S. 569 (V 3 e, dd).

[105] Vgl. §§ 36 Nr. 1 ZPO, 15 StPO, 53 I Nr. 1 VwGO.

[106] *Schiedermair*, DÖV 60, 6 (11).

[107] BFH in BStBl 58 III, 198 (200 unten); a. A. möglicherweise BSGE 5, 1 (2).

— daran anschließend — erkenntnismäßig festgestellt werden darf.[108] Dem Art. 101 I 2 GG wird aus diesem Grunde auch nicht genügt — wie es aber Kern[109] noch im Hinblick auf Art. 105 WV angenommen hat —, wenn der Anlaß für das Eingreifen des Obergerichts gesetzlich genau umrissen ist.[111]

cc) Gesetzliche Geschäftsverteilung (gesetzlich zuständige Spruchabteilung; gesetzliche Zuständigkeit jedes einzelnen Richters)

(1) Die Erforderlichkeit eines Geschäftsplanes, seine Aufstellung und Beständigkeit.

Die Legalität der Zuständigkeitsordnung im Sinne des Art. 101 I 2 GG ist noch nicht damit verwirklicht, daß sich das rechte Gericht des richtigen Gerichtszweiges aus Normen ermitteln läßt.[112] Vielmehr steht unter dem Vorbehalt des Gesetzes auch die Geschäftsverteilung im weiteren Sinne innerhalb eines Gerichts (im staatsrechtlichen Sinne), also die Verteilung der Zuständigkeiten auf mehrere Spruchkörper (Gerichte im prozessualen Sinne) und sogar — da Art. 101 I 2 GG nicht vom gesetzlichen Gericht, sondern vom gesetzlichen „Richter" spricht — auf die einzelnen[113] Richterpersonen.

Allerdings besteht hier in keiner Hinsicht ein Vorbehalt des förmlichen Gesetzes; aus praktisch-technischen Gründen ist das förmliche Gesetz zur Kompetenzregelung im innergerichtlichen Bereich ungeeignet, denn das Parlament ist nicht in der Lage, die Geschäftsverteilung jedes einzelnen Gerichts zu bestimmen.[114, 115] Anderseits würde eine Vornahme jener Verwaltungs-(Ermessens-)angelegenheiten durch die Exekutive die Unabhängigkeit der Judikative im selben Maße beeinträchtigen, wie dies bei Eingriffen in die reine Rechtsprechungstätigkeit der Fall wäre. Rechtsstaatlich unbedenklich und dem Art. 101

---

[108] Hierzu auch unten C I 5 a (S. 97 ff., insbes. 98 f.).

[109] *Kern*, S. 171 f.

[110] Siehe u. a. § 7 (Gerichtsstand des Tatortes) und § 8 (Gerichtsstand des Wohnsitzes oder Aufenthaltsortes) sowie den Wortlaut etwa des § 9: „Der Gerichtsstand ist auch bei dem Gericht begründet, in dessen Bezirk der Beschuldigte ergriffen worden ist."

[111] Zu weiteren Fragen der Zuständigkeitsnormierung im Sinne des Art. 101 I 2 GG siehe oben S. 26 ff. (28) (A, II, 2, b, aa).

[112] Hierzu *Kern*, S. 177.

[113] So u. a. das BVerfG in NJW 64, 1020 und 1667; vgl. ferner — insbes. — unten S. 48 ff.

[114] *Bettermann*, S. 550.

[115] Vgl. aber §§ 2, 14 I—III BVerfGG; beim BVerfG ist eine formellgesetzliche Geschäftsverteilung — in beschränktem Maße, vgl. jetzt § 14 IV BVerfGG — angängig.

I 2 GG entsprechend ist es dagegen, die Aufgabenverteilung innerhalb der einzelnen Gerichte einer unabhängigen richterlichen Selbstverwaltung zu überlassen.

Die Aufgaben der gerichtlichen Selbstverwaltung werden nach dem Vorbild des Gerichtsverfassungsgesetzes[116] heute in allen Sparten der rechtsprechenden Gewalt in rechtsstaatlich einwandfreier Weise von dem kollegialen Präsidium[117] des Gerichts wahrgenommen.[118] Dieses erstellt in Übereinstimmung mit dem Grundsatz der Stetigkeit der Gerichte vor Beginn des Geschäftsjahres und prinzipiell für dessen Dauer den Stellenbesetzungs- und Geschäftsverteilungsplan[119] des[120] Gerichts in voller eigener Verantwortung und weisungsfrei.[121] Weniger befriedigend ist es demgegenüber, wenn das Gesetz in einzelnen Belangen dem Präsidenten (Vorsitzenden) die Befugnis zur Geschäftsverteilung einräumt;[122] gleichwohl entspricht diese Regelung so lange dem Art. 101 I 2 GG, als der Präsident weisungsfrei bleibt, da die kollegiale Entscheidung rechtlich gesehen nicht zum Wesen der Autonomie gehört, sondern dort nur üblich ist.[123] Daß der Präsident (Vorsitzende) in den betreffenden Fällen weisungsfrei entscheidet, ergibt sich zum Teil aus den Gesetzesstellen selbst (parallele Erwähnung des Präsidiums, § 30 III 2 ArbGG) und folgt im übrigen zwingend daraus, daß es gegen Art. 80 I GG verstieße, wenn die Befugnis zur Geschäftsverteilung — eine Rechtsetzungsbefugnis — in dieser Weise dem Präsidenten als Justizverwaltungsbeamten übertragen würde; nur einem autonomen Richterkollegium oder Richter kann die Rechtsetzungsbefugnis ohne alle Schranken des Art. 80 I GG erteilt werden.[124]

Für die autonome Geschäftsverteilung bestehen Schranken nur aus dem Vor*rang* des (förmlichen) Gesetzes; wo der Gesetz- (oder der Verordnungs-)geber bereits Richtlinien für die Geschäftsverteilung gegeben hat, ist die gerichtliche Satzungsgewalt daran gebunden. So darf etwa die vor Beginn des Geschäftsjahres festgelegte Geschäfts-

---

[116] §§ 64, 117, jetzt auch 22 a, c, 131 GVG.

[117] Und dem Senatorium bzw. Direktorium, vgl. §§ 62 II 2 GVG, 7 I 3 VwGO.

[118] Vgl. etwa §§ 30 II—IV, 39 II—IV, 44 II ArbGG, §§ 6, 9 IV, 10 IV VwGO, § 14 IV BVerfGG (Plenum!).

[119] Vgl. u. a. §§ 22 b, 63, 83 I, II, 117, 131 GVG, §§ 30 I, 39 I, 44 I ArbGG, §§ 7 II, 9 IV, 10 IV VwGO.

[120] Vgl. aber auch §§ 22 c II GVG (kleine Amtsgerichte) und 30 III 2 ArbGG.

[121] *Schiedermair,* DÖV 60, 6 (12, IV).

[122] §§ 65, 67 GVG, 30 III, 39 III ArbGG; siehe auch hier A, II, 2, b, cc, (2) (S. 46 f.).

[123] *Schiedermair,* DÖV 60, 6 (12).

[124] *Bettermann,* S. 551 (2), 566 f. (b).

verteilung im Laufe[125] des Geschäftsjahres nur unter besonderen Umständen allgemein geändert und nicht durchbrochen werden,[126] was sich aus Art. 101 I 2 GG ergibt, und zwar darf sie nur unter den besonderen Umständen abgeändert werden, die die einzelnen Gerichtsverfassungen nennen[127] — wobei die unter Umständen erforderliche Entscheidung darüber, ob diese Voraussetzungen im Einzelfalle gegeben sind, allein dem Präsidium zusteht[128] —, und grundsätzlich nur in der Weise, in der die Geschäftsverteilung vor Beginn des Geschäftsjahres vorzunehmen ist.

Eine dem Grundsatz des gesetzlichen Richters gerecht werdende normative, beständige Geschäftsverteilung innerhalb eines Gerichtes ist ebenso wie die „gesetzliche" Zuständigkeitsverteilung zwischen den Gerichten nicht bereits durch einen generell-abstrakten Zuständigkeitskatalog ohne Bezug zu einer personell festen Spruchеinheit vollzogen; die normative Geschäftsverteilung bedarf vielmehr der Kombination mit einer eindeutigen, beständigen Gruppierung bzw. Aufteilung der Richterpersönlichkeiten auf zahlenmäßig oder nach Sachgebieten oder sonstwie fest benannte Spruchkörper bzw. Abteilungen.[129] Die innergerichtliche Geschäftsaufteilung wird also vollzogen durch Aufstellung des Stellenbesetzungsplanes, der die mehreren errichteten Spruchkörper bzw. Gerichtsabteilungen und ihre Besetzung ausweist, und durch Aufstellung des eigentlichen Geschäftsverteilungsplanes, durch den die anfallenden Sachen den einzelnen Spruchеinheiten normativ zugeteilt werden. Eine ebensolche Geschäftsaufteilung kann innerhalb eines Spruchkörpers erforderlich werden, sobald ihm mehr Richter zugeteilt sind, als bei den einzelnen Entscheidungen mitzuwirken haben; in dieser Ebene kann sich die personelle Verteilung der Senats-(Kammer-)mitglieder auf die verschiedenen Sitzungstage nicht mehr als reiner Organisationsakt vollziehen, sondern nimmt normativen Charakter an und verwächst zu einer Einheit mit der normativen Verteilung der Sachen auf die Mitglieder.

(2) Errichtung und Besetzung der Spruchkörper.

In welcher Anzahl vor Beginn des Geschäftsjahres bei den Gerichten Spruchеinheiten gebildet werden, schreiben die Gesetze, abgesehen vom Bundesverfassungsgerichtsgesetz[130] für dessen Bereich, nicht vor.[131] Ver-

[125] Auch bereits vor Beginn des Geschäftsjahres nicht ohne weiteres unbedenklich; vgl. dagegen BGH NJW 59, 1093.

[126] Vgl. *Bettermann,* S. 555 (7).

[127] Vgl. §§ 22 b II, 63 II GVG, (§§ 30 IV, 39 IV, 44 II 4 ArbGG), § 7 III VwGO.

[128] *Schiedermair,* DÖV 60, 6 (15, Ziff. 1).

[129] Vgl. *Bettermann,* S. 549/550, d (1).

[130] § 2 I BVerfGG.

schiedentlich ist vom Gesetz vielmehr vorgesehen, daß die Zahl der Spruchkörper von der Regierung bestimmt wird;[132] ferner legen die §§ 7 II, 8 II der Verordnung zur einheitlichen Regelung der Gerichtsverfassung vom 20. 3. 1935 (RGBl I 403) diese Entscheidung für den landesgerichtlichen Bereich der ordentlichen Gerichtsbarkeit in die Hand des Landgerichts- bzw. Oberlandgerichtspräsidenten als Gerichtsverwaltungsorgan. Diese Vorschriften sind unter dem Gesichtspunkt der Gesetzlichkeit des Richters noch haltbar, wenn sie so gehandhabt werden, daß die Stetigkeit der Gerichtsorganisation dadurch nicht beeinträchtigt wird.[133] Immerhin enthalten aber diese Regelungen eine erhebliche Gefährdung der Gesetzlichkeit des Richters, was daran deutlich wird,daß sie der Verwaltungsbehörde entsprechend auch die Befugnis zum actus contrarius geben, ihr also unter nicht sicher festliegenden Umständen sogar gestatten, im Laufe des Geschäftsjahres einen Spruchkörper aufzulösen.[134] Richtiger im Hinblick auf Art. 101 I 2 GG ist es daher, die Errichtung der Spruchkörper der gerichtlichen Autonomie zu überlassen, wie es außerhalb der ordentlichen Gerichtsbarkeit — so in der Verwaltungsgerichtsbarkeit[135] — grundsätzlich rechtens ist.

Die gerichtliche Selbstverwaltung ist bei der Festlegung der Zahl der zu errichtenden Spruchkörper an zum Teil gesetzlich geregelte, allgemeine, vom Grundsatz des gesetzlichen Richters umfaßte Gerichtsverfassungsprinzipien gebunden. Was die Mindestzahl der zu bildenden Sprucheinheiten anbelangt, sind die Präsidien gehalten, so viele zu errichten, daß das Gericht leistungsfähig[136] ist und daß die Spruchkörper jedenfalls nicht zu stark überbesetzt (d. h. mit mehr Richtern besetzt als zu den Entscheidungen erforderlich) sind. Die Höchstzahl der zu errichtenden Sprucheinheiten ergibt sich daraus, daß jede von ihnen mit einem Direktor bzw. Senatspräsidenten oder mit dem Chefpräsidenten als Vorsitzendem besetzt sein und auch

---

[131] Vgl. §§ 60, 116 I GVG, 4 II, 9 II, 10 II VwGO.

[132] Vgl. §§ 130 I GVG, 17, 35 III, 41 III ArbGG.

[133] Hierzu, insbesondere im Hinblick auf die Bildung von Kammern auf Zeit, BSGE 5, 289 (292 f.) und mit Bezugnahme darauf *Weidner*, JZ 59, 758 (763, D VII 3 c).

[134] Vgl. BGH in NJW 65, 544 f.; der Auffassung des BGH muß zumindest in Einzelpunkten entgegengetreten werden.

[135] Vgl. *Eyermann-Fröhler*, § 4 Rdn. 4; dies ergibt sich auch aus der Fassung des § 10 II VwGO, der nicht mehr wie noch § 130 I 2 GVG den Satz enthält, daß die Zahl der zu bildenden Senate vom zuständigen Ressortminister bestimmt wird.

[136] Das gilt entsprechend für die Schwurgerichte, vgl. §§ 79, 83 (dessen Abs. 3 nicht unbedenklich ist) GVG; zu den hier im Hinblick auf die Gesetzlichkeit des Richters auftretenden Problemen *Kaiser*, NJW 63, 1853 (vgl. dazu aber hier B, II, 3, d [S. 69 f.]).

grundsätzlich und überwiegend tätig werden können muß.[137] Die gerichtliche Autonomie kann sich dabei nur im Rahmen der von der Personalwirtschaft und Personalpolitik der Exekutive geschaffenen Tatsachen halten. Dem Präsidium obliegt es, sich an Hand der Gegebenheiten bei der Bestimmung der Anzahl der zu errichtenden Spruchkörper und der Verteilung der Präsidenten, Direktoren und übrigen Richter darauf um eine mit Art. 101 I 2 GG und den Grundsätzen des Gerichtsverfassungsrechtes vereinbare Regelung zu bemühen; richtungweisender Einfluß des Vorsitzenden, Stetigkeit in der Rechtsprechung und Spruchkörperbesetzung sowie Bestimmbarkeit der gesetzlichen Richter müssen gewährleistet sein.[138]

Als besonderer Fall aus der Gerichtsautonomie ausgeklammert wird die Errichtung einer auswärtigen Kammer (Senats) eines Gerichts. Dieser Organisationsakt ist in derselben Form vorzunehmen wie die Errichtung eines Gerichts,[139] also durch formelles Gesetz,[140] da der auswärtige Spruchkörper in vieler Hinsicht wie ein selbständiges Gericht behandelt wird und nahezu als solches gilt.[141]

Die Verteilung der Richter auf die errichteten Spruchkörper — und zwar unbedingt auch auf die auswärtigen — hat in gerichtlicher Selbstverwaltung zu geschehen. Sie muß fernerhin, da sie Organisationsakt ist, auf Dauer vorgenommen werden, um im Sinne der Gesetzlichkeit des Richters für die Sachaufteilung die nötige feste Grundlage bilden zu können; nach in den Gesetzen allgemein anerkanntem Grundsatz ist die Stetigkeit der Organisation gewahrt, wenn die Zuteilung für ein Jahr — nämlich das Geschäftsjahr — erfolgt.[142]

Dies gilt auch für die Zugehörigkeit des Gerichtspräsidenten zu einem Spruchkörper. Zwar wird er als einziger Richter des Gerichts nicht durch kollegiale Entscheidung einer Kammer (Senat) zugewiesen, da ihm die Gesetze gestatten, selbständig den Spruchkörper zu bestimmen, dem er sich anschließen will;[143] aber seine vor Beginn des Geschäftsjahres getroffene Wahl bindet ihn für dessen gesamte Dauer. Die Ausübung des Wahlrechts ist praktisch sinnvoll erst, wenn bereits festgelegt ist, welche Sachgebiete die einzelnen Spruchkörper zu bearbeiten haben werden und welche Beisitzer ihnen angehören. Noch

[137] BGHZ 15, 135; BGHZ 20, 355 (359 ff.); BGHZ 37, 210 (GSZ) (IV, 3.: Die einzelnen Sachen dürfen nicht gezählt, sondern müssen gewogen werden); ebenso *Erdsiek*, NJW 63, 240 (Nr. 2, S. 241 f.).

[138] Hierzu BVerfG in NJW 64, 1020 (B, II, 2); *Richter*, JZ 61, 660 (A, III).

[139] *Schiedermair*, DÖV 60, 6 (13).

[140] Vgl. oben S. 10 f. (A, II, 1, a) sowie etwa § 3 I Nr. 5 VwGO.

[141] *Müller*, NJW 63, 614 (616).

[142] *Schiedermair*, DÖV 60, 6 (13, IV 2).

[143] Vgl. §§ 62 II 1 GVG, 7 I 2 VwGO.

nach dem Gerichtspräsidenten allerdings werden die übrigen Vorsitzenden den Kammern (Senaten) zugeteilt;[144] dies geschieht, sofern das Präsidium nicht nur aus Vorsitzenden gebildet ist,[145] gewöhnlich durch ein besonderes Gremium, das Direktorium bzw. Senatorium,[146] welches aus dem Präsidenten und den übrigen Vorsitzenden besteht.

Grundsätzlich durch das Präsidium werden die weiteren ständigen Mitglieder der Kammern (Senate) eingeteilt.[147] Dabei sind jeder Kammer (jedem Senat) so viele Beisitzer zuzuweisen, daß die für Entscheidungen gesetzlich vorgeschriebene Besetzung der Spruchеinheit erreicht wird; sofern sie mit mehr Beisitzern besetzt wird, als zu ihren Entscheidungen erforderlich sind, müssen ihr mindestens so viele planmäßige, endgültig angestellte hauptamtliche (ständige) Richter — nicht etwa juristische Hilfskräfte — zugeteilt werden, daß die gesetzlich vorgeschriebene Besetzung erreicht wird; denn die Normalbesetzung des Spruchkörpers muß auch für Außenstehende aus dem Besetzungsplan ersichtlich sein.[148, 149] Falls das Gericht als solches mit planmäßigen hauptamtlichen Mitgliedern unterbesetzt ist, hat das Präsidium dies dadurch auszugleichen, daß es einzelne Richter mehreren Spruchkörpern als ständige Mitglieder zuteilt, die dann allerdings als Berichterstatter nicht überlastet werden dürfen. Die Zugehörigkeit zu mehreren Spruchkörpern bzw. verschiedenen Gerichten ist gesetzlich ausnahmslos[150] bzw. häufig[151] gestattet und grundsätzlich verfassungsrechtlich nicht zu beanstanden, sofern sie allgemein und auf Dauer vorgesehen ist.[152]

Ebenso wie die planmäßig endgültig angestellten Richter hat das Präsidium vor Beginn des Geschäftsjahres auch die übrigen Berufs-

---

[144] Vgl. zu Einzelproblemen BSG in NJW 59, 910 (Nr. 39) (namenlose Aufführung der Stelle des ordentlichen Vorsitzenden), OLG Hamm in DRiZ 63, B 27 (128) (gleichzeitig Vorsitzender des Schwurgerichts).

[145] Wie etwa seinerzeit bei den bayrischen Verwaltungsgerichten, vgl. *Schiedermair*, DÖV 60, 6 (13).

[146] §§ 62 II 2 GVG, 7 I 3 VwGO; vgl. aber auch die abweichenden Regelungen bei den Schwurgerichten, § 83 I GVG (Präsidium des OLG), und Arbeitsgerichten, §§ 30, 39, 44 ArbGG.

[147] §§ 63 I 1, 64 I, 117, 131 GVG, 30 II 1, 39 II 1, 44 II 1 ArbGG, 7 II 1, 9 IV, 10 IV VwGO; vgl. aber §§ 30 III, 39 III ArbGG.

[148] *Schiedermair*, DÖV 60, 6 (13 u.); *Richter*, JZ 61, 687 (B I 3); im Ergebnis ebenso BSG in JZ 60, 417; abweichend BGHSt 14, 321; *Eb. Schmidt*, JZ 61, 61; *Müller*, DRiZ 63, 37.

[149] Vgl. dazu im übrigen §§ 28 II, 29 DRiG.

[150] §§ 63 I 2, 117, 131 GVG, 30 I 2, 39 I 2, 44 I 2 ArbGG, 7 II 2, 9 IV, 10 IV VwGO u. a.

[151] Etwa §§ 22 II, 59 II GVG (AG und LG), § 4 I BVerfGG (oberes Bundesgericht und Bundesverfassungsgericht); allg. § 27 II DRiG; (vgl. dagegen die Regelung für Laienrichter: §§ 77 IV, 90 GVG).

[152] Siehe *Bettermann*, S. 550, Anm. 93.

richter, also die Richter auf Probe oder kraft Auftrags, den einzelnen Spruchkörpern zuzuteilen; die Zuweisung hat allgemein und für die Dauer des Geschäftsjahres zu erfolgen. Insoweit bietet Art. 101 I 2 GG eine formelle Sicherung für die Ständigkeit und Unabhängigkeit des Spruchkörpers und gewährleistet damit eine stabile Grundlage für die sachliche Geschäftsverteilung. Außerdem ist aber hier — anders als im Hinblick auf die Organisation der Gerichte im administrativen, staatsrechtlichen Sinne[153] — seit langem anerkannt, daß Art. 101 I 2 GG auch materielle Garantien zur Sicherung der Stetigkeit und Unabhängigkeit der Rechtsprechung gleichsam als Selbstzweck (ohne direkte Beziehung zur normativ-gesetzlichen Richterzuteilung) beinhaltet. So müssen gemäß Art. 101 I 2 GG die richterlichen Hilfsarbeiter nicht nur generell und auf die Dauer des Geschäftsjahres, sondern auch nach einem System unter die Spruchkörper aufgeteilt werden; zwar ist der Schlüssel für diese Verteilung dem Präsidium nicht unmittelbar[154] durch Gesetz oder Verfassung vorgegeben; jedoch ist das Präsidium durch Art. 101 I 2 GG insoweit gebunden, als diese Richter, die nicht die volle richterliche Unabhängigkeit genießen, möglichst gleichmäßig auf die Spruchkörper verteilt werden müssen, damit nicht die Unabhängigkeit eines gesamten Kollegiums gefährdet wird. Im Einzelfall ist die Verfassungsmäßigkeit der Spruchkörperbesetzung von drei Faktoren abhängig: von der Anzahl der dem Gesamtgericht (im Verhältnis zur Zahl der planmäßig endgültig angestellten Richter) zugeteilten richterlichen Hilfskräfte, von der Anzahl der dem Spruchkörper zugeteilten richterlichen Hilfskräfte und von der Anzahl der bei der Entscheidung mitwirkenden richterlichen Hilfskräfte.[155] Die Rechtsprechungsbehörden können sich bei der Zusammenstellung der Spruchkörper und der Besetzung des jeweils erkennenden Gerichts nur in dem Rahmen halten, der ihnen durch Bewilligung und Zuteilung von Richterkräften entsprechend dem Haushaltsplan gesteckt wird; anderseits haben sie sich den gegebenen Verhältnissen zur Wahrung der Unabhängigkeit der Gerichte im Sinne der Verfassung anzupassen.[156] So etwa ist Eberhard Schmidt[157] der Ansicht, daß die durch § 29 DRiG gestattete Mitwirkung einer richterlichen Hilfskraft bei der Entscheidung als Höchstmaß anzu-

---

[153] Siehe oben S. 15 ff. (A II 1 c, aa).

[154] Vgl. aber §§ (28 II), 29 DRiG.

[155] Vgl. in diesem Zusammenhang §§ 28, 29 DRiG sowie die Auseinandersetzung von *Eb. Schmidt* — JZ 63, 73 (77 f.) — damit und mit der Rechtsprechung des Bundesverfassungsgerichts und des Bundesgerichtshofs, insbes. mit der Entsch. d. BVerfG v. 3. 7. 1962 (BVerfGE 14, 156).

[156] *Eb. Schmidt,* JZ 61, 61. Zur Problematik beim AG: OLG Karlsruhe NJW 68, 2389.

[157] *Eb. Schmidt,* JZ 63, 73 (77 f.).

sehen sei und im einzelnen Falle bereits verfassungswidrig sein könne, wenn bei dem betreffenden Gericht, aufs Ganze gesehen, der Einsatz hilfsrichterlicher Kräfte derart überwiegt, daß die richterlichen Geschäfte mehr von persönlich abhängigen als von persönlich unabhängigen Richterkräften erledigt werden; bei einem solchen verfassungswidrigen Zustand des Gesamtgerichts dürften bei der Entscheidung nur unabhängige Richterkräfte mitwirken.

In engem Zusammenhang mit diesen Fragen steht das Problem der Überbesetzung der Gerichte. Fast alle Gerichte sind mit einer im Verhältnis zur Zahl der Direktoren bzw. Senatspräsidenten höheren Anzahl von Beisitzern einschließlich der juristischen Hilfskräfte besetzt, als zur Bildung vollbesetzter entscheidungsfähiger Spruchkörper entsprechend der Zahl der Direktoren (Senatspräsidenten) erforderlich wären. Dies wird in der Praxis nur teilweise dadurch ausgeglichen, daß mehr Spruchkörper errichtet und einige Direktoren (Senatspräsidenten) zwei Kollegien als Vorsitzende zugeteilt werden. Überwiegend wird dagegen nicht die Zahl der Sprucheinheiten erhöht, sondern es werden den Spruchkörpern mehr Beisitzer zugewiesen, als zu den Entscheidungen erforderlich sind, sie werden also mit Beisitzern überbesetzt.[158, 159]

Da aber „gesetzlicher Richter“ gemäß Art. 101 I 2 GG nicht das Gericht im staatsrechtlichen oder prozessualen Sinne schlechthin, sondern die im Einzelfalle zur Entscheidung berufene und nicht austauschbare Richterpersönlichkeit ist, wird durch die Überbesetzung der Kollegialgerichte der gesetzliche Richter unbestimmt. Zwar genügt es für Art. 101 I 2 GG, daß der gesetzliche Richter aus Rechtssätzen bestimmbar ist, so daß diesem Erfordernis genügt wäre, wenn die Geschäftsverteilung innerhalb der Spruchkörper ebenfalls im voraus normativ festgelegt würde. Da aber jegliche vermeidbare Unklarheit über die Person des gesetzlichen Richters vermieden werden muß,[160] ist die Überbesetzung jedenfalls nicht uneingeschränkt zulässig, und häufig sind Bedenken bereits gegen die Überbesetzung an sich laut geworden.

---

[158] Zu den Ursprüngen der Überbesetzung *Schultz* in MDR 60, 892.

[159] Vgl. dagegen den mit Erlaß der FGO hinfällig gewordenen § 52 III AO („Im Verfahren über Rechtsbeschwerden entscheiden die Senate des Reichsfinanzhofs in der Besetzung von wenigstens fünf Mitgliedern einschließlich des Vorsitzenden. Im Beschlußverfahren entscheiden sie in der Besetzung von wenigstens drei Mitgliedern einschließlich des Vorsitzenden ...“). Diese Vorschrift befaßte sich nicht mit einem Fall der Überbesetzung, sondern setzte der Sache nach ein Quorum fest; sie wollte eine Überbesetzung und die damit verbundenen Probleme umgehen und stattdessen den praktischen Erfordernissen, die gewöhnlich eine Überbesetzung unvermeidbar machen, auf andere Weise genügen. Zur Vereinbarkeit dieser Vorschrift mit Art. 101 I 2 GG siehe BVerfG in DRiZ 65, 375.

Gegen diese Überbesetzung selbst hat sich unter der Geltung des Grundgesetzes zunächst Meyer[161] gewandt; er ging allerdings davon aus, daß auch in einem überbesetzten Spruchkörper die ungebundene Befugnis des Vorsitzenden zur Geschäftsverteilung innerhalb des Kollegiums[162] gelte. Dies wird jedoch heute nur noch selten angenommen[163] und ist zudem durch die Neuregelung der §§ 69 II GVG, 8 II VwGO, 8 II FGO für den überwiegenden Bereich der Rechtsprechung ausdrücklich für hinfällig erklärt worden; unter diesem Gesichtspunkt ist also die bloße Tatsache der Überbesetzung nicht mehr bedenklich. Weiterhin sehr aufschlußreich bleiben indes die von Meyer aufgezeigten psychologischen Momente in der Situation des Vorsitzenden, da keine noch so ausgeklügelte abstrakt-generelle Geschäftsverteilung innerhalb des Spruchkörpers denkbar ist, die dem Vorsitzenden jeden persönlichen Einfluß auf die Besetzung im Einzelfalle zu nehmen vermöchte.

Auf diese Gefahren der bloßen Überbesetzung wies in der Rechtsprechung nach Erlaß des Grundgesetzes erstmalig der III. Zivilsenat des Bundesgerichtshofs hin,[164] ohne sich allerdings näher damit auseinanderzusetzen.

Mit bereits detaillierten rechtlichen Argumenten greift Berger[165] die Überbesetzung der Spruchkörper als solche an. Jedoch trennt auch er — von seinem Ergebnis einer völligen Ablehnung der Überbesetzung her verständlich — nicht streng das Problem der Zulässigkeit der Überbesetzung an sich von dem Problem des Erfordernisses einer (vorherigen) normativen Geschäftsverteilung innerhalb überbesetzter Spruchkörper; Berger vergleicht daher zunächst die überbesetzten Kollegien mit Ausnahmegerichten, weil der gesetzliche Richter eben bei einer solchen Besetzung nicht von vornherein feststehe, sondern erst für den einzelnen Fall durch den Vorsitzenden bestimmt werde, so daß die Überbesetzung mit dem in Art. 101 I 2 GG enthaltenen Prinzip der Ständigkeit der Gerichte (das damit auch innerhalb des Spruchkörpers zur Geltung kommt) nicht vereinbar sei. Nach Bergers Ansicht ändert es an diesem Ergebnis nichts, daß die Auswahl durch den Vorsitzenden in gerichtlicher Unabhängigkeit geschieht; denn der rechtsstaatliche Zweck unserer Gerichtsverfassungen verbiete es überhaupt, die dem Präsidium eingeräumte Befugnis zur Geschäftsvertei-

---

[160] BGHZ 15, 135 (139); BVerfG in NJW 64, 1020.

[161] *Meyer*, DRiZ 51, 86.

[162] Vgl. Wortlaut der a. F. des § 69 GVG, der dem jetzigen Abs. 1 des § 69 entsprach.

[163] Siehe hier A II 2 b, cc (4) (S. 48 ff.).

[164] BGHZ 15, 135 (139).

[165] *Berger*, NJW 55, 1138.

lung weiterzuübertragen und dem Vorsitzenden die Bestimmung des gesetzlichen Richters zu überlassen. Deshalb erachtet Berger auch eine (vorherige) normative Geschäftsverteilung innerhalb des Kollegiums durch den Vorsitzenden für unzulässig und verwirft gleichzeitig die Überbesetzung als solche. Die Gefahren der Überbesetzung werden nämlich nach seiner Ansicht nicht behoben, indem der Vorsitzende im voraus seine Richter auf die Sitzungstage verteilt, da es dann doch dem Belieben des Vorsitzenden überlassen bleibt, auf welchen Sitzungstag er eine bestimmte Sache ansetzt. Schließlich hält Berger die Überbesetzung als solche vor allem deshalb für unzulässig, weil der Vorsitzende unter diesen Umständen regelmäßig so überbelastet sei, daß er gar nicht in dem Maße den Vorsitz selbst zu führen vermöge, wie es erforderlich wäre, um seiner Führungsaufgabe — Güte und Einheitlichkeit der Rechtsprechung seines Kollegiums zu gewährleisten — nachzukommen.

Ungeachtet dieser Bedenken ist die bloße Tatsache der Überbesetzung bei Rechtsprechung und Schrifttum überwiegend nicht auf Widerspruch gestoßen. So hat (noch unter der Geltung der Weimarer Reichsverfassung) insbesondere das Reichsgericht die Überbesetzung für den Bereich des Gerichtsverfassungsgesetzes für zulässig erklärt. Das Reichsgericht stellt fest,[166] daß die Frage der Zulässigkeit der Überbesetzung der Kollegialgerichte im Gerichtsverfassungsgesetz keine ausdrückliche Beantwortung gefunden habe; das Gesetz beschränke sich vielmehr darauf zu bestimmen, daß die Landgerichte mit der erforderlichen Zahl von Richtern besetzt werden (§ 59), daß Zivil- und Strafkammern zu bilden sind (§ 60) und daß bei Entscheidungen Richter nur in der gesetzlich bestimmten Zahl mitwirken dürfen (§ 192). Aus dem Wortlaut der gesetzlichen Vorschriften könne somit kein Anhalt für die Annahme der Unzulässigkeit der Überbesetzung gewonnen werden. Im Gegenteil weise § 192 nach seiner auf die Entscheidungen abstellenden Fassung in Verbindung mit § 60, der sich daneben speziell auf die Bildung der Kammern beziehe, eher darauf hin, daß die Begrenzung auf die Zahl der zur Entscheidung nötigen Richter nur für die Fällung der Entscheidungen und nicht auch für die Bildung der einzelnen Kammer gelten soll. Dem stehe § 59 nicht entgegen, der für die Besetzung der Landgerichte die „erforderliche" Anzahl von Richtern vorschreibt. Das Reichsgericht weist zudem darauf hin, daß bei den Beschlüssen über die Fassung des GVG die Besetzung der Kammern mit einer Überzahl von Richtern nicht außer Betracht geblieben ist. Wenn dies trotzdem keine gesetzliche Regelung gefunden habe, lasse das in Anbetracht der eingehenden und sorgfältigen Verhandlungen über das Gerichtsverfas-

[166] RGZ 133, 29 (Ziff. 2, S. 30 ff.).

sungsgesetz darauf schließen, daß weitere Schranken nicht für erforderlich erachtet wurden, selbst dann nicht, wenn sich ergeben sollte, daß für gewisse Fälle die auszuscheidende Einwirkung der Justizverwaltung nicht ausgeschlossen sei. Das Reichsgericht bekräftigt seine Ansicht mit dem Hinweis darauf, daß die Überbesetzung bei nicht wenigen Gerichten zur Wahrung einer einheitlichen Rechtsprechung und aus praktischen Gründen unentbehrlich sei und dementsprechend bei allen Kollegialgerichten einschließlich des Reichsgerichts (seit dessen Gründung) verfahren werde, was die Literatur von vornherein gebilligt habe. Das Reichsgericht läßt es jedoch dahingestellt, ob der Sinn und Zweck der §§ 62 ff. erfüllt ist, wenn nicht in einem überbesetzten Kollegium eine Geschäftsverteilung vor Beginn des Geschäftsjahres erfolgt.[167] Damit kann die Auffassung des Reichsgerichts, die nur durch Auslegung des Gerichtsverfassungsgesetzes ohne Berücksichtigung etwaiger verfassungsrechtlicher Erfordernisse gewonnen wurde, doch als mit dem Grundsatz der Gesetzlichkeit des Richters vereinbar verstanden werden.

Im Gegensatz zum Reichsgericht hat der Bundesgerichtshof[168] die Zulässigkeit der Überbesetzung unmittelbar aus der Verfassung hergeleitet. Durch eine historische Auslegung des Art. 101 I 2 GG kommt der Bundesgerichtshof zu der Ansicht, daß der Grundsatz des gesetzlichen Richters seinem ursprünglichen Sinne nach Eingriffe der vollziehenden oder auch der gesetzgebenden Gewalt in die gerichtliche Zuständigkeitsordnung verhindern sollte und daher die durch den Vorsitzenden — als unabhängiges Organ der rechtsprechenden Gewalt — zu behebende vorübergehende Ungewißheit über die innerhalb des gesetzlichen Spruchkörpers zur Entscheidung berufenen Richterpersonen dem Art. 101 I 2 GG nicht widerspreche. Hätte das Gebot des gesetzlichen Richters in dieser Hinsicht im Grundgesetz einen gegenüber früher erweiterten Inhalt haben sollen, dann hätte der Gesetzgeber nach Auffassung des Bundesgerichtshofs diesen ihm bekannten Gesichtspunkt bei der Fassung des Art. 101 I 2 GG ausdrücklich berücksichtigt, da er bestrebt war, den Gedanken des Rechtsstaates soweit, wie es praktisch zuträglich schien, zu verwirklichen, und dies auch in einer Weise getan hat, wie es zuvor in Deutschland noch nicht geschehen war.[169]

Obwohl der Bundesgerichtshof seine Folgerungen in verschiedener Hinsicht nicht genügend abgrenzt, kann ihm im Ergebnis doch vor allem deshalb zugestimmt werden, weil — wie er anführt[170] — die

[167] RGZ 133, 29 (33).
[168] BGHZ 20, 355.
[169] BGHZ 20, 355 (357 f.).
[170] BGHZ 20, 355 (358 und 359).

Überbesetzung aus praktischen Gründen unvermeidbar ist.[171] Die rechtlichen Bedenken Bergers[172] gegen die Überbesetzung — vor allem, die Befugnis des Präsidiums zur Geschäftsverteilung könne nicht weiter übertragen werden — vermögen nicht zu überzeugen; vielmehr wird die Geschäftsverteilung auch innerhalb überbesetzter Kollegien — sei es mittels vorher festgelegten Geschäftsplans oder mittels Anordnung von Fall zu Fall oder von Sitzung zu Sitzung — heute überwiegend als Aufgabe des unabhängigen Vorsitzenden angesehen.[173] Ebenso wird entgegen der Ansicht Bergers[174] die Einheitlichkeit der Rechtsprechung regelmäßig nicht dadurch gefährdet, daß in überbesetzten Kollegien der überlastete Vorsitzende nicht alle Sitzungen selbst leiten könne; sie kann sogar in bestimmtem Ausmaße besser gewahrt werden, weil sich infolge der Überbesetzung die Anzahl der erforderlichen Spruchkörper verringert und gar für manche Sachgebiete ein einziger ausreicht.[175]

Die Überbesetzung wurde erstmals und in verfassungsrechtlich zulässiger Weise durch § 8 II VwGO für den Bereich der Verwaltungsgerichtsbarkeit konkludent[176] gesetzlich erlaubt, später in derselben Weise durch §§ 69 II GVG, 8 II FGO auch für die Bereiche der ordentlichen Gerichtsbarkeit und der Finanzgerichtsbarkeit.

Allerdings ist sie nur in begrenztem Rahmen gestattet, da sonst die ihr innewohnenden Gefahren für die Gesetzlichkeit des Richters ein unvertretbares Ausmaß annehmen und von sachlichen Belangen nicht mehr gedeckt werden. Für eine maßvolle, nur dringenden praktischen Anforderungen gerecht werdende Überbesetzung hat sich seinerzeit vor dem Rechtsausschuß des Bundestages Nipperdey[177] ausgesprochen. Eine zahlenmäßige Begrenzung der Richterzuteilung sieht auch der Bundesgerichtshof[178] als notwendig an. Er hielt dabei jedoch zunächst[179] — indem er nur die Möglichkeit des Vorsitzenden zur Erfüllung seiner Führungsaufgabe als ausschlaggebend ansah — die Besetzung des Zivilsenats eines Oberlandesgerichts mit sechs, unter

---

[171] Ebenso die Berichte von *Arndt* und *Hoogen*, BAG-Haushalts-Beratung, S. 45 (49 bzw. 51).

[172] *Berger*, NJW 55, 1138.

[173] Vgl. u. a. *Schiedermair*, DÖV 60, 6 (14).

[174] *Berger*, a. a. O.

[175] Vgl. BAG-Haushalts-Beratung, S. 49.

[176] § 8 II VwGO ist sinnvoll nur für überbesetzte Spruchkörper, vgl. *Eyermann-Fröhler*, § 8 Anm. 2; ebenso *Koehler* (§ 8 Anm. I zu [1] und [2] sowie II a. E.) unter eingehender Berücksichtigung der Motive des § 8 VwGO; in diesem Sinne ferner *Schunck-De Clerck*, § 8 Erläut. 1 und 2; *Schneider*, ZZP 77, 409 (421).

[177] *Nipperdey* in der BAG-Haushaltsberatung, S. 45 ff. (vor allem S. 46).

[178] So bereits BGHZ 20, 355 (359 ff.).

[179] BGHZ 20, 355 (359ff.).

besonderen Umständen sogar mit neun Beisitzern noch für tragbar; damit konnte allerdings von einer vom Bundesgerichtshof selbst für tunlich erachteten *maßvollen* Überbesetzung nicht mehr die Rede sein; eine derart starke Überbesetzung ist im Hinblick auf Art. 101 I 2 GG schlechthin unhaltbar, selbst wenn — was noch zu prüfen sein wird — im Gegensatz zu den bis dahin vom Bundesgerichtshof gestellten Anforderungen im überbesetzten Spruchkörper ein Geschäftsverteilungsplan nötig und vorhanden sein sollte. Der Bundesgerichtshof hat daher diese Rechtsprechung — wenn auch erst Jahre später — aufgegeben und in kurz aufeinanderfolgenden Urteilen des III.[180], IV.[181] und V.[182] Zivilsenats ausgesprochen, daß dem Zivilsenat eines Oberlandesgerichts unter keinen Umständen sechs oder mehr Mitglieder — mit Einschluß des Vorsitzenden — angehören dürfen; es sei lediglich eine Zuteilung von höchstens drei oder — unter ganz besonderen Voraussetzungen — vier beisitzenden Richtern zulässig.[183]

Eine (begrenzte) Überbesetzung ist inzwischen auch vom Bundessozialgericht[184] und vom Bundesfinanzhof[185] als mit Art. 101 I 2 GG vereinbar anerkannt worden.[186]

Das Bundesverfassungsgericht[187] hält ebenfalls nur eine *maßvolle* Überbesetzung für verfassungsmäßig. Zwar hat es sich hinsichtlich des zulässigen Maßes der Überbesetzung nicht auf eine bestimmte Zahl festgelegt; es hat aber durch Erarbeitung allgemeingültiger Kriterien sichere Anhaltspunkte zur Ermittlung der zulässigen Überbesetzung gegeben und darüber hinaus mit Hilfe dieser Kriterien selbst bestimmte Höchstgrenzen der Überbesetzung festgestellt. Den Darlegungen des Bundesverfassungsgerichts[188] ist zu entnehmen, daß es die Überbesetzung nur in dem Umfang für zulässig erachtet, als sie für eine kontinuierliche sachliche Arbeit des Spruchkörpers unumgänglich und also auch nicht durch eine entsprechende Regelung der Vertretung vermeidbar ist. Die Grenze der Verfassungsmäßigkeit einer Überbesetzung ist nach einem Grundsatz, den das Bundesverfassungsgericht erstmals in seinem Beschluß vom 24. 3. 1964[189] beiläufig ausgesprochen

---

[180] BGH in NJW 65, 1715 (Nr. 9).

[181] BGH in NJW 65, 1434.

[182] BGH in NJW 65, 1715 (Nr. 8).

[183] BGH in NJW 65, 1715 (Nr. 8); abweichd. BGH (II. ZS) NJW 66, 1458 (Nr. 7).

[184] U. a. BSG in NJW 63, 173.

[185] BFH in NJW 62, 2369 (Nr. 25).

[186] Vgl. auch BVerwGE 24, 315 (316).

[187] BVerfG in NJW 64, 1020 und 1667 sowie NJW 65, 1219 und DRiZ 65, 377.

[188] BVerfG in NJW 64, 1020 und NJW 65, 1219 (B I 2).

[189] BVerfG in NJW 64, 1020.

und auf den es später seinen Beschluß vom 2. 6. 1964[190] gestützt hat, unter allen Umständen dann überschritten, wenn die Zahl der ordentlichen Mitglieder eines Spruchkörpers es gestattet, daß er in zwei personell voneinander verschiedenen Sitzgruppen Recht sprechen kann. Zugleich damit lehnte das Bundesverfassungsgericht eine solche Überbesetzung als verfassungswidrig ab, die dem Vorsitzenden die Möglichkeit einräumt, drei Spruchkörper mit je verschiedenen Beisitzern zu bilden.[191] So ließ das Bundesverfassungsgericht für einen Spruchkörper, der in der Besetzung von drei (Berufs-)Richtern entscheidet, nur zwei Möglichkeiten einer verfassungsmäßigen Überbesetzung: Vorsitzender und drei oder Vorsitzender und vier weitere Mitglieder. Davon ausgehend legt Koebel[192] mit wohlabgewägten Argumenten dar, daß eine Besetzung mit dem Vorsitzenden und vier Beisitzern die Stetigkeit der Gerichtsbesetzung und damit die Gesetzlichkeit des Richters stärker fördern könne als die geringere Überbesetzung eins zu drei; die Besetzung eins zu vier erlaubt nämlich die Bildung von zwei jeweils gleichbleibenden Sitzgruppen, die überschlägig unter demselben Vorsitzenden tagen, so daß zugleich mit der Bestimmung des Berichterstatters von vornherein die gesamte Besetzung des richtenden Kollegiums feststeht und die Bestimmung des Terminstages also ohne Einfluß auf die Besetzung bleibt.[193] Derartigen Erwägungen scheint das Bundesverfassungsgericht nicht folgen zu wollen, denn sie werden in seinem Beschluß vom 3. 2. 1965[194] nicht berücksichtigt. Dort hat das Bundesverfassungsgericht erstmals ausgesprochen, daß dann, wenn das Präsidium eines Landgerichts die Unvermeidbarkeit der Überbesetzung einer Kammer bejaht, es grundsätzlich (!) unbedenklich ist, „ihr durch den Geschäftsverteilungsplan ein oder allenfalls zwei Mitglieder über die gesetzlich vorgeschriebene Richterzahl hinaus“ zuzuteilen. Das Wort „allenfalls“ läßt erkennen,

---

[190] BVerfG in NJW 64, 1667.

[191] BVerfG in NJW 64, 1020 (B II 2).

[192] *Koebel,* NJW 64, 1771.

[193] Aus der durch die beiden zitierten Beschlüsse des BVerfG vom 24. 3. 1964 und 2. 6. 1964 ausgelösten Diskussion vgl. weiter *Arndt,* NJW 64, 1667 (3.); *Rinck,* NJW 64, 1649 (1651, II 3 a. E.); *Bruns,* NJW 64, 1884 (1887, 5 c); *Schilgen,* NJW 64, 2290; *Schultz,* MDR 64, 819; *Westphal* und *Ule,* DVBl 64, 979; *Kern,* JZ 65, 58; *Dinslage,* DRiZ 65, 12; *Bohlmann,* DRiZ 65, 149; diese Verfasser halten sämtlich in Übereinstimmung mit dem BVerfG eine maßvolle Überbesetzung für statthaft, wenngleich *Arndt,* a. a. O., die Einschränkung macht, daß die Überbesetzung eine Ausnahme von der Regel bleiben muß und allenfalls bei Revisionsgerichten gerechtfertigt ist; in der Frage der Überbesetzung an sich — mit eingehender Begründung — großzügiger als das BVerfG: *Schneider,* ZZP 77, 409 (424 ff. und insbes. 426 ff.).

[194] BVerfG in NJW 65, 1219.

daß das Bundesverfassungsgericht das Maß der zulässigen Überbesetzung allein danach bestimmt, wieweit sie unvermeidbar ist, um eine geordnete Rechtsprechung zu gewährleisten; Gesichtspunkte, wie Koebel sie aufzeigt, kommen also nicht zum Tragen. Demzufolge dürfen einer Kammer im allgemeinen höchstens drei beisitzende Richter zugeteilt werden, vier nur dann, wenn die Zuteilung auch dieses Richters zur Gewährleistung einer geordneten Tätigkeit der Kammer unvermeidbar ist.[195]

Dieser Würdigung der von Rechtsprechung und Schrifttum für und wider die Überbesetzung der Spruchkörper mit Beisitzern vorgetragenen Gesichtspunkte ist als gesichertes Ergebnis zu entnehmen, daß die Überbesetzung als solche, sofern sie aus zwingenden Gründen der Rechtspflege erforderlich ist und nur in begrenztem Ausmaße vorgenommen wird, nicht gegen den Verfassungsgrundsatz des gesetzlichen Richters verstößt.

Vor Beginn des Geschäftsjahres sind nicht nur die Berufsrichter den Spruchkörpern zuzuweisen, sondern es ist im Sinne der Gesetzlichkeit des Richters auch die Mitwirkung der ehrenamtlichen Richter (Schöffen, Geschworene, Handelsrichter, Arbeitsrichter, ehrenamtliche Verwaltungsrichter) an den Sitzungstagen zu regeln; dabei kann die Art der Zuteilung und die Stellung dieser Richter bei den verschiedenen Gerichtszweigen durchaus unterschiedlich sein. Die Arbeitsrichter werden ähnlich wie Berufsrichter den Spruchkörpern vom Präsidium für die Dauer des Geschäftsjahres fest[196] zugewiesen und nach der Reihenfolge einer vom Vorsitzenden zu erstellenden Liste turnusmäßig zu den Sitzungen herangezogen.[197] Die ehrenamtlichen Verwaltungsrichter sind in Listen bei den einzelnen Kammern (u. U. Senaten, § 34 VwGO) — aber ohne daß sie deren ständige Mitglieder werden[198] — zu erfassen, wobei die Reihenfolge, in der sie zu den Sitzungen heranzuziehen sind, vom Präsidium zu bestimmen ist.[199] Im Gegensatz dazu wird die Reihenfolge der Teilnahme von Schöffen und Geschworenen an den Sitzungen und Tagungen der Schöffen- bzw. Schwurgerichte nicht durch den Vorsitzenden oder das Präsidium festgelegt, sondern durch das Los entschieden;[200] dies ist — soweit technisch brauchbar — die dem Sinne des Art. 101 I 2 GG entsprechende

---

[195] Siehe zu dieser Entscheidung des BVerfG die Anm. von *Dinslage* in NJW 65, 1221 (1).

[196] Wenn sie auch in ihrer Gesamtstellung nicht im gleichen Maße wie die Handelsrichter den ständigen berufsrichterlichen Mitgliedern angeglichen sind, vgl. § 112 GVG und *Dersch-Volkmar*, § 6 Anm. 8.

[197] §§ 30, 31, 39, 43 III, 44 ArbGG.

[198] Vgl. §§ 19, 27, 30 I VwGO und *Schiedermair*, DÖV 60, 6 (14, 2. a. E.).

[199] § 30 I VwGO.

[200] §§ 45 II, 48, 84, 86 f. GVG.

ideale Methode der Richterzuteilung, da die Gefahren der in der Auswahl und Verteilung der Richter ruhenden Macht nicht nur durch gesetzliche Bindungen, sondern eindeutiger noch durch Einschaltung des Zufalls gebannt werden können.[201] Die Herstellung einer festen Beziehung von Schöffen und Geschworenen zu einem bestimmten Richterkollegium erübrigt sich, weil beim Schöffengericht die Laienrichter unmittelbar den einzelnen im voraus festgelegten Sitzungsterminen zugeschrieben werden und dann nur während der Hauptverhandlung richterliche Befugnisse haben [202], und weil die Schwurgerichte ohnehin nur zu einzelnen Tagungen zusammentreten, jeder Geschworene regelmäßig auch nur zu einer Tagung — und nur zur Hauptverhandlung — herangezogen wird.[203] Soweit also eine Unklarheit über die Person des gesetzlichen Richters innerhalb eines Spruchkollegiums nicht entstehen kann, braucht dieses auch nicht beständig für die Dauer des Geschäftsjahres zusammengestellt zu werden.[204]

Ebenso wie die ständigen Mitglieder eines Spruchkörpers oder wie die Glieder eines für bestimmte Gerichtstage gebildeten Kollegiums dürfen auch deren Vertreter nicht ad hoc für eine konkrete Sache bestimmt werden; sie sind gleichfalls im voraus durch das Präsidium bzw. durch Los festzustellen.[205, 206] So wird die Vertretung der ehrenamtlichen Richter durch Aufstellung einer Hilfsliste entsprechend der Hauptliste geregelt.[207] Zur Vertretung der berufsrichterlichen Mitglieder werden vom Präsidium für die Schwurgerichte gleichzeitig mit deren Bildung für die einzelnen Tagungen Stellvertreter ernannt,[208] während für die auf die Dauer des Geschäftsjahres gebildeten, ständigen Kollegien regelmäßige Stellvertreter bestimmt werden, wobei die Vertretung — ebenso wie auch die der Einzelrichter[209] — von vornherein rechtssatzmäßig geordnet sein muß.[210] Durch die Neufassung des § 69 GVG ergibt sich nunmehr auch aus diesem Gesetz, daß die Geschäftsverteilungsbefugnis des Vorsitzenden innerhalb der Kammer nicht das Recht einschließt, im Falle einer Überbesetzung an Stelle des regelmäßigen Vertreters für das verhinderte Mitglied ein unzuständiges Mitglied seines Kollegiums heranzuziehen. § 67 GVG

---

201 *Bettermann*, S. 551 f. (3).

202 §§ 45, 30 GVG.

203 §§ 79, 82, 83, 85, 86, 87 GVG.

204 Vgl. dazu ferner hier B II 3 d (S. 69 f.).

205 Vgl. hierzu — insoweit zutreffend — OLG Hamm in NJW 59, 114.

206 Hinsichtlich der Arbeitsgerichte vgl. *Leßner*, RdA 61, 233.

207 §§ 44, 49 (i. V. mit 45), 84 GVG, § 30 II VwGO.

208 § 83 II GVG.

209 Vgl. § 22 b I 2 GVG.

210 U. a. §§ 63, 64, 66, 117, 131 GVG, 7 II, 9 IV, 10 IV, 173 VwGO (i. V. m. 66 GVG), 30 IV, 39 IV, 44 II 4 ArbGG.

ist weiterhin verfassungsrechtlich haltbar nur dann, wenn er im Sinne des Art. 101 I 2 GG so gehandhabt wird, daß die Bestimmung des zeitweiligen Vertreters durch den Präsidenten nur so lange Bestand hat, bis das Präsidium einen Vertreter benennen kann.[211] Eine andere Auslegung könnte dem Postulat einer normmäßigen Bestimmung des zur Entscheidung zuständigen Richters nicht gerecht werden. Dieses Erfordernis einer generell-abstrakten Bereitstellung des erkennenden Richters darf andererseits nicht in der Weise mißverstanden werden, daß eine Vertretungsordnung geschaffen wird, die um einer allumfassenden rechtssatzmäßigen Regelung willen so allgemein gehalten ist, daß im Ergebnis jeder jeden vertreten kann;[212] der daraufhin tätig werdende Richter wäre eben kein gesetzlich erkennbarer Richter. Zum Ausgleich unvorhersehbarer Ereignisse sollte der Besetzungsplan stattdessen von vornherein einen zweiten Stellvertreter für den Vorsitzenden und die Beisitzer benennen.[213, 214]

Stellt das Präsidium den Besetzungsplan unter Berücksichtigung der aufgezeigten Grundsätze auf, so entspricht damit die personelle Geschäftsverteilung des Gerichts dem Grundsatz des gesetzlichen Richters. Wenn es an der Ständigkeit der innergerichtlichen Organisation fehlte, bliebe eine rechtssatzmäßige sachliche Geschäftsverteilung gegenstandslos; denn sie kann ihre normative Wirkung nur entfalten, wenn die richterlichen Amtsstellen, auf die sie sich bezieht, oder deren Inhaber nicht unstetig eingerichtet bzw. zugewiesen sind.

(3) Die Verteilung der Geschäfte auf die Spruchkörper.

Im Gegensatz zum personellen Teil des Geschäftsplans — dem Besetzungsplan —, der Organisationsakt ist, hat der sachliche Teil — der Geschäftsverteilungsplan — normativen Charakter.[215] Im Geschäftsverteilungsplan weist das Präsidium[216] generell-abstrakt, jedoch möglichst eindeutig[217] den bereitgestellten Spruchkörpern (Abteilungen) ihre Arbeitsbereiche zu; damit erhalten alle eingehenden Sachen ihre gesetzliche Spruchabteilung.

Für die Methode, nach der die Geschäfte zu verteilen sind, bestehen keine gesetzlichen Regeln; allenfalls geben die Geschäftsordnungen

---

[211] Hierzu OLG Düsseldorf in NJW 61, 1319; siehe auch oben S. 32 (A II 2 b, cc [1]).

[212] *Richter*, JZ 61, 687 (690, B II 3 a).

[213] *Richter*, JZ 61, 687 (691, b und c).

[214] Für den amtsgerichtlichen Bereich vgl. zu diesen Fragen OLG Bremen, NJW 65, 1447.

[215] Hierzu eingehend *Bettermann*, S. 551 (3).

[216] §§ 22 b, 22 c, 63, 64, 117, 131 GVG, 30, 39, 44 ArbGG, 7 II, 9 IV, 10 IV VwGO.

[217] Sonst authentische Interpretation ebenfalls durch das Präsidium erforderlich; vgl. *Schiedermair*, DÖV 60, 6 (14).

der Gerichte hierzu Anhaltspunkte.[218] Der Grundsatz des gesetzlichen Richters wird dadurch prinzipiell nicht berührt; ihm genügt eine Aufteilung nach Sachgebieten, örtlichen Bezirken, Aktenzeichen, Anfangsbuchstaben des Namens des Beklagten o. ä., Verfahrensart oder nach irgendeinem anderen Kriterium, das eine generell-abstrakte Aufgabenverteilung gewährleistet.

(4) Die Geschäftsverteilung innerhalb der Spruchkörper.

Die Verteilung der Geschäfte innerhalb eines nicht überbesetzten Spruchkörpers liegt grundsätzlich im freien pflichtmäßigen Ermessen des Vorsitzenden.[219] Der Grundsatz der Gesetzlichkeit des Richters kommt hier nur zur Geltung, soweit einem Mitglied die Befugnis zur Alleinentscheidung eingeräumt wird. Dies geschieht nicht durch Bestellung eines Mitglieds zum Berichterstatter, da er seine Spruchkompetenz bereits kraft seiner Zugehörigkeit zum Kollegium hat;[220] bei der Abstimmung übersteigt sein Einfluß nur in der Weise den der anderen Richter, daß er zuerst stimmt.[221] Dagegen kann der Einzelrichter im zivilprozessualen Erkenntnisverfahren nach § 349 ZPO in gewissem Umfange allein entscheiden. Vor allem aber hat der Vorsitzende selbst in den verschiedensten Belangen der Geschäftsverteilung und Prozeßleitung das Recht und die Pflicht zur Alleinentscheidung; daher wird die Bestimmung des Vorsitzenden und seiner Vertretung im Geschäftsplan des Gesamtgerichts vorgenommen.[222]

Im vollen Umfange am Grundsatz des gesetzlichen Richters zu messen ist die Geschäftsverteilung in überbesetzten Kollegien. Dies ist ebenso unbestritten wie jetzt auch die Annahme, daß jene Geschäftsverteilung praktischen Erfordernissen entsprechend allein dem Vorsitzenden anheimgestellt ist;[223] im Hinblick auf Art. 101 I 2 GG ist es

[218] *Schiedermair,* DÖV 60, 6 (14).

[219] Vgl. etwa §§ 69 I, 117, 131 GVG, 8 I, 9 IV, 10 IV VwGO. — Der Vorsitzende ist dabei entgegen dem Wortlaut der §§ 69 GVG, 8 VwGO, 8 FGO prinzipiell nicht an die Absätze 2 dieser Paragraphen gebunden; er braucht also im nicht überbesetzten Spruchkörper grundsätzlich keine derartige schriftliche Anordnung zu erlassen. Die §§ 69 II GVG, 8 II VwGO, 8 II FGO dienen nämlich ihrer Entstehungsgeschichte nach allein der Gesetzlichkeit des Richters in überbesetzten Spruchkörpern; vgl. dementsprechend zu § 8 II VwGO: *Koehler,* § 8 Anm. I zu (1) und (2) sowie II a. E., in diesem Sinne auch *Eyermann-Fröhler,* § 8 Anm. 2, *Schunck-de Clerck,* § 8 Erläut. 2, *Ule* in v. Brauchitsch, Komm. z. § 8, *Kern,* Gerichtsverfassungsrecht, S. 150 (§ 18 III 4 a. E.).

[220] *Bettermann,* S. 555 (9).

[221] Vgl. §§ 197 Satz 3 GVG, 55 VwGO.

[222] *Bettermann,* S. 555 (9); zu der Frage, unter welchen Voraussetzungen der Vorsitzende sich vertreten lassen kann, vgl. *Dinslage,* DRiZ 65, 333.

[223] Vgl. dagegen noch das grundsätzliche Bedenken *Bergers* in NJW 55,

gleichgültig, wer in gerichtlicher Unabhängigkeit die Geschäfte verteilt — ob Präsidium, Kollegium oder Vorsitzender —;[224] entscheidend ist nur, in welcher Form dies geschieht. Diese Satzungsgewalt kann also auch dem Vorsitzenden übertragen sein.[225]

Daher gehen die Meinungen erst auseinander über der Frage, ob der Vorsitzende eines überbesetzten Spruchkörpers gleich dem eines „normal"-besetzten die anstehenden Aufgaben von Fall zu Fall nach pflichtgemäßem Ermessen auf die Mitglieder verteilen kann und also in diesem Rahmen ausschließlich sachlich nicht gerechtfertigte Maßnahmen des Vorsitzenden als Verstoß gegen den Grundsatz des gesetzlichen Richters zu ahnden sind, oder ob der Vorsitzende eines überbesetzten Spruchkörpers die Grundsätze, nach denen er die Mitglieder zu den Verfahren heranziehen will, von vornherein niederlegen muß, so daß bei Fehlen einer solchen Regelung jedes vom Vorsitzenden zur Entscheidung hinzugezogene Mitglied ein gewillkürter und kein gesetzlicher Richter wäre.

Die Ansicht, auch im überbesetzten Kollegium stehe die Geschäftsverteilung im jeweiligen pflichtgemäßen Ermessen des Vorsitzenden, wird von Kern[226] vertreten; er hält es für nicht weiter bedenklich — „wenn auch dem Prinzip der Ständigkeit der Gerichte nicht restlos entsprechend" —, daß „dem Vorsitzenden die Auswahl der Beisitzer zu den einzelnen Sitzungen, ja zu den einzelnen Fällen, überlassen" bleibt. Das Reichsgericht[227] ließ — wenn es auch die Überbesetzung an sich als zulässig ansah — noch ausdrücklich dahingestellt, „ob von Rechts wegen die Verteilung vor Beginn des Geschäftsjahres für dieses erfolgen muß". Sehr entschieden bezeichnet aber nun der IV. Zivilsenat des Bundesgerichtshofs[228] die Ungewißheit über die Person des gesetzlichen Richters, die sich bei einer Zusammenstellung des erkennenden Gerichts nach dem Ermessen des Vorsitzenden ergibt, aus praktischen Gründen für unvermeidbar; er gewinnt aus einer historischen Interpretation die Überzeugung, daß Art. 101 I 2 GG nur und erst dann verletzt ist, „wenn der Vorsitzende bei der Auswahl der Beisitzer zu der einzelnen Sitzung willkürlich verfährt, um damit

---

1138, die dem Präsidium eingeräumte Befugnis zur Geschäftsverteilung könne nicht weiterübertragen werden, s. o. S. 39 f. (A II 2 b, cc [2]).

[224] *Bettermann,* S. 555 (9).

[225] *Arndt,* DRiZ 59, 171 (172).

[226] *Kern,* S. 178; trotz mancher Bedenken zum selben Ergebnis kommt *Kern* in DRiZ 59, 142; dagegen läßt seine Anm. zu den Beschlüssen des BVerfG v. 24. 3. 1964 und 2. 6. 1964 (JZ 65, 58) bereits eine Umorientierung zu der gegenteiligen Ansicht erkennen.

[227] RGZ 133, 29 (33).

[228] BGHZ 20, 355 (358 f.); vgl. aber BGHZ 15, 135 (139), III. ZS.

einen sachfremden Einfluß auf die Rechtsprechung des Senats zu nehmen".[229]

Mit historischen und praktischen Argumenten setzt sich Erdsiek[230] für eine Geschäftsverteilung nach dem Ermessen des Vorsitzenden ein, nachdem sich in dieser Richtung früher bereits Schräder[231] und v. Mallinckrodt[232] geäußert hatten.[233] Erdsiek[234] hält auf Grund des Vertrauens in die Rechtsstaatlichkeit der Rechtsprechung und in die Integrität der Vorsitzenden eine Wachsamkeit „am wenigsten ... wohl auf dem Gebiet der Geschäftsverteilung" für angebracht. Ein Manipulieren aus unsachlichen Beweggründen sei zumindest deshalb nicht zu erwarten, weil es an Rechtsbeugung grenze. Ein Vorsitzender aber, der ein eigenes Interesse am Ausgang des Rechtsstreits habe, könne auch die starrsten Bestimmungen dadurch umgehen, daß er den Termin auf einen Tag mit einer ihm genehmen Besetzung anberaume. Daher sieht Erdsiek jede im voraus getroffene Regelung, die dem Vorsitzenden die Hände bindet, als untunlich an, zumal den Rechtsuchenden ohnehin die Zusammensetzung des Kollegiums nicht interessiere und ihm das Bewußtsein genüge, vor unabhängige Richter zu kommen. Anderseits akzeptiert Erdsiek die für die Verwaltungsgerichtsbarkeit geschaffene neue Vorschrift des § 8 II VwGO, da dort die geforderte Vorabbestimmung durch Grundsätze mit einer vernünftigen Auflockerung für Ausnahmefälle verbunden sei; er führt dann sogar aus, daß es angesichts der Einheit der Rechtsprechung befremden müsse, wenn für die Gesetzlichkeit des Richters in der ordentlichen Gerichtsbarkeit andere und strengere (!) Grundsätze gelten sollten. Sieht man davon ab, daß § 8 II VwGO keine Ausnahmen zuläßt, sondern nur generelle Abänderungen unter bestimmten Umständen[235], so ist den Darlegungen Erdsieks doch zu entnehmen, daß er im Grunde zwar eine vorherige generell-abstrakte Geschäftsverteilung innerhalb des überbesetzten Spruchkörpers nicht für erforderlich hält, sie aber, solange sie in praktisch brauchbarer Form vorgenommen wird, zur Wahrung der Gesetzlichkeit des Richters begrüßt.

---

[229] BGHZ 20, 355 (358 f.); im Ergebnis ebenso noch BGH in NJW 65, 875 (876); zur Entwicklung der Rechtsprechung in Anbetracht der veränderten Gesetzeslage vgl. bereits BGH in DRiZ 63, 61 (62) zur Regelung der §§ 36 e V S. 2 PatG, 10 IV 4 GebrMG, die dem § 8 II VwGO (§ 69 II GVG) entspricht.

[230] *Erdsiek,* NJW 63, 240.

[231] *Schräder,* DRiZ 59, 321.

[232] *v. Mallinckrodt,* DRiZ 59, 322.

[233] Ähnlich auch — noch im Hinblick auf einen Entwurf der FGO — *Naumann,* NJW 63, 1701 (1703, II).

[234] *Erdsiek,* NJW 63, 240.

[235] *Arndt,* NJW 63, 432 (Anm. 2).

Wie Erdsiek geht auch Nipperdey[236] von einem unerschütterlichen Vertrauen in die Rechtsstaatlichkeit der Rechtsprechung aus — nicht zuletzt begründet und gefestigt durch sein eigenes Wirken an höchster Stelle in der deutschen Gerichtsbarkeit —; Nipperdey ist daher geneigt, jede Geschäftsverteilung innerhalb des Kollegiums dem Ermessen des Vorsitzenden zu überlassen und eine vorherige Regelung innerhalb des überbesetzten Spruchkörpers als bloßen Hemmschuh für eine sachliche Arbeit anzusehen. Nach seiner Auffassung folgt das Recht des Vorsitzenden, den Spruchkörper zur Entscheidung eines Falles zusammenzusetzen, aus dem Recht, für jede Sache einen Berichterstatter zu ernennen. Diese Befugnis sieht Nipperdey nur dann als sinnvoll an, wenn der Vorsitzende unter allen Senats-(Kammer-)mitgliedern nach sachlichen Gesichtspunkten frei wählen darf und also in der Auswahl nicht auf die bereits feststehenden Mitglieder des jeweils erkennenden Gerichts beschränkt ist. Durch die Ernennung des Berichterstatters habe der Vorsitzende für jede Sache schon einen Beisitzer auf legalem Wege bestimmt. Den zweiten Beisitzer suche der Vorsitzende nicht nach seinem Gutdünken aus; jener ermittle sich vielmehr dadurch, daß regelmäßig an einem Termin mehrere Sachen angesetzt und diese auf zwei Berichterstatter verteilt würden. Damit ergebe sich die Besetzung der Spruchеinheit für den ganzen Sitzungstag und für alle anstehenden Sachen ohne weiteres. Eine Liste gewährleiste, daß alle Richter gleichmäßig als Berichterstatter herangezogen würden.[237] Nipperdey hält also nicht schon das Fehlen eines Geschäftsverteilungsplanes innerhalb eines überbesetzten Spruchkörpers für einen Verstoß gegen den Grundsatz des gesetzlichen Richters; er räumt hier vielmehr dem Vorsitzenden Ermessen ein und ahndet nur unsachliche, willkürliche Akte des Vorsitzenden bei der Zusammenstellung des erkennenden Gerichts. Offen bleibt allerdings, ob Nipperdey — wie Erdsiek — lediglich einen Plan ablehnt, aus dem genau zu ersehen ist, welche Richter an einem bestimmten Tage sitzen,[238] eine weniger starre Regelung dagegen hinnehmen würde.

Eine derartige (schriftliche) Geschäftsverteilung innerhalb des Spruchkörpers vor Beginn des Geschäftsjahres für dessen Dauer hat der Gesetzgeber erstmalig in § 8 II VwGO für den Bereich der Verwaltungsgerichtsbarkeit dem Vorsitzenden zur Pflicht gemacht. § 8 II verlangt eine generelle, aber bestimmte Anordnung, die keine Ausnahmen zuläßt; erforderlich ist eine Verteilung nach objektiven Gesichtspunkten, wobei das Gesetz die Auswahl dieser Grundsätze dem Vorsitzenden überläßt. Nicht eine bestimmte Reihenfolge für die Mitwirkung der einzelnen Mitglieder an den Verfahren muß fest-

[236] *Nipperdey,* BAG-Haushalts-Beratung, S. 45 ff.
[237] *Nipperdey,* BAG-Haushalts-Beratung, S. 49 f., 52 f.
[238] *Nipperdey,* BAG-Haushalts-Beratung, S. 50.

gelegt werden, sondern ein irgendwie gearteter Verteilungsschlüssel, anhand dessen die „gesetzliche" Spruchkörperbesetzung ermittelt und jederzeit überprüft werden kann.[239] Der Gesetzgeber hat hier eine Vorschrift geschaffen, die dem Art. 101 I 2 GG genügt und eine sachgerechte Aufgabenverteilung innerhalb des Kollegiums nicht hemmt. Er ist bestrebt, ähnliche Regelungen auch für andere Gerichtszweige einzuführen[240] und hat dies sogar in der Patentgerichtsbarkeit für tunlich gehalten, obwohl dort wegen der Differenziertheit der verschiedenen technischen Sachgebiete die beiden Forderungen, es müßten im einzelnen Falle die jeweils dafür sachkundigsten Richter mitwirken und die zur Mitwirkung im einzelnen Falle berufenen Richter müßten von vornherein bestimmt sein, besonders schwer miteinander zu vereinbaren sind. So hat der Gesetzgeber in einer der Sache nach aus §§ 7 III, 18 der VO über das Deutsche Patentamt vom 6. 7. 1936/ 1. 8. 1953 entnommenen, der Form nach an § 8 II VwGO angelehnten Vorschrift, nämlich in § 36 e V 2 PatG n. F. für die Nichtigkeitssenate und durch Verweisung darauf in § 10 IV 4 GebrMG n. F. für den Gebrauchsmusterbeschwerdesenat vorgesehen, daß die Vorsitzenden dieser Senate vor Beginn des Geschäftsjahres für dessen Dauer bestimmen, nach welchen Grundsätzen die Mitglieder an den Verfahren mitwirken.[241]

Einen weiteren Schritt in dieser Richtung tat der Gesetzgeber, indem er durch Art. 11 Nr. 3 des Gesetzes zur Änderung der Strafprozeßordnung und des Gerichtsverfassungsgesetzes vom 19. 12. 1964 dem § 69 GVG einen Absatz 2 anfügte, dessen Wortlaut mit § 8 II VwGO übereinstimmt. Mit dieser Vorschrift über die Verfassung der ordentlichen Gerichtsbarkeit, des größten Gerichtszweiges, vollends aber seit Verabschiedung der Finanzgerichtsordnung und ihres § 8 II ist die Entwicklung praktisch bereits abgeschlossen; denn angesichts der Einheit der Rechtsprechung müßte es befremden, wenn in den Gerichtszweigen, deren Verfassung keine den §§ 8 II VwGO, 69 II GVG, 8 II FGO entsprechende Vorschrift enthält, nicht ebenfalls in diesem Sinne verfahren würde.[242]

Gleiches ergibt sich auch unmittelbar aus der Verfassung; denn es mehren sich die Stimmen, die — wie der Gesetzgeber bei der Schaffung der §§ 8 II VwGO, 69 II GVG, 8 II FGO — davon ausgehen,

---

239 Vgl. hierzu *Richter,* JZ 61, 687 (689, c, aa).

240 Die Kommission des Deutschen Richterbundes für die Große Justizreform hatte § 8 II VwGO als begrüßenswerte Vorschrift bezeichnet und die allgemeine Übernahme dieser Regelung in das Gerichtsverfassungsrecht empfohlen; vgl. die Notiz „Überbesetzung der Kollegialgerichte" in DRiZ 60, 165 (II.).

241 Zur Ausführung dieser Gesetzesbestimmungen vgl. BGH DRiZ 63, 61 f.

242 *Erdsiek,* NJW 63, 240.

daß eine Pflicht zur Erstellung eines Geschäftsverteilungsplans in überbesetzten Spruchkörpern aus dem in Art. 101 I 2 GG niedergelegten Grundsatz der Gesetzlichkeit des Richters herzuleiten ist.[243]

In diesem Sinne hat Bettermann[244] dargetan, daß es für Art. 101 I 2 GG nicht ausreicht, die Zuständigkeit bis hin zum gesetzlichen Gericht rechtsatzmäßig zu regeln, sondern daß weiter normativ festgelegt sein muß, in welcher Besetzung das Gericht entscheidet, daß also jeder einzelne Richter gesetzlich bestimmbar sein muß.

Ebenso geht das Bundesverfassungsgericht[245] von einer personalen Sicht des Richters aus, indem es erkennt, daß Art. 101 I 2 GG sich nicht nur auf das Gericht als organisatorische Einheit oder den Spruchkörper, sondern auch auf den erkennenden Richter als individuelle Person bezieht. Das Bundesverfassungsgericht erachtet damit in überbesetzten Kollegien einen Geschäftsverteilungsplan für erforderlich, durch den sich die im Einzelfall berufenen Richter ermitteln lassen.[246] Das Gericht stellt sogar hohe Anforderungen an diese „gesetzliche" Regelung; denn nach seinen Ausführungen müssen die Geschäftsverteilungspläne der Kollegialgerichte von vornherein „so eindeutig wie möglich"[247] festlegen, welche Spruchkörper und welche Richter jeweils berufen sind. Wird dieser Forderung nicht Rechnung getragen, so wird — wie das Bundesverfassungsgericht formuliert[248] — der vom Vorsitzenden zur Entscheidung herangezogene Richter auch nicht dadurch zum gesetzlichen Richter, daß er aus sachgerechten Gründen zur Mitwirkung im Einzelfall bestimmt worden ist.

Im Widerspruch[249] zu dieser Rechtsprechung steht der Beschluß des Bundesverfassungsgerichts vom 3. 2. 1965.[250] Das Gericht vertritt dar-

---

[243] Vgl. vor allem *Schneider*, ZZP 77, 409 (421).

[244] *Bettermann*, S. 555/6 (9), aber auch S. 552 (4).

[245] BVerfG in NJW 64, 1020 und 1667.

[246] In der lebhaften Diskussion, die die beiden zitierten Beschlüsse des BVerfG im Schrifttum ausgelöst haben, stimmten dem Gericht zu *Rinck* in NJW 64, 1649 (1651, II 3), *Arndt* in NJW 64, 1667, *Koebel* in NJW 64, 1771 (1772), *Kern* in JZ 65, 58, *Westphal* und *Ule* in DVBl 64, 979 und — mit allerdings erheblichen Abstrichen — auch *Schultz* in MDR 64, 819, während sich insoweit gegen die Beschlüsse d. BVerfG ausgesprochen haben *Bruns* in NJW 64, 1884, *Schilgen* in NJW 64, 2290, *Dinslage* in DRiZ 65, 12, *Bohlmann* in DRiZ 65, 149.

[247] BVerfG in NJW 64, 1020, DRiZ 65, 375 (C II 1).

[248] BVerfG in NJW 64, 1667.

[249] So wird das BVerfG auch verstanden von *Arndt* (NJW 65, 1219) und sogar von *Dinslage* (NJW 65, 1221), der eingangs die Hoffnung ausspricht, daß sich mit diesem Beschluß des BVerfG dessen Rechtsprechung zur Überbesetzung von Spruchkörpern und zum gesetzlichen Richter „eingependelt" hat.

[250] BVerfG in NJW 65, 1219 (B II).

in die Auffassung, aus Art. 101 I 2 GG ergebe sich nicht, daß der Vorsitzende eines Spruchkörpers vor Beginn des Geschäftsjahres zu bestimmen habe, nach welchen Grundsätzen die Mitglieder der Kammer oder des Senats an den Verfahren mitwirken. Begründet wird diese Ansicht damit, daß das Grundgesetz mit Art. 101 an die Rechtstradition vergangener Jahrzehnte anknüpfe; die Rechtsordnung und somit auch Art. 101 I 2 GG gingen davon aus, daß auch bei einem überbesetzten Spruchkörper der Vorsitzende befugt sei, die Rechtsprechungsaufgaben — in richterlicher Unabhängigkeit — nach seinem Ermessen unter die einzelnen Mitglieder seines Kollegiums zu verteilen.

Die Argumentation des Bundesverfassungsgerichts ist angreifbar.

Der Hinweis auf die Verbindung des Art. 101 GG zur Rechtstradition kann die Entscheidung nicht stützen; diesen tragenden Grund seiner Entscheidung hat das Gericht nicht hinreichend untermauert,[251] und er wird sogar sehr in Zweifel gezogen durch die gesamte Rechtsprechung des Bundesverfassungsgerichts, die nachhaltig vor Augen führt, daß das Gericht sich vor allem auf dem Wege zur Vervollkommnung des Rechtsstaates neuen Rechtserkenntnissen gegenüber sonst nie verschlossen hat.[252]

Ferner sind jedoch die Gründe der Entscheidung in sich widersprüchlich. Der Widerspruch ergibt sich bereits aus folgendem: Das Bundesverfassungsgericht hat die in seiner Rechtsprechung mehrfach wiederholten Grundsätze, daß Art. 101 I 2 GG sich auch auf die im Einzelfall zur Entscheidung berufenen Richterpersonen bezieht und daß die Normen von vornherein so eindeutig wie möglich bestimmen müssen, welche Richter zur Entscheidung des Einzelfalles berufen sind, auch in diesen Beschluß übernommen;[253] trotzdem räumt es darin dem Vorsitzenden die Befugnis ein, auch bei einem überbesetzten Spruchkörper die Geschäfte nach seinem Ermessen auf die Mitglieder des Kollegiums zu verteilen.[254]

Aber selbst wenn man mit dem Bundesverfassungsgericht der Auffassung ist, daß Art. 101 I 2 GG wegen seiner Verknüpfung mit der Rechtstradition diese Ausnahme vom Grundsatz des gesetzlichen,

[251] Gegen ihn spricht etwa der auf Anregung des RFH geschaffene § 52 III AO, der vom 1. 12. 1930 (Neufassung vom 22. 5. 1931) bis zum Inkrafttreten der FGO am 1. 1. 1966 gegolten hat; zu dessen Sinn und Zweck vgl. die vom BVerfG in DRiZ 65, 375 (C I 1) zitierte Amtliche Begründung zu dem Entwurf eines Gesetzes über die Vereinheitlichung des Verfahrens in Steuersachen und über die Anpassung der Reichssteuergesetze (Steueranpassungsgesetz) v. 28. 11. 1928 — RT-Drucksache 1928 Nr. 568 S. 189 (210) —. Vgl. ferner die Ausführungen von *Schneider* in ZZP 77, 409 (423 f., 5.).

[252] Vgl. z. B. BVerfG in NJW 56, 545 (I 1); das Gericht hat also bisher der Tatsache Rechnung getragen, daß die Weimarer Verfassung das Rechts-

durch reine Rechtsanwendung erkennbaren zuständigen Richters zuläßt, wird ein unerklärlicher Widerspruch sichtbar; das Bundesverfassungsgericht führt u. a. wörtlich aus:[255]

„Dem Sinn und Zweck des Art. 101 Abs. 1 Satz 2 GG ist somit genügt, wenn im Einzelfall der gesetzliche Richter sich so eindeutig wie möglich aus einer allgemeinen Regelung ergibt und er unter Ausschluß von sachfremden Einflüssen bestimmt wird. Der Tendenz der Vorschrift entspricht es aber durchaus, wenn der Gesetzgeber über das verfassungsrechtlich Gebotene hinausgeht. Das ist mit der Einführung des §69 Abs. 2 GVG in der Fassung des Gesetzes zur Änderung der StPO und des GVG vom 19. 12. 1964 (BGBl. I 1067) geschehen."

§ 69 II GVG wird also vom Bundesverfassungsgericht durchaus gutgeheißen; das Gericht kann damit auch nicht der Ansicht sein, daß diese Vorschrift etwas Unmögliches verlangt. Wenn es aber möglich ist, daß der Vorsitzende entsprechend diesem Gesetzesauftrag vor Beginn des Geschäftsjahres für dessen Dauer bestimmt, nach welchen Grundsätzen die Mitglieder des überbesetzten Spruchkörpers an den Verfahren mitwirken, dann ergeben sich erst durch diesen Plan die jeweils zur Entscheidung berufenen Richterpersonen „von vornherein so eindeutig wie möglich" aus einer allgemeinen Regelung. Da nun gerade das nach der zutreffenden Ansicht des Bundesverfassungsgerichts der Sinn und Zweck des Art. 101 I 2 GG ist, geht also — insoweit entgegen der Auffassung des Gerichts — § 69 II GVG (ebenso wie die §§ 8 II VwGO und FGO) nicht über das verfassungsrechtlich Gebotene hinaus, sondern entspricht genau dem, was Art. 101 I 2 GG zur Gesetzlichkeit des Richters verlangt. Dem Beschluß des Bundesverfassungsgerichts vom 3. 2. 1965 kann daher in Begründung und Ergebnis nicht gefolgt werden; es ist vielmehr zu hoffen, daß das Gericht zu seiner bisherigen Rechtsprechung zurückfindet.[256]

Ausführlich hat Arndt[257] zur Streitfrage der Geschäftsverteilung innerhalb des überbesetzten Spruchkörpers und insbesondere zur Rechtsprechung des Bundesverfassungsgerichts Stellung genommen. Er bezeichnet es als einen nicht begreiflichen Widerspruch, wenn zwar die Gerichtspräsidien um der Gesetzlichkeit der Richter willen den Geschäftsplan nur normativ, also allgemein und im voraus, aufstellen

---

staatsprinzip nicht in gleichem Maße zum verbindlichen Grundsatz erhoben hatte wie heute das Grundgesetz und daß daher jetzt das Gebot der Gesetzlichkeit des Richters in allen seinen Bezügen neu und erstmalig aus dem Gefüge der Verfassung heraus zu bestimmen ist.

[253] BVerfG in NJW 65, 1219 (B I 1).

[254] BVerfG in NJW 65, 1219 (B II).

[255] BVerfG in NJW 65, 1219 (B II 2 a. E.).

[256] Vgl. dagegen die zustimmende Anm. von *Dinslage* in NJW 65, 1221; im Ergebnis wie hier jedoch die Anm. von *Arndt* in NJW 65, 1219.

[257] *Arndt* in DRiZ 59, 171, NJW 64, 1667, und NJW 65, 1219.

dürften, mangels einer hinreichenden Zuständigkeitsverteilung infolge Überbesetzung dann aber der Vorsitzende jeweils exekutiv und ad hoc den erkennenden Richter bestimmen könne.[258] Arndt[259] weist darauf hin, daß insbesondere das Reichsgericht und der Bundesgerichtshof, die die Überbesetzung an sich grundsätzlich für zulässig erachten, stets betont haben, das Präsidium könne den Vorsitzenden nicht ermächtigen, „nach seinem diskretionären Ermessen Anordnungen zu treffen, welche es selbst nur in einem festen Regeln unterworfenen Verfahren zu beschließen befugt ist"[260]. Ein Recht des Vorsitzenden zur exekutiven Zusammenstellung des erkennenden Gerichts folgt auch nicht bereits unmittelbar aus der ihm zugewiesenen Aufgabe, einen richtungweisenden Einfluß auf die Rechtsprechung zu nehmen; „denn dieses Einflußrecht soll ein richterliches, d. h. rechtsprechendes, sein und auf der Übersicht über ein Rechtsgebiet durch Rechtskenntnis beruhen, nicht dagegen darf diese Pflicht in eine personalpolitische Einflußmacht verkehrt werden, um auf exekutive Art durch eine Richterauswahl nach Ermessen auf den Ausgang des Rechtsstreits einzuwirken"[261]. Es kann hier nicht entscheidend sein, ob der Vorsitzende im Einzelfall sein Ermessen bei der Richterauswahl mißbraucht oder sachgerecht gehandhabt hat. Denn Art. 101 GG verbietet eine Gerichtsbestimmung nach Willkür[262] und ist damit ein Anwendungsfall des Gleichheitsgrundsatzes, da Art. 3 I GG nach heute überwiegender Ansicht ein oder das Willkürverbot enthält.[263] Wie bei Art. 3 I GG ist daher auch bei Art. 101 I 2 GG der Begriff der Willkür objektiv zu verstehen. Er bedeutet, daß nicht nach Opportunität verfahren werden darf, sondern allein nach dem Prinzip der Legalität.[264]

Für eine konsequente Durchführung des Verfassungsgrundsatzes der Gesetzlichkeit des Richters ist demnach im überbesetzten Spruchkörper eine an objektiven Gesichtspunkten ausgerichtete, allgemeine und vorherige schriftliche Geschäftsverteilung erforderlich.[265] Jede — auch eine sachgerechte — Zusammenstellung des erkennenden Gerichts ad hoc nach dem Ermessen des Vorsitzenden ist objektiv ein Willküren des „zuständigen" Gerichts und verstößt als Exekutivakt gegen Art. 101 I 2 GG. Daher läßt die Gesetzlichkeit des Richters

---

[258] *Arndt,* DRiZ 59, 171.
[259] *Arndt,* DRiZ 59, 171 (172).
[260] RGSt 23, 166 (169); BGH NJW 53, 353.
[261] *Arndt,* DRiZ 59, 171, NJW 64, 1667 (1668, 3.), NJW 65, 1219.
[262] *Dohna,* S. 111 (3.); BVerfGE 3, 359 (364).
[263] *Bettermann,* S. 556 (1 a); *Rinck,* NJW 64, 1649, mit weiteren Nachw., insbes. aus der Rspr. d. BVerfG; s. ferner hier B II 3 c (S. 68).
[264] *Arndt,* DRiZ 59, 171, NJW 65, 1219 (1220).
[265] So auch *Schiedermair,* DÖV 60, 6 (14), und *Schneider,* ZZP 77, 409.

dem Vorsitzenden keine Möglichkeit, im Einzelfall zu bestimmen, welcher Richter der zur Mitwirkung geeignete sei; diese Überlegungen können vielmehr im Geschäftsverteilungsplan des Spruchkörpers allgemein berücksichtigt werden, weil der Vorsitzende darin keine konkrete, namentliche Reihenfolge, sondern entsprechend den dem Art. 101 I 2 GG genügenden Vorschriften der §§ 8 II VwGO, 69 II GVG, 8 II FGO lediglich die Grundsätze für die Mitwirkung der Richter an den Verfahren niederzulegen braucht.[266] Art. 101 I 2 GG gestattet weder eine großzügigere Auslegung, noch verlangt er eine engherzigere Interpretation. Der Vorsitzende ist als Richter unabhängig und hat in dieser Unabhängigkeit das jeweils erkennende Gericht zusammenzustellen; die Verfassung erleichtert es ihm, seine Lauterkeit bei der Besetzung des Gerichts offenkundig zu machen,[267] indem sie ihn verpflichtet, die zur Entscheidung eines Falles zuständigen Richter nur anhand von Normen durch reine Rechtsanwendung zu ermitteln, so daß die Gesetzlichkeit der Spruchеinheit jederzeit objektiv nachprüfbar ist. Andererseits kann (und darf) dem Richter regelmäßig die Verantwortung bei der Ermittlung des erkennenden Gerichts nicht durch eine kleinliche Regelung abgenommen werden, die schließlich doch zu Durchbrechungen zwingt. Denn zu einer sachlichen Arbeit braucht der Vorsitzende die ihm durch seine Unabhängigkeit gewährte (Rechtsanwendungs-)Freiheit; das Vertrauen in den Richter und Vorsitzenden kann nicht durch Schemata ersetzt werden. Trotz aller ausgeklügelten Vorschriften könnte der Vorsitzende bei der Geschäftsverteilung eine böse Absicht durchsetzen.

Auch der einzelne zuständige Richter innerhalb eines zur Entscheidung berufenen — überbesetzten — Spruchkörpers muß und kann also zwar nicht unmittelbar gesetzlich bestimmt, wohl aber auf Grund von Normen eindeutig bestimmbar sein.

(5) Die Veröffentlichung des Geschäftsplanes.

Durch den Geschäftsplan wird festgestellt, wer innerhalb des zuständigen Gerichts der gesetzliche Richter eines Falles ist. Er hat Rechtssatzcharakter in seinem sachlichen Teil, der die während des Geschäftsjahres bei dem Gericht eingehenden Sachen generell und abstrakt auf die Spruchkörper verteilt, da die innergerichtliche Kompetenzverteilung durch die gerichtlichen Selbstverwaltungorgane nicht

---

[266] In diesem Sinne auch *Schneider*, ZZP 77, 409 (437), sowie *Schäfer* in Löwe-Rosenberg II, § 69 GVG Anm. 3, der jedoch in der Auslegung des § 69 II GVG zu weit geht.

[267] Dieser Zweck des Art. 101 I 2 GG wird von *Bruns* (NJW 64, 1884) unterbewertet.

weniger ein Rechtsetzungsakt ist als die Bestimmung der Zuständigkeit zwischen den Gerichten durch die Exekutive im Wege der Verordnung.[268] Der Geschäftsverteilungsplan ist nicht ausschließlich an die einzelnen Spruchkörper gerichtet, sondern hat als Rechtsnorm mit unmittelbarer Auswirkung auf die Gesetzlichkeit des Richters Bedeutung für jeden Rechtsuchenden und ist deshalb zu veröffentlichen. Denn nur wenn die Rechtssätze, aus denen sich der jeweilige gesetzliche Richter ergibt, offenliegen, kann jedermann nachprüfen, ob ihm sein gesetzlicher Richter gewährt wird. Deshalb darf auch der personelle Teil des Geschäftsplanes, der keine Normqualität hat, kein gerichtliches Internum bleiben; denn der Geschäftsverteilungsplan kann erst in Verbindung mit dem Besetzungsplan kundtun, welche Richter einen Fall zu entscheiden haben.[269]

Die Pläne der Bundesgerichte sollten in der durch das Gesetz über die Verkündung von Rechtsverordnungen vom 30. 1. 1950 vorgeschriebenen Form veröffentlicht werden, erscheinen jedoch zur Zeit im Bundesanzeiger.[270] Die Pläne der Ländergerichte sind in der Form zu veröffentlichen, die für Rechtsverordnungen von Landesbehörden mit oder ohne räumlich beschränkten Geltungsbereich landesverfassungs- oder landesgesetzlich normiert ist.[271] Darüber hinaus ist der Anschlag an der Gerichtstafel empfehlenswert.[272]

Nicht nur der Geschäftsplan des Gesamtgerichts muß offenkundig gemacht werden, sondern aus denselben Gründen auch derjenige der einzelnen überbesetzten Spruchkörper.

c) Ergebnis

Der Grundsatz des gesetzlichen Richters im Sinne von Art. 101 I 2 GG fordert also, daß jeder einzelne in einer Rechtssache zuständige Richter anhand von generellen und abstrakten Normen ohne Zwischenschaltung eines Willensaktes irgendeiner Person durch reine Rechtsanwendung ermittelt werden kann.

Damit ist der Begriff des gesetzlichen Richters im Sinne von Art. 101 I 2 GG und seine Bedeutung für die rechtsstaatliche Gerichtsverfassung umrissen.

---

[268] *Bettermann*, S. 551 (3); *Arndt*, DRiZ 59, 171; *Schiedermair*, DÖV 60, 6 (15).

[269] *Bettermann*, S. 552 (4); *Schiedermair*, DÖV 60, 6 (15).

[270] Vgl. aber § 14 IV 2 BVerfGG.

[271] *Bettermann*, S. 552 (4).

[272] *Schiedermair*, DÖV 60, 6 (15).

B. Der Grundsatz des gesetzlichen Richters gemäß Art. 101 I 2 GG in der verfassungs- und prozeßrechtlichen Gesamtordnung

I. Das Wesen der Verfassungsgarantie des gesetzlichen Richters

1. Die Gesetzlichkeit des Richters als institutionelle Garantie und Gerichtsverfassungsprinzip

Nach dem Grundsatz des gesetzlichen Richters ist die Zuständigkeit der Gerichte bis hin zur Zuständigkeit des einzelnen Richters rechtsatzmäßig festzulegen; es genügt also nicht, daß eine gerichtliche Zuständigkeit nie contra legem bestimmt wird, sondern sie kann auch nie sine lege ermittelt werden — im Gegensatz zum Bereich der Verwaltung, wo es zur Ordnung gesetzlich ungeregelter Zuständigkeiten keines ermächtigenden Gesetzes und nicht der Rechtsatzform bedarf.[273] Diese normative Zuständigkeit des Richters kann Art. 101 I 2 GG nur verwirklichen und sichern, indem er sich zugleich auch auf reine Gerichtsorganisationsakte auswirkt. Die Gesetzlichkeit des Richters ist damit einer der tragenden Grundsätze der Gerichtsverfassung. Der Charakter dieses Grundsatzes gerade als Strukturprinzip der rechtsprechenden Gewalt wird besonders hervorgehoben durch seine Stellung im Grundgesetz im Abschnitt über die Rechtsprechung und durch die (seit jeher gebräuchliche, auch in Art. 101 I 2 GG gewählte passivische) Formulierung, deren Wortlaut dem Grundsatz des gesetzlichen Richters nur objektivrechtliche Wirkung zu verleihen scheint, so daß zwar jegliche Staatsgewalt zur Beachtung dieses Prinzips verpflichtet ist, auf seine Durchführung aber anscheinend niemand einen Anspruch (ein subjektiv-öffentliches Recht) hat. In diesem Sinne zunächst ist jener Grundsatz, da Art. 101 I 2 GG keine bestimmten Adressaten nennt, von allen Trägern staatlicher Gewalt dadurch zu wahren, daß sie jeden einzelnen Fall seinem gesetzlichen Richter zuführen[274] und keinen Richter anders als durch generell-abstrakte Regelung oder reine Gesetzesauslegung für zuständig erklären.

Art. 101 I 2 GG verbietet, daß jemand „seinem gesetzlichen Richter entzogen" wird, und gewährt damit weiterhin diesem Richter besonderen Verfassungsschutz; die gesetzliche Zuständigkeitsordnung wird ihm garantiert, so daß er einen Anspruch auf seinen ihm danach zustehenden Fall und dessen Parteien hat. Allerdings hat dieser An-

---

[273] *Bettermann*, S. 558 (1); *Schiedermair*, DÖV 60, 6: „Die Gesetzlichkeit des Richters bedeutet somit, daß die richterliche Funktion als Äußerung der Staatsgewalt ihre Legitimität erst durch die im konkreten Fall gegebene Legalität d. Gerichts erhält."

[274] Vgl. BVerfG DÖV 63, 342 (343, 1.).

spruch für den Richter nicht die Kraft eines Grundrechts im Sinne eines subjektiv-öffentlichen Rechtes, das im Wege der Verfassungsbeschwerde gemäß § 90 I BVerfGG geltend gemacht werden könnte;[275] für den Richter beinhaltet Art. 101 I 2 GG vielmehr nur eine institutionelle Garantie; [276] denn nicht der einzelne Richter als solcher — in seiner persönlichen Rechtsstellung gegenüber dem Staat[277] —, sondern der Richter als Organ der durch den Grundsatz des gesetzlichen Richters in ihrer rechtssaatlichen Struktur geschützten Rechtspflege genießt die Garantien des Art. 101 I 2 GG.

2. Der grundrechtliche Anspruch eines jeden auf seinen gesetzlichen Richter

Hebt die in Art. 101 I 2 GG aufgenommene Formulierung des Grundsatzes des gesetzlichen Richters dessen Charakter als institutionelle Garantie besonders hervor, so ist anderseits der Wortlaut „Niemand darf ... entzogen werden." so zwingend, daß es nach der heutigen Auffassung von den Grundrechten und subjektiv-öffentlichen Rechten, vor allem aber nach dem Ursprung des Grundsatzes des gesetzlichen Richters und den Überlegungen bei seiner Aufnahme in das Grundgesetz gar nicht angängig wäre, ihn anders zu verstehen als: „Jedermann hat Anspruch auf seinen gesetzlichen Richter."[278] Diese Satzgestaltung, die der Verfassungsgeber nicht zu wählen brauchte, weil ihre Aussage sprachlich bereits in der traditionellen passivischen Fassung des Grundsatzes enthalten ist, unterstreicht den grundrechtlichen Gehalt dieser Verfassungsnorm. Der Schutz des Prozeßbeteiligten durch Art. 101 I 2 GG ist nicht bloßer Ausfluß des in diesem Artikel enthaltenen Gerichtsverfassungsprinzips; das Recht eines jeden auf seinen willkürfrei und normativ ermittelten Richter ist vielmehr primäres Ziel des Art. 101 I 2 GG und hat lediglich seine feste Grundlage in einer nach dem Grundsatz der Gesetzlichkeit des Richters geordneten Gerichtsbarkeit.[279] Wegen der unmittelbaren und grundlegenden Auswirkung des Gerichtsverfassungsprinzips der Gesetzlichkeit des Richters auf die Stellung jedes einzelnen im Prozeß

[275] *Bettermann,* S. 557 (c), 558 (Anm. 132 a); BVerfG DÖV 63, 342; *Ule,* DVBl 63, 75 f. (4.).

[276] *Bettermann,* S. 557 (c); *Dohna,* S. 111.

[277] Vgl. BVerfG DÖV 63, 342.

[278] *Bettermann,* S. 556 (IV, 1 a).

[279] Vgl. dagegen die Ausführungen von *Oehler* in ZStrW 64, 292 (296 f.), wonach Art. 101 I 2 GG lediglich eine institutionelle Garantie enthält, nicht aber ein Grundrecht im Sinne eines grundsätzlich absoluten Rechts, von dem das Gesetz Ausnahmen bestimmen kann.

und in sonstigen Angelegenheiten der Gerichtsbarkeit hat der Verfassungsgeber diesen Satz mit der Kraft eines Grundrechts in die Verfassung aufgenommen; der Rechtsuchende hat einen Rechtsanspruch — im Sinne eines subjektiv-öffentlichen Rechts — auf seinen gesetzlichen Richter.[280, 281] Daher ist es folgerichtig, daß der Gesetzgeber die Rechte aus den Art. 101 bis 104 GG, also auch das Recht auf den gesetzlichen Richter, das zum traditionellen Bestand der Grundrechte gehört,[282] den Grundrechten des I. Abschnittes des Grundgesetzes in § 90 I BVerfGG gleichgestellt hat. Demgemäß kann der Anspruch auf den gesetzlichen Richter im Wege der Verfassungsbeschwerde verfolgt werden, so daß jedermann eine Strukturkontrolle des Gerichtswesens unter diesem Gesichtspunkt veranlassen und seinen Anspruch durch verfassungsgerichtliche Entscheidung zur Geltung bringen kann. Daraus ergibt sich für die Verfassungsnorm des Art. 101 I 2 GG sowohl ein positiver wie auch ein negativer Gehalt: Positiv gewährt sie einen Anspruch auf die Gesetzlichkeit des Richters, negativ eine Abwehrberechtigung gegen die Entziehung des gesetzlichen Richters.[283]

Wenn trotzdem das Recht aus Art. 101 I 2 GG nicht als Grundrecht, sondern als grundrechtsgleiches Recht o. ä. bezeichnet wird,[284] liegt die Ursache hierfür weder darin, daß etwa Art. 101 seines Standorts außerhalb des Grundrechtsabschnitts des Grundgesetzes[285] wegen rein formalistisch nicht den Grundrechten der Art. 1—19 zugerechnet würde,[286] noch darin, daß Art. 101 I 2 GG nicht die volle Kraft eines Grundrechts beigemessen werden sollte.[287] Diese Tatsache erklärt sich vielmehr aus dem Wesen des Art. 101 I 2 GG als Verfahrensgrundrecht, das den Prozeßbeteiligten oder sonstigen der staatlichen Gerichtsbarkeit Unterstellten zusteht. Damit wäre es nicht vereinbar, wenn der Anspruch aus Art. 101 I 2 GG auch im Hinblick auf den Kreis der Anspruchsberechtigten als echtes Grundrecht angesehen würde; er könnte nämlich dann nicht gleichmäßig jedem mit

[280] *Dohna*, S. 111 („ein echtes Grundrecht"); vgl. auch BVerfGE 9, 89 (95, C I 1): „der in Art. 103 I GG zum Grundrecht erhobene Grundsatz des rechtlichen Gehörs".

[281] Und zwar auf einen bestimmten Richter nur dann, wenn das Gesetz diesen unmittelbar bestimmt, andernfalls auf den normativ bestimmbaren bzw. bereits *verfassungsrechtlich* einwandfrei normativ ermittelten Richter.

[282] Vgl. *Bettermann*, S. 556 (IV, 1 a); *Kern*, §§ 1—17.

[283] *Arndt*, DRiZ 59, 171.

[284] Vgl. etwa BAG in NJW 62, 318 („diese Vorschrift hat immerhin den Charakter eines Grundrechts") unter Berufung auf *Bettermann*, a. a. O.

[285] Aber in engstem Zusammenhang mit den Art. 103 und 104 GG!

[286] Vgl. *v. Mangoldt*, Vorbemerkungen zum I. Abschn. d. GG, Nr. 11.

[287] Vgl. *Arndt*, NJW 59, 1297 (1301, Anm. 23) und JZ 62, 545; *Hamann*, Vorbem. 5 vor Art. 1.

eigenen Rechten ausgestatteten Prozeßsubjekt zukommen, da häufig der Staat „in hoheitlicher Funktion" (als Partei im verwaltungs- oder finanzgerichtlichen Verfahren, in sonstiger Weise etwa die mit eigenen Befugnissen im Strafverfahren mitwirkende Staatsanwaltschaft) an Gerichtsverfahren beteiligt ist und dann keine Grundrechte gegen sich selbst haben könnte. Die Ansprüche aus den Art. 101—104 GG, die als verfahrensgestaltende Rechte[288] jedem mit eigenen Rechten ausgestatteten Prozeßsubjekt (nicht nur Prozeßparteien) zustehen müssen,[289] sind also grundrechtskräftige grundrechtsähnliche Rechte.[290]

3. Ergebnis

Der Verfassungsgrundsatz der Gesetzlichkeit des Richters (Art. 101 I 2 GG) beinhaltet also einerseits eine institutionelle Garantie und ein Gerichtsverfassungsprinzip, andererseits einen grundrechtskräftigen Anspruch.[291]

Die Doppelnatur dieses Prinzips wurde unter der Geltung des Art. 105 WV bereits von Kern[292] und Graf zu Dohna[293] erkannt.

II. Das Verhältnis des Art. 101 I 2 GG zu einzelnen Grundsätzen des Verfassungs-, Gerichtsverfassungs- und Prozeßrechts

1. Das Verhältnis des Art. 101 I 2 GG zu den übrigen Teilen des Art. 101 GG

a) Die Beziehung zwischen Art. 101 I 2 und Art. 101 I 1 GG

Die Art der Beziehung zwischen Art. 101 I 2 und Art. 101 I 1 GG, der Ausnahmegerichte für unzulässig erklärt, ist zweifelhaft; es sind hierzu alle möglichen Meinungen vertreten worden, nämlich: beide Sätze deckten sich völlig, sie überschnitten sich, einer von beiden

---

[288] Vgl. hierzu jedoch im einzelnen D II 2 a (S. 123).

[289] *Arndt*, NJW 59, 1297 (1301, Anm. 23); vgl. ferner hier C II 2, insbesondere c und d (S. 107 ff.).

[290] Auch *Dürig* (in Maunz-Dürig, Art. 103 Rdn. 3) will den Art. 101—104 GG nichts von ihrer Grundrechtsqualität nehmen, indem er sie als (prozessuale) „Hilfsgrundrechte" bezeichnet und darunter Grundrechte formeller Art versteht, die der Sicherung und Durchsetzung der materialen Grundrechte dienen.

[291] *Bettermann*, S. 556 f.

[292] *Kern*, S. 158, B.

[293] *Dohna*, S. 111, 2.

schließe den anderen ein, beide ständen selbständig nebeneinander.[294] Die verschiedenen Ansichten zum Verhältnis der beiden Sätze zueinander beruhen auf einer unterschiedlichen Auslegung der Begriffe „gesetzlicher Richter" und „Ausnahmegericht". Ausnahmegerichte sind Gerichte, deren Einrichtung und Zuständigkeitsbestimmung ad hoc oder ad personam geschieht.[295] Es kann demnach niemand vor ein Ausnahmegericht gestellt werden, ohne daß er auch seinem gesetzlichen Richter im oben dargelegten Sinne entzogen wird; andererseits kann jemandem sein gesetzlicher Richter nicht lediglich dadurch vorenthalten werden, daß er vor einem Ausnahmegericht sein Recht zu suchen hat. Art. 101 I Satz 2 ist also gegenüber Satz 1 der allgemeinere; Satz 2 ist der Obersatz, der das Verbot der Ausnahmegerichte vollständig einschließt, Satz 1 nur ein Anwendungsfall und eine Folgerung aus Satz 2, obgleich ihre Reihenfolge im Text des Grundgesetzes umgekehrt ist.[296]

b) Die Beziehung zwischen Art. 101 I 2 und Art. 101 II GG

Die Beziehung zwischen Art. 101 I 2 und Art. 101 II GG könnte die gleiche sein wie die zwischen den beiden Sätzen des 1. Absatzes des Art. 101, daß nämlich Art. 101 I 2 als allgemeinerer Satz den Art. 101 II einschlösse; denn ebenso wie anscheinend noch ausdrücklich gemäß Abs. 2 die Sondergerichte dürfen schon nach Abs. 1 Satz 2 jegliche Gerichte nur durch förmliches Gesetz eingerichtet und errichtet werden.[297] „Gesetz" im Sinne des Art. 101 II kann also jedenfalls in dieser Hinsicht ausschließlich ein förmliches Gesetz sein, wie sich bereits aus Art. 101 I 2 ergibt, der den Art. 101 II insoweit umfaßt.

Art. 101 II geht indessen über Art. 101 I 2 hinaus, wenn er auch die Zuständigkeitsregelung der Sondergerichte unter den Vorbehalt des förmlichen Gesetzes stellt. Der Begriff des Gesetzes ist im Grund-

---

[294] Zu den verschiedenen Meinungen ausführlich *Kern*, S. 156 f.

[295] Vgl. BVerfGE 3, 213 (223, B II 3 b), 10, 200 (212, C I); insoweit übereinstimmend *Bettermann*, der allerdings den Begriff des Ausnahmegerichts weiter faßt im Hinblick sowohl auf die Einrichtung wie auch auf die Zuständigkeitsbestimmung (S. 572/3); weitgehend wie Bettermann bereits *Graf zu Dohna*, S. 114 ff. (6., 7.); jedoch ist zu berücksichtigen, daß die vom BVerfG gewählte Formulierung eine Auslegung zuläßt, die der Begriffsbestimmung durch Bettermann und Dohna nahekommt, vgl. insbesondere BVerfGE 14, 56 (72, C IV 1).

[296] Vgl. *Kern*, S. 157 f.; *Bettermann*, S. 572 f.; *v. Mangoldt*, Art. 101 Anm. 3; *Rinck*, NJW 64, 1649 (IV); a. A. etwa *Dohna*, S. 111 (2.) und S. 121 (10.).

[297] Vgl. oben S. 7 ff. (A II 1 a); gegen *Bettermann*, S. 545 ff. und S. 574 (4 b).

gesetz regelmäßig im strengen Wortsinne verwendet. Die Vermutung spricht dafür, daß das Gesetz im Sinne des Art. 101 II ein förmliches sein muß.[298] Da es gerade bei Sondergerichten, die nicht selten nur für eine gewisse Zeit bestehen sollen, naheliegt, die Zuständigkeit durch die Exekutive regeln zu lassen, hat der Verfassungsgeber durch Art. 101 II nachdrücklich bestimmt, daß allein das Parlament, nicht auch die Exekutive, festlegen kann, welche Sachen aus dem Zuständigkeitsbereich der allgemeinen Gerichte herausgenommen werden und auf die neu geschaffenen Sondergerichte übergehen.[299] Das Merkmal „errichten" in Art. 101 II schließt demnach die Festlegung der Zuständigkeit ein; denn zur Schaffung eines Sondergerichts gehört auch die Abgrenzung seines Jurisdiktionsbereichs.

Soweit Art. 101 II GG den ordentlichen Gesetzgeber, das Parlament, anspricht, ist er reine Formvorschrift; er erweitert den in Art. 101 I 2 GG niedergelegten Grundsatz, er verändert ihn nicht: Art. 101 II enthält keine Erweiterung der Bundeskompetenzen;[300] zwar kann „Gesetz" im Sinne des Art. 101 II ein Bundes- oder Landesgesetz sein, doch kann auch der Bundesgesetzgeber — weitere[301] — Sondergerichte nur als Landesgerichte schaffen.[302]

Aber Art. 101 II geht nicht nur als Formvorschrift über Art. 101 I 2 hinaus; das „Gesetz" im Sinne des Art. 101 II muß auch besonderen sachlichen Voraussetzungen entsprechen. Abs. I Satz 2 und Abs. II decken sich lediglich insoweit, als auch Sondergerichte („Gerichte für besondere Sachgebiete") notwendigerweise auf Grund generell-abstrakter Norm zuständig sein müssen; über Abs. I Satz 2 hinausgehend genügt dem Abs. II aber nicht jeder Rechtssatz, gleichgültig, nach welchem Gesichtspunkt er generalisiert und abstrahiert — sofern er nur nicht nach Merkmalen unterscheidet, die in Art. 3 GG verfassungsrechtlich mißbilligt werden —, sondern lediglich ein solcher, der die besondere Zuständigkeit eines Sondergerichts für ein besonderes Sachgebiet begründet.[302a]

Sondergerichte sind also gemäß dem Verfassungsgrundsatz des Art. 101 II GG unter den Voraussetzungen zulässig, daß sie durch förmliches Gesetz (als Landesgerichte) eingerichtet und errichtet wer-

---

[298] *Bettermann,* S. 574 (4 a).

[299] Vgl. *Bettermann,* S. 544 (2 a), 574 (4 a); s. weiter BVerfG in NJW 65, 343 (345, IV).

[300] *Hamann,* Art. 101, Anm. B 3.

[301] Zu der Frage, ob die Sondergerichte begrifflich den ordentlichen Gerichten oder aber den im GG verfassungsrechtlich sanktionierten Gerichtszweigen, den „allgemeinen" Gerichten, gegenüberzustellen sind, vgl. *Schiedermair,* DÖV 60, 6 (9).

[302] Vgl. Art. 92, 95, 96 GG; *Bettermann,* S. 574 (4 c); ferner BVerwGE 32, 21 (23).

[302a] S. dazu BVerfG in NJW 69, 2192

den und — insoweit über Art. 101 I 2 GG hinausgehend — ihre besondere Zuständigkeit durch förmliches Gesetz nach sachgebietlichen Gesichtspunkten abgegrenzt ist.

2. Das Verhältnis des Art. 101 I 2 GG zu gleichlautenden verfassungs- und gerichtsverfassungsrechtlichen Vorschriften im Geltungsbereich des Grundgesetzes

a) Das Verhältnis des Art. 101 I 2 GG zu § 16 Satz 2 GVG[303]

Durch die verfassungsrechtliche Verankerung des Verfahrensgrundsatzes des § 16 Satz 2 GVG[304] in Art. 105 WV und insbesondere in Art. 101 GG ist die Bedeutung des Grundsatzes des gesetzlichen Richters im deutschen Recht in verschiedener Hinsicht gewachsen.

Einmal ist das Anwendungsgebiet des Satzes erweitert worden. Er gilt seitdem nicht mehr als GVG-Vorschrift unmittelbar nur für die ordentlichen Gerichte, sondern für alle Gerichtszweige und staatlichen Gerichte. Außerdem richtet er sich jetzt an den Gesetzgeber auch insoweit, als er ihm das Gebot erteilt, durch ein System von Rechtssätzen den jeweiligen gesetzlichen Richter möglichst eindeutig bereitzustellen; erst die Verfassung konnte den Gesetzgeber hierzu rechtlich verpflichten.

Zum anderen ist die Wirkung des Grundsatzes des gesetzlichen Richters durch Aufnahme in die Verfassung verstärkt worden. Während das Gerichtsverfassungsgesetz eine Schranke nur für die Landesgesetzgebung bildet, kann der Grundsatz als Verfassungsartikel auch vom Bundesgesetzgeber nicht geändert oder durchbrochen werden.[305]

Art. 101 I 2 GG ist wegen seines Zusammenhangs mit dem Gewaltenteilungsgrundsatz und dem Grundsatz der Unabhängigkeit der Rechtsprechung sowie wegen seiner Beziehung zum Gleichheitsgrundsatz, den er für das Gebiet der Gerichtsverfassung besonders gewährleistet, sowohl Grundlage als auch zwingende Folge der rechtsstaatlichen Ordnung, die mit ihm steht und fällt; Art. 101 I 2 GG ist daher gemäß Art. 79 III GG wegen seiner Wechselbeziehung mit dem in Art. 20 III GG niedergelegten Rechtsstaatsgrundsatz schlechthin unantastbar.[306]

---

[303] Vgl. zu diesem Thema *Kern,* S. 158 ff. (C), (in bezug auf Art. 105 WV).

[304] Vgl. *Hamann,* Art. 101, Anm. A 1.

[305] Vgl. hierzu BVerfGE 3, 359 (364).

[306] In dieser Richtung auch *Oehler,* ZStrW 64, 292 (297); vgl. dazu ferner hier D I (S. 118).

Die Aufnahme des Prinzips in die Verfassung war schließlich die logische Voraussetzung für einen verstärkten Rechtsschutz seiner Gewährleistungen durch die Verfassungsbeschwerde.

Der Sinn des § 16 Satz 2 GVG ist also in mancher Weise enger als der des gleichlautenden Art. 101 I 2 GG. § 16 Satz 2 GVG entspricht jedoch in dem Bereich, den er erfaßt, dem Art. 101 I 2 GG und hat im übrigen als einfaches Gesetz nicht die Kraft, den Verfassungssatz des Art. 101 I 2 GG einzuengen; er widerspricht ihm daher nicht und gilt so neben ihm fort.

b) Das Verhältnis des Art. 101 I 2 GG zu entsprechenden Vorschriften in den Verfassungen der Bundesländer

In die Landesverfassungen, die vor dem Grundgesetz in Kraft getreten sind, wurden Bestimmungen aufgenommen, die mit unwesentlich abweichendem Wortlaut dem später geschaffenen Art. 101 I 2 GG entsprechen.[307] Diese Vorschriften, die sich in ihrem Wesensgehalt mit Art. 101 I 2 GG decken und zumindest indirekt über Art. 101 I 2 GG vom Bundesverfassungsgericht interpretiert werden können,[308] gewährleisten Grundrechte in Übereinstimmung mit dem Grundgesetz und bleiben daher gemäß der Ausnahmevorschrift des Art. 142 GG[309] in Kraft;[310] zwar könnte der Wortlaut des Art. 142 so verstanden werden, daß er sich nur auf Landesvorschriften bezieht, die den Art. 1—18 GG entsprechen, sein Sinn geht aber jedenfalls dahin, alle grundrechtsverbürgenden Landesbestimmungen zu erhalten; er dient dem Zweck, eine Anrufung der Landesverfassungsgerichte im Wege der Verfassungsbeschwerde weiterhin zu ermöglichen;[311] für diesen Zweck bleibt es gleich, ob es sich nun um Landesbestimmungen handelt, die einem im I. Abschnitt des Grundgesetzes aufgeführten Grundrecht entsprechen, oder um solche, die sich mit einem der in Art. 101 ff. GG gewährleisteten Rechte decken. Die Ausnahmebestimmung des Art. 142 GG ist also damit nicht unzulässig ausgedehnt.

Infolgedessen ist in mehreren Ländern die Gesetzlichkeit des Richters sowohl durch Bundes- wie auch durch Landesverfassungsnorm gewährleistet, durch letztere nie in schwächerer Ausgestaltung als

[307] Hess. (1946) Art. 20; Bay. (1946) Art. 86; Rh.-Pf. (1947) Art. 6; Bremen (1947) Art. 6; Saarl. (1947) Art. 14; vgl. auch W-Berlin (1950) Art. 67; NRW (1950) Art. 4; Nieders. (1951) Art. 39; B.-Württ. (1953) Art. 2 und 65.

[308] Vgl. BVerfGE 1, 264 (280/1); BK *(Holtkotten)*, Art. 142 Anm. 3 d a. E.

[309] Vgl. Art. 31 GG.

[310] A. A. *Hamann*, Art. 142, Anm. 5; wie hier BayVerfGHE 3, 67 (78, II A 4 b) bzgl. Art. 86 I BayVerf. und wohl auch BK *(Holtkotten)*, Art. 142, Anm. 2 c mit 3 a.

[311] *Giese-Schunck*, Art. 142, Anm. 2.

durch Art. 101 I 2 GG. Gegen eine Rechtsverletzung — gleichgültig, ob durch Bundes- oder Landesstaatsgewalt[312] — können die Wege zum Bundes- und Landesverfassungsgericht nebeneinander beschritten werden.

3. Mögliche Beziehungen des Art. 101 I 2 GG zu weiteren Grundsätzen und Begriffen des Verfassungs-, Gerichtsverfassungs- und Prozeßrechts — Folgerungen für den Garantiebereich des Art. 101 I 2 GG

a) Im *Artikel 20 III des Grundgesetzes* wird die Rechtsgebundenheit aller staatlichen Tätigkeit ausgesprochen.[313] Desgleichen gewährleistet Art. 101 I 2 GG, daß die jeweilige gesetzliche Ordnung gerade der gerichtlichen Zuständigkeit in jedem einzelnen Falle von jedem Träger öffentlicher Gewalt beachtet wird. Soweit also Art. 101 I 2 GG den Vorrang des Gesetzes sichert, bestätigt er Art. 20 III GG, hat aber auch in dieser Hinsicht doch insofern eigene Bedeutung, als er für den Bereich der Rechtsprechung dem Einzelnen einen im Wege der Verfassungsbeschwerde durchsetzbaren grundrechtskräftigen Anspruch auf die Befolgung der gesetzlichen Zuständigkeitsordnung gibt.

b) Für das *Verhältnis zwischen Art. 101 I 2 GG und Art. 97 I GG* gilt das gleiche wie für das Verhältnis zwischen Art. 101 I 2 GG und Art. 20 III GG. Art. 97 I enthält wie schon Art. 20 III das Prinzip der Gesetzmäßigkeit der rechtsprechenden Gewalt. Aus Art. 97 I und Art. 20 III geht damit hervor, daß Art. 101 I 2, der jedem den für ihn gesetzlich zuständigen Richter garantiert, sich auch an die Dritte Gewalt wendet. Während also Art. 97 I die Rechtsprechung in allen Belangen — insbesondere natürlich bei der Sachentscheidung — an das Gesetz bindet, beschränkt sich Art. 101 I 2 GG darauf, den Vorrang des Gesetzes für die Ermittlung der Zuständigkeit festzustellen.

c) Art. 101 I 2 GG enthält aber nicht nur den Vorrang des Gesetzes, der die Staatsorgane bei der Zuständigkeitsbestimmung an die bestehenden Vorschriften bindet, sondern vor allem den Vorbehalt des Gesetzes, also den Grundsatz gesetzlicher (normativer) Bestimmung der gerichtlichen Zuständigkeit.

Damit tritt *Art. 101 I 2 GG in Beziehung zu Art. 3 GG.*[314]

---

[312] Vgl. BK *(Holtkotten)*, Art. 142 Anm. 3 d (anders nur, wenn sich die Verfassungsbeschwerde gegen ein Bundesgesetz richtet).

[313] *Hamann*, Art. 20, Anm. 8 a.

[314] Zum Verhältnis von Art. 101 I 2 GG und Art. 3 GG zueinander vgl. u. a. *Bockelmann*, GA 57, 357 (358), und insbesondere *Rinck*, NJW 64, 1649, m. weit. Nachw.

Stellt Art. 3 I GG allgemein für jeden Rechtsbereich fest, daß alle Menschen gleich sind, so präzisiert Art. 101 I 2 GG dies für den Bereich der Gerichtsverfassung durch seine Forderung rechtsatzmäßiger Zuständigkeitsbestimmung. Gleichheit vor dem Gesetz — wie sie ursprünglich verstanden wurde als personale Gleichheit oder als Rechtsanwendungsgleichheit — herrscht dort, wo die Gesetze herrschen, und also auch dort, wo der Grundsatz des „gesetzlichen" Richters herrscht. Durch Art. 101 I 2 GG wird damit verfassungsrechtlich besonders gewährleistet, daß jeder gerichtsverfassungsmäßig gleichbehandelt wird und daß jeder gleichliegende Fall (zwar nicht vor denselben, aber) vor den gleichen Richter kommt.[315] Sieht man mit der heute überwiegenden Meinung in Art. 3 I GG *ein* oder *das* Willkürverbot enthalten, so ist Art. 101 I 2 ein Anwendungsfall des Gleichheitsgrundstzes, da Art. 101 die willkürliche Richterzuteilung verbieten und verhindern will.[316] Die Obrigkeit soll den Richter, vor dem jemand sein Recht zu suchen hat, nicht nach Willkür und politischer Opportunität bestimmen können.

Daraus ergibt sich zugleich — und insoweit geht Art. 101 I 2 über Art. 3 I hinaus —, daß ein Richter, der durch eine nach pflichtgemäßem Ermessen eines Staatsorgans getroffene Entscheidung in einer Sache für zuständig erklärt wurde, zur Bearbeitung dieses Falles gemäß Art. 101 I 2 GG nicht genügend legitimiert ist; denn die Legitimität folgt hier allein aus der Legalität.[317] Die gerichtliche Zuständigkeit darf staatlicherseits weder contra legem bestimmt werden — das ergibt sich bereits aus Art. 20 III GG — noch sine lege; Art. 101 I 2 GG schließt also das freie und rechtmäßig ausgeübte Ermessen als Grundlage für die Gleichbehandlung aus, verbürgt vielmehr die Gleichheit aller im Hinblick auf die richterliche Zuständigkeit durch einen unbeschränkten Gesetzesvorbehalt.

d) Art. 101 I 2 GG gewährleistet die Gleichheit aller auf dem Gebiete der Gerichtsverfassung. Diese ist nicht bereits durch eine abstrakt-generelle Zuständigkeitsordnung gesichert; der Schutz ist erst dann vollkommen, wenn diese Zuständigkeitsverteilung nur unter Gerichten erfolgt, die im Hinblick auf den im Grundgesetz niedergelegten Rechtsstaatsgedanken wesensmäßig gleich sind. „Gesetzlicher" Richter kann also insbesondere nur ein Richter und ein Gericht im Sinne des Art. 92 GG sein.[318] *Art. 101 I 2 schließt demnach den*

---

[315] *Bettermann,* S. 557 (1 a); zumindest abschwächend *Bruns,* NJW 64, 1884 (1885, 3 a).

[316] *Bettermann,* S. 556 (1 a); *Rinck,* NJW 64, 1649 (1652, III).

[317] *Bettermann,* S. 556 f. (1 a); *Schiedermair,* DÖV 60, 6; insoweit abweichend *Rinck,* a. a. O.

[318] BVerfGE 10, 200 (213); vgl. oben S. 15 ff. (A II 1 c).

Art. 92 (sowie die Art. 20 II 2, 97) ein,[319] *soweit* dieser etwa den Grundsatz einer von den übrigen Staatsgewalten getrennten und von unabhängigen Richtern ausgeübten Rechtsprechungsgewalt beinhaltet.

Desgleichen fällt weitgehend der *Grundsatz der Ständigkeit der Gerichte* in den Schutzbereich des Art. 101 I 2 GG.[320] Die abstrakt-generelle Zuständigkeitsordnung der Gerichte wäre gegenstandslos, wenn sie nicht auf Gerichte und Spruchabteilungen ausgerichtet werden könnte, die für bestimmte Dauer mit fester Besetzung gebildet werden.[321] Wie der Grundsatz des gesetzlichen Richters eine Folgerung aus dem Grundsatz der Ständigkeit der Gerichte ist,[322] gibt es also umgekehrt keinen gesetzlichen Richter, wenn nicht bestimmte Merkmale der Ständigkeit erfüllt sind, die folglich vom Schutz des Art. 101 I 2 GG umfaßt sind. Dazu gehören alle die Merkmale, die die Organisation der Gerichte im weiteren Sinne festigen, nicht aber solche, die nur unmittelbar die Einheitlichkeit der Rechtsprechung fördern.[323] Denn an Art. 101 I 2 GG können lediglich die Bestandteile des Begriffs der Ständigkeit überprüft werden, die — wie etwa die Bildung und Besetzung der Spruchkörper — in Verbindung mit der Zuständigkeitsordnung für die Gleichmäßigkeit und Gleichheit der Gerichtsbesetzung erheblich sind.[324]

Aus dem Gesagten ergibt sich bereits, daß Art. 101 I 2 GG den Grundsatz der Ständigkeit der Gerichte auch insoweit nicht garantiert, als man darunter mit Bettermann[325] (nur) deren institutionelle Ständigkeit versteht. Obgleich nämlich die institutionelle Ständigkeit die sicherste Grundlage für die Gesetzlichkeit des Richters schafft, ist sie doch für Art. 101 I 2 GG nicht wesentlich. Auch Gerichte, die von Fall zu Fall zusammentreten — wie etwa die Schwurgerichte —, besitzen genügend Ständigkeit im oben entwickelten Sinne und sind

[319] Vgl. hierzu u. a. BVerfGE 14, 156 (162 f.) und *Hoepner,* DRiZ 64, 6 (10, III 1 b).

[320] Hierzu BSGE 5, 289 (292), betr. Kammern auf Zeit, und Besprechung der Entscheidung von *Weidner* in JZ 59, 758 (763, D VII 3 c).

[321] Vgl. oben S. 9 ff. (A II 1 a), S. 12 ff. (A II 1 b), S. 20 ff. (A II 2).

[322] *Kern,* Gerichtsverfassungsrecht, § 18 III 3, S. 146.

[323] Diese werden jetzt vielfach aus dem Begriff der Ständigkeit ausgeklammert und mit einem so eingeengten Begriff der Ständigkeit unter dem Begriff der Stetigkeit zusammengefaßt.

[324] Demgegenüber vertritt *Richter* (JZ 61, 658, insbes. S. 660 A III) die weitergehende Ansicht, richtungweisender Einfluß des Vorsitzenden, Güte und Einheitlichkeit der Rechtsprechung, Stetigkeit in Rechtsprechung und Kammerbesetzung, Unabhängigkeit der einzelnen Richter, alle diese Forderungen, die im Grundsatz der Ständigkeit der Gerichte zusammenzufassen seien, müßten gewährleistet sein, um den Anspruch der Prozeßbeteiligten auf den gesetzlichen Richter zu erfüllen.

[325] *Bettermann,* S. 560 (3).

damit gesetzlicher Richter, wenn ihre Zuständigkeit einerseits und ihre Bildung und Zusammensetzung anderseits rechtsatzmäßig festgelegt sind, wenn also gesetzlich bestimmt ist, wann, für welchen Zeitraum, für welche Fälle, auf welche Weise, mit welchen Personen ein Spruchkörper mit welcher Entscheidungsgewalt gebildet wird.[326, 327] Unter diesen Voraussetzungen kann nämlich eine gleichheitsverletzende Richterunterschiebung nicht eher vorkommen als es bei ständig (ununterbrochen) besetzten und amtierenden Gerichten durch organisationsändernde Maßnahmen geschehen könnte[328].

e) *Art. 101 I 2 GG garantiert nicht den Rechtsweg an sich;*[329] das geschieht — etwa — durch Art. 19 IV GG. Aus dem Prinzip des gesetzlichen Richters, das auf dem Gleichheitsgedanken fußt, läßt sich nur ableiten — und insoweit berührt Art. 101 I 2 GG doch die Rechtswegfrage —, daß, sofern der Rechtsweg bei einem bestimmten Tatbestand zugelassen ist, der Rechtsweg überhaupt und insbesondere dieser bestimmte zugelassene Rechtsweg für alle Fälle gleich gewährleistet ist.[330, 331]

Ebensowenig wie den Rechtsweg *garantiert Art. 101 I 2 GG* in allen Rechststreitigkeiten oder auch nur in allen Strafsachen *den Instanzenzug schlechthin.*[332] Er wirkt sich im Rahmen der funktionellen Zuständigkeit nichtsdestoweniger insoweit aus, daß ein vorgesehener Instanzenzug für jedermann in gleicher Weise offenstehen muß. Insbesondere wo die Statthaftigkeit eines Rechtsmittels nach dem Gesetz nicht ohne weiteres feststeht, muß darüber immer durch reine Rechtsanwendung ohne Zwischenschaltung einer Ermessensentscheidung befunden werden können.

f) Den vorangehenden Ausführungen ist zu entnehmen, daß Art. 101 I 2 GG nicht nur gegen eine Richtervertauschung schützt, sondern ebenso in gewissem Umfange gegen eine *totale Richterentziehung*, selbst wenn sie nicht mit einer Verweisung an eine andere Behörde verbunden ist. Art. 101 I 2 GG selbst zwar gibt keinen Anspruch auf richterliche Entscheidung einer Sache. Wenn dieser Anspruch hingegen

---

[326] Vgl. *Bettermann*, S. 560 (3).

[327] Vgl. zu den hier auftretenden Problemen die Ausführungen von *Kaiser* in NJW 63, 1853, der allerdings diese entscheidenden Gesichtspunkte nicht genügend herausgestellt hat und daher seine Ergebnisse nicht sämtlich unangreifbar untermauern konnte. Vgl. ferner BGH NJW 67, 1141 (bedenkl.).

[328] Vgl. hierzu auch oben S. 33 ff., insbesondere S. 45 f. (A II 2 b, cc [2]).

[329] A. A. wohl *v. Mangoldt*, Art. 101, Anm. 3, und *Joachim*, DRiZ 65, 181 (III 3).

[330] In diesem Sinne ist auch *Bettermann*, S. 558 (2), zu verstehen.

[331] Vgl. oben S. 5 (A I), 24 (A II 2 a), 26 (A II 2 b aa).

[332] BSGE 5, 1 (2) und Besprechung der Entscheidung von *Weidner* in JZ 59, 758 (765, D X); *Bettermann*, S. 558 (2); *Kern*, JZ 60, 244 (245, B II 2 b, bb).

auf Grund anderer Normen besteht — vgl. etwa Art. 19 IV oder 104 II, III GG —, gewährleistet Art. 101 I 2 GG, daß diese Sache im Sinne der Gleichheit aller vor ihren gesetzlichen Richter kommt, daß sich also der zuständige Richter und damit auch ein Richter schlechthin mit der Sache befaßt. Demnach widerspricht dem Art. 101 I 2 GG nicht nur die Auswechslung eines Richters durch einen anderen, sondern nicht minder die Ersetzung des Richters durch eine nichtrichterliche Behörde; um eine solche durch Art. 101 I 2 GG verbotene Zuständigkeitsverschiebung zwischen den Gewalten handelt es sich auch dann, wenn eine nichtrichterliche Behörde einen vom (zuständigen) Richter zu entscheidenden Fall einmal nicht einer anderen nichtrichterlichen Behörde zuweist, vielmehr unmittelbar sich selbst die Entscheidung anmaßt oder die Sache unerledigt liegen läßt.[333]

Ist dagegen eine Sache an ihren gesetzlichen Richter gelangt und läßt dieser sie unerledigt liegen, so greift Art. 101 I 2 GG nicht ein; solche Fälle der *formellen Justizverweigerung* verstoßen deshalb nicht[334] gegen den Grundsatz des gesetzlichen Richters, weil die gesetzliche Zuständigkeit unangetastet geblieben ist; die Sachen liegen niemandem anders als ihrem gesetzlichen Richter zur Entscheidung vor, und keiner hat den gesetzlichen Richter an der Entscheidung seiner Sachen gehindert.[335]

Eine bloße *Behinderung des gesetzlichen Richters* wiederum würde unter Art. 101 I 2 GG fallen; er verbietet nicht nur jegliche „ungesetzliche" Verlagerung der Zuständigkeit innerhalb der Dritten Gewalt oder von der Dritten auf die Zweite Gewalt, sondern auch die bloße Vorenthaltung des zuständigen Richters oder schon die Verhinderung seiner — rechtzeitigen — Entscheidung. Richtervertauschung, Richterverdrängung und Richterentziehung, aber auch die Richterbehinderung verletzen den Grundsatz des gesetzlichen Richters.[336] Art. 101 I 2 GG bezweckt, sofern eine Sache vor die Gerichte gehört, die Entscheidung dieser Sache gerade durch ein bestimmtes Staatsorgan, nämlich durch den zuständigen Richter; zu dieser Entscheidung kommt es durch die Richterbehinderung ebensowenig wie durch die anderen Formen der Richterentziehung; selbst wenn der gesetzliche

---

[333] *Bettermann*, S. 543 (II), 559.

[334] A. A. BVerfGE 3, 359 (364) ohne Begründung, lediglich mit fälschlicher Bezugnahme auf *Kern*, S. 203 f. (vgl. nämlich S. 214!); wie das BVerfG jedoch auch *Joachim*, DRiZ 65, 181 (III 4 a. E.); wie hier *Bettermann*, S. 559, und *Klein*, JZ 63, 591 (592, 4 a), sowie — wenngleich nicht ausdrücklich — VGH Kassel, NJW 65, 709.

[335] Dies gilt — um so mehr — für die „temporäre Justizverweigerung" (vgl. *Joachim*, DRiZ 65, 181, der eine gegenteilige Auffassung vertritt).

[336] Vgl. *Bettermann*, S. 543 f., 559; teilweise a. A. *Kern*, S. 203 ff. (214); zu weitgehende Formulierung bei *Gebhard*, Art. 105, Anm. 4 e.

Richter schließlich doch entscheidet, ist die Entscheidung bereits durch den Eingriff des unzuständigen behindernden Organs überholt. Gleichgültig ist dabei, ob der zuständige Richter von einem Organ der Dritten Gewalt oder von einem Staatsorgan außerhalb der rechtsprechenden Gewalt behindert wird. Insoweit garantiert Art. 101 I 2 GG auch den ungehinderten Gang der Rechtspflege.[337] Damit wird ein gewisser inhaltlicher Zusammenhang sichtbar zwischen Art. 101 I 2 GG und Art. 35 GG, wonach sich alle Behörden und Gerichte gegenseitig zu unterstützen haben. Zugunsten der Rechtsprechung ergibt sich das ferner — allerdings negativ — aus Art. 92 GG, der die rechtsprechende Gewalt den Richtern anvertraut und damit verbietet, daß die Richter in der Ausübung dieser ihnen anvertrauten Gewalt behindert und ihnen Rechtsprechungsaufgaben entzogen werden.

g) Dabei geht indes Art. 101 I 2 GG nicht so weit, daß er auch das — nach überwiegender Meinung[338] — in Art. 92 GG begründete *Rechtsprechungs- und Strafmonopol* der Richter sichert.[339] Ob ein solches Richtermonopol anerkannt wird oder nicht, berührt zwar auch die Frage der Zuständigkeit im weiteren Sinne, nämlich den teilweisen Ausschluß des Wegs zu den Gerichten; aber in seinem Kern ist dieses Problem staatsrechtlich-politischer Art und ohne Zusammenhang mit der bei Art. 101 I 2 GG entscheidenden Frage, ob ein einzelner oder eine bestimmte Gruppe von Rechtsuchenden ungleich dem gesetzlichen Richter entzogen wird. Ein Schutz des Richtermonopols durch Art. 101 I 2 GG läßt sich ebenfalls nicht allgemein aus dem Gesichtspunkt der Rechtsstaatlichkeit herleiten, da das Richtermonopol kein so wesentlicher Teil des Rechtsstaatsgrundsatzes ist, daß mit Fortfall des Richtermonopols auch die Rechtsstaatlichkeit selbst entfiele und also Art. 101 I 2 GG wegen seiner Wechselbeziehung zum Rechtsstaatsgrundsatz schon um seiner selbst willen das Richtermonopol erhalten müßte. Ein Gesetz, das unter Durchbrechung des Richtermonopols eine bestimmte Art von Rechtssachen von einer richterlichen Entscheidung ausschließt und einem nichtrichterlichen Staatsorgan zum Rechtspruch zuweist, ist nicht wegen Verstoßes gegen Art. 101 I 2 GG verfassungswidrig;[340] andernfalls würde Art. 101 I 2 doch eine absolute Rechtsweggarantie beinhalten.

---

[337] *Bettermann*, S. 559.

[338] Vgl. z. B. *Ule*, DVBl 59, 537 (I).

[339] *Bettermann*, S. 558 (2); demgegenüber leitet *Friesenhahn* (S. 43) das Strafmonopol der Richter gerade aus Art. 101 I 2 GG her.

[340] Vgl. aber *Schiedermair*, DÖV 60, 6 (9); vgl. ferner *Schorn*, JR 65, 171 (m. w. Nachweisen), zur Strafgewalt der Finanzämter gemäß früh. §§ 421 II, 422 AO. Insoweit anders als hier BVerfG NJW 67, 1219: §§ 421 II, 445, 447 I AO nichtig. Vgl. auch W. J. *Habscheid:* Steuerstrafverfahren und GG, MDR 66, 1 (5 f.).

h) Art. 101 I 2 GG enthält keine allgemeine Justizgarantie und besagt desgleichen nicht, daß niemand dem Arm der Gerechtigkeit entzogen werden dürfe; er garantiert vielmehr nur eine gesetzliche Zuständigkeitsordnung der Gerichte im Rahmen und auf Grund einer rechtsstaatlichen Gerichtsverfassung.

Das besagt einerseits, daß Art. 101 I 2 GG die *Entziehung des gesetzlichen Richters* sowohl zuungunsten als auch *zugunsten*[341] *des Rechtsuchenden* verbietet. Das Verbot einer begünstigenden Richterentziehung folgt zwar nicht aus dem grundrechtlichen Gehalt des Art. 101 I 2 GG — soweit nicht gleichzeitig ein Verfahrensgegner benachteiligt wird —, wohl aber aus dem Wesen der Gesetzlichkeit des Richters als institutioneller Garantie und Gerichtsverfassungsprinzip.[342]

Aus diesem Gesichtspunkt heraus kann auch niemand auf seinen gesetzlichen Richter verzichten oder durch seine Einwilligung eine Entziehung seines gesetzlichen Richters rechtmäßig machen.[343]

Damit ist also die Zuständigkeitsordnung als Bestandteil der Gerichtsverfassung durch Art. 101 I 2 GG konsequent in jeder Hinsicht geschützt.

Anderseits geht aber Art. 101 I 2 GG über diesen Schutzbereich auch nirgends hinaus; er wirkt vor allem nicht auf das Verfahrensrecht, insbesondere das Strafverfahrensrecht, ein.

i) Demnach ergibt sich aus dem Grundsatz des gesetzlichen Richters *kein Verfolgungs-, Anklage- oder Strafzwang.*[344] Art. 101 I 2 GG kann es nicht verhindern, daß das Legalitätsprinzip[345] durch das Opportunitätsprinzip[346] stark eingeschränkt wird.[347]

---

[341] Ebenso *Gebhard,* Art. 105, Anm. 4 b, der allerdings — zu eng — das Verbot nur an die Gesetzgebung und die Verwaltung gerichtet sieht.

[342] Deshalb darf sich auch niemand beliebig durch Richterablehnung seinem gesetzlichen Richter entziehen, und insbesondere kann der Ablehnende aus seinem eigenen Verhalten regelmäßig keinen Ablehnungsgrund herleiten; siehe hierzu *Seibert,* JZ 60, 85, und — allerdings ohne ausdrückliche Bezugnahme auf Art. 101 I 2 GG — BGH in JZ 53, 92.

[343] *Oehler,* ZStrW 64, 292 (297).

[344] Hierzu *Bettermann,* S. 558 ff. (2).

[345] Vgl. § 152 StPO.

[346] Vgl. §§ 153—154 c, 376 StPO, §§ 45, 80 JGG.

[347] Den Ausführungen *Oehlers,* ZStrW 64, 292 (302): „Dieses (Verbot der Richterentziehung) trifft auch den Staat mit der Pflicht, alle Missetäter gleichmäßig, ohne Ansehung von Person, vor Gericht zu stellen. ... Deshalb liegt eine unerlaubte Richterentziehung im Verstoß gegen das Verbot der Legalität, z. B. bei Einzelniederschlagung, aber auch bei § 153 a StPO", kann also wegen der unter h) und i) angeführten Gründe nur in ihrem ersten Teil ohne Einschränkung gefolgt werden.

j) Ebensowenig wie auf das Verfahrensrecht will der Grundsatz des gesetzlichen Richters auf das Vollstreckungs-[348] und *Gnadenrecht* Einfluß nehmen, so daß neben gesetzlichen oder gesetzlich ermächtigten Abolitionen[349] und Niederschlagungen auch Begnadigungen und Amnestien sowie zivilrechtliche Klage- und Vollstreckungsmoratorien und -beschränkungen dem Gesetzgeber durch Art. 101 I 2 GG nicht verwehrt sind. Dieses Ergebnis würde selbst dann gelten, wenn angenommen werden könnte, daß der Grundsatz des gesetzlichen Richters doch auf das Verfahrens-, Vollstreckungs- und Gnadenrecht einwirkt; in diesem Falle müßte allerdings — keine erfreuliche Lösung im Hinblick auf die Fassung des Art. 101 I 2 GG, die keine Ausnahme duldet[350] — Art. 101 I 2 als eingeschränkt angesehen werden durch die auch im Rechtsstaat grundsätzlich unbedenklichen, dem Grundsatz des gesetzlichen Richters gleichrangigen Rechtsinstitute zivilrechtlicher Klage- und Vollstreckungsmoratorien und -beschränkungen, Begnadigungen und Amnestien, die alle ihren rechtspolitischen Zweck haben. Lediglich die Einzelniederschlagung ist, gemessen am Staatsaufbau und Rechtsstaatsbegriff des Bonner Grundgesetzes, nicht mehr angängig[351] und kann dann entsprechend auch nicht als Ausnahme von Art. 101 I 2 GG statthaft sein.

k) Der Grundsatz des gesetzlichen Richters wird nicht berührt durch *Art. 46 GG* und die entsprechenden Bestimmungen der Landesverfassungen[352]. So kollidieren nicht Art. 46 I GG und Art. 101 I 2 GG, denn beide regeln verschiedene Materien. Während Art. 101 I 2 sich auf die Gerichtsverfassung bezieht, ist die durch Art. 46 I GG gewährleistete *Indemnität* des Abgeordneten im Hinblick auf ihre wichtigste Wirkung, nämlich als Verbot, einen Abgeordneten strafgerichtlich zur Verantwortung zu ziehen, ihrem Wesen nach ein materiell-strafrechtlicher persönlicher Strafausschließungsgrund;[353] dieser Strafausschließungsgrund, der den Zweck hat, die Einflußnahme des Abgeordneten auf die parlamentarische Willensbildung zu schüt-

[348] Siehe aber oben S. 6 (A I).

[349] A. A. *Maurach,* Allg. Tl., § 72 I B 1 (S. 794); *Oehler,* ZStrW 64, 292 (302).

[350] Auf dem Gebiete der Gerichts*verfassung* würde Art. 101 I 2 GG seinem *Wesen* nach überhaupt keine Ausnahme dulden, vgl. *Oehler,* ZStrW 64, 292 (297).

[351] Vgl. insoweit *Maurach,* a. a. O.

[352] Vgl. die Verfassungen von Bad.-Württ., Art. 37, 38; Bayern, Art. 27, 28; W-Berlin, Art. 35; Bremen, Art. 94, 95; Hamburg, Art. 14, 15; Hessen, Art. 95, 96; Nieders., Art. 14, 15; NRW, Art. 47, 48; Rhl.-Pf., Art. 93, 94; Saarl., Art. 82, 83; Schlesw.-Holst., Art. 17. Vgl. dazu § 152 a StPO.

[353] *Maunz* in Maunz-Dürig, Art. 46, Rdn. 22.

zen,[354] widerspricht dem Grundsatz des gesetzlichen Richters ebensowenig wie die in den Strafgesetzen geregelten Strafausschließungsgründe.

Art. 46 II—IV GG, der dem Abgeordneten die Immunität, insbesondere Freiheit von Strafverfolgung zusichert und dem Wesen nach ein Prozeßhindernis ist,[355] vereinbart sich nicht minder mit Art. 101 I 2 GG; Art. 46 II bis IV GG bezweckt den Schutz des Ansehens und der Funktionsfähigkeit des Parlaments und ist damit eine institutionelle Garantie für das Parlament selbst;[356] die Wirkungen des Art. 46 II—IV GG sind also ganz anderer Art, als daß durch ihn der einzelne Abgeordnete unter Durchbrechung des Gleichheitssatzes der Aburteilung durch den gesetzlichen Richter entzogen würde.

l) Letztlich verstößt auch die Einsetzung und Tätigkeit eines *parlamentarischen Untersuchungsausschusses*[357] nicht grundsätzlich gegen das Prinzip des gesetzlichen Richters. So ist die Fassung des Art. 44 GG und dessen derzeitge Interpretation[358] im Hinblick auf Art. 101 I 2 GG unbedenklich; entscheidend ist jedoch, ob auch die Praxis in jedem einzelnen Falle Wesen und Zweck der Untersuchungsausschüsse in diesem Sinne versteht und daran die Befugnisse der Untersuchungsausschüsse mißt. Die Untersuchungsausschüsse sind keine Gerichte, sondern Organe des Parlaments, die der Ausübung der dem Parlament zustehenden Kontrolle und der politischen Willensbildung dienen. Es ist ihre Aufgabe, Tatsachen festzustellen, und zwar sogar mit verbindlicher Wirkung (vgl. Art. 44 IV 1 GG). Selbst rechtliche Würdigungen sind ihnen dabei nicht versagt, nur fehlt solchen Würdigungen die hoheitlich-„entscheidende“ Wirkung.[359] Deshalb können sie für die Gerichte nicht bindend sein (Art. 44 IV 2 GG), so daß also eine Entscheidung des gesetzlichen Richters grundsätzlich nicht ausgeschlossen wird. Allerdings kann im Einzelfalle die Erforschung eines Sachverhalts durch einen Untersuchungsausschuß trotzdem zu einer Entziehung des gesetzlichen Richters führen, etwa wenn diese „Erforschung“ nur einen Vorwand bildet, um die gerichtliche Klärung und Entscheidung zu verzögern und sie von vornherein überholt zu machen.

---

[354] *Maunz* in Maunz-Dürig, Art. 46, Rdn. 6.

[355] *Maunz* in Maunz-Dürig, Art. 46, Rdn. 24 und 28.

[356] Vgl. *Hamann*, Art. 46, Anm. A.

[357] Vgl. Art. 44 GG, die Verfassungen von Bad.-Württ., Art. 35; Bayern, Art. 25; W-Berlin, Art. 33; Bremen, Art. 105 VI; Hamburg, Art. 25; Hessen, Art. 92; Niedersachsen, Art. 11; NRW, Art. 41; Rhl.-Pf., Art. 91; Saarl., Art. 81; Schlesw.-Holst., Art. 15.

[358] Vgl. etwa *v. Mangoldt-Klein*, Art. 44; *Hamann*, Art. 44.

[359] Vgl. zum Ganzen *Hamann*, Art. 44.

4. Entziehung des gesetzlichen Richters und unvorschriftsmäßige Besetzung der Richterbank

Mit dem Fall, daß ein Rechtsuchender die Entscheidung seiner Sache durch den, der sie entschieden hat, nicht hinzunehmen braucht, befassen sich zwei Gruppen von Rechtsnormen; es sind einmal die Vorschriften, die eine Entziehung des gesetzlichen Richters verbieten, auf bundesrechtlicher Ebene also Art. 101 GG und § 16 GVG, und zum anderen die Bestimmungen, die eine unvorschriftsmäßige Besetzung der Richterbank ahnden, also §§ 551 Nr. 1, 579 I Nr. 1 ZPO und die im wesentlichen damit übereinstimmenden Paragraphen der anderen Prozeßgesetze.[360, 361] Beide Normgruppen haben denselben Ausgangspunkt: Sie sind in Erkenntnis der Tatsache geschaffen, daß die Entscheidung eines Rechtsfalles auf der richterlichen Überzeugung und der Rechtseinsicht des Urteilenden beruht, und gewährleisten deshalb, daß jede Sache gerade von dem Richter entschieden wird, der dazu auf bestimmte Weise legitimiert ist.

Die tatsächlichen und rechtlichen Voraussetzungen, auf Grund deren diese Normen ihre Rechtsfolgen eintreten lassen, können sich decken, oder aber sie können bei den einzelnen Normen — oder zumindest bei den verschiedenen Normgruppen — unterschiedlich sein; sie ergeben sich aus dem Wortlaut und aus der Stellung der Normen im Rechtssystem.

Hier ist zunächst § 16 Satz 2 GVG — um die weitere Untersuchung nicht zu belasten — vorweg auszuschalten. Die Voraussetzungen, unter denen § 16 Satz 2 GVG und Art. 101 I 2 GG eingreifen, unterscheiden sich voneinander — allerdings in der Weise, daß der Bereich des § 16 Satz 2 GVG von Art. 101 I 2 GG vollständig umfaßt wird.[362] Auf andere Weise verschieden sind die Voraussetzungen für die tatbestandliche Erfüllung des § 16 Satz 2 GVG und der Normen, die die unvorschriftsmäßige Besetzung der Richterbank ahnden: Hier überschneiden sich die jeweiligen Voraussetzungen; doch erlangt § 16 Satz 2 GVG, der bei seiner Verletzung kein eigenes Rechtsmittel an die Hand gibt, praktische prozeßrechtliche Bedeutung nur dann, wenn seine Verletzung durch Umstände geschehen ist, die ein allgemeines Rechtsmittel, insbesondere die Revision wegen fehlerhafter

---

[360] Vgl. u. a. §§ 338 Nr. 1 StPO, §73 ArbGG i. V. m. § 551 Nr. 1 ZPO (vgl. *Dietz-Nikisch,* § 72 Rdn. 68 und § 73 Rdn. 32 ff.), § 79 ArbGG, §§ 138 Nr. 1, 153 I VwGO, 162 I Nr. 2 SGG i. V. m. § 551 Nr. 1 ZPO (vgl. *Schraft,* § 162 Anm. 7), § 179 I SGG.

[361] In gleicher Richtung auch die Regelungen für die Fälle der fälschlichen Bejahung der Zuständigkeit d. entscheiddn. Gerichts, vgl. §§ 338 Nr. 4 StPO, 551 Nr. 4 ZPO.

[362] Vgl. auch oben S. 65 f. (B II 2 a).

Besetzung der Richterbank begründen. § 16 Satz 2 GVG ist durch die Existenz des verfassungsrechtlichen Verbots der Entziehung des gesetzlichen Richters und die Möglichkeit der Rüge unvorschriftsmäßiger Besetzung der Richterbank nicht hinfällig, wohl aber praktisch bedeutungslos geworden.

Allein nützlich erscheint also eine Gegenüberstellung des verfassungsrechtlichen Verbots der Entziehung des gesetzlichen Richters in Art. 101 I 2 GG — unter Außerachtlassung der entsprechenden landesverfassungsrechtlichen Bestimmungen — und der prozeßrechtlichen Vorschriften, die eine Verfahrensrüge wegen fehlerhafter Besetzung der Richterbank ermöglichen.

Die von diesen einander gegenübergestellten Normen erfaßten Bereiche schneiden sich.

Einmal braucht es durch unvorschriftsmäßige Besetzung der Richterbank nicht zu einer Entziehung des gesetzlichen Richters zu kommen und umgekehrt: Wenn etwa ein Richter infolge Ermüdungserscheinungen der Verhandlung nicht folgen kann oder wenn ein Richter sich vorübergehend, während eines wesentlichen Teiles des Verfahrens, von der Verhandlung entfernt, ist die Richterbank unvorschriftsmäßig (zu vgl. § 226 StPO) besetzt;[363] dieser Richter ist aber, wenn er schließlich den Rechtsstreit entscheidet, hierbei gleichwohl gesetzlicher Richter, denn der Rechtsstreit ist von dem zuständigen und in seinen Qualitäten verfassungsrechtlich nicht zu beanstandenden Richter bzw. Richterkollegium entschieden worden. Umgekehrt wird jemand seinem gesetzlichen Richter entzogen, indem ihm ein Richter überhaupt vorenthalten wird oder es infolge Behinderung des gesetzlichen Richters gar nicht mehr zu einer wirklichen Entscheidung des Falles durch ihn kommt; der Gedanke an eine fehlerhafte Besetzung der Richterbank liegt hier indes fern.[364]

Zum anderen aber ist es möglich, daß durch Umstände, die eine Verfahrensrüge wegen nicht vorschriftsmäßiger Besetzung der Richterbank begründen, jemand zugleich seinem gesetzlichen Richter entzogen wird. Dies kann etwa dann der Fall sein, wenn ein Gerichtsvorsitzender an Stelle des nach dem Geschäftsverteilungsplan berufenen und nicht verhinderten Richters einen anderen Beisitzer hinzuzieht. Hier wird die Richterbank nicht vorschriftsmäßig besetzt sein (vgl. z. B. §§ 63 I 1, 69 GVG). Ob aber, was bei diesem Sachverhalt an sich möglich ist, auch gegen den Grundsatz des gesetzlichen Richters verstoßen wurde, hängt von den näheren Umständen ab:

---

[363] Vgl. auch BGH NJW 62, 2361 (blinder Richter).

[364] Deshalb ist die Formulierung des Bundesverwaltungsgerichts, der absolute Revisionsgrund der unvorschriftmäßigen Besetzung des Gerichts greife jedenfalls dann durch, wenn der Anspruch auf den gesetzlichen Richter verletzt worden ist (MDR 65, 228), als Grundsatz zu weit gefaßt.

Nicht jedesmal, wenn ein anderer als der bei zutreffender Auslegung der Zuständigkeitsnormen zur Entscheidung berufene Richter tätig wird, soll Art. 101 I 2 GG verletzt sein. Die Frage, ob ein Tatbestand lediglich die Verfahrensrüge wegen fehlerhafter Besetzung der Richterbank oder zugleich die auf einen Verstoß gegen Art. 101 I 2 GG gestützte Verfassungsbeschwerde begründet, darf jedoch nicht unter rechtspolitischen Gesichtspunkten mit dem Ziel gelöst werden, das Bundesverfassungsgericht nicht zu überlasten. Diesem Zweck dient § 90 II 1 BVerfGG, der die Verfassungsbeschwerde erst nach Erschöpfung des Rechtsweges zuläßt. Demgegenüber führen die Bedenken, die Verfassungsbeschwerde könne zu einer „Superrevision" werden, auf materiell-rechtliche Fragen zurück: Das bedeutet für Art. 101 I 2 GG, daß er nach rein sachlich-rechtlichen Gesichtspunkten ausgelegt und auch so gegen die Vorschriften über die Verfahrensrüge wegen fehlerhafter Besetzung der Richterbank abgegrenzt werden muß, und zwar in dem Sinne, daß von den Fällen, in denen ein anderer als „der" gesetzliche Richter tätig geworden ist, nur die einen Verstoß gegen Art. 101 I 2 GG (ggf. neben einem Besetzungsfehler) beinhalten, bei denen die Frage nach der Gesetzlichkeit oder Ungesetzlichkeit des Richters verfassungsrechtlichen Gehalt hat und nicht auf die Prüfung beschränkt bleibt, ob das Verfahrensrecht erschöpfend und denkfehlerfrei angewandt worden ist. Ein verfassungsrechtliches Verfahren hat die Lösung verfassungsrechtlicher Fragen zum Gegenstand; Prüfungsgrundlage ist das — geschriebene und ungeschriebene — Verfassungsrecht. Wenn die Lösung einer Rechtsfrage insgesamt oder gerade ihrer streitigen Einzelpunkte ohne Überprüfung am Verfassungsrecht erfolgen kann, ist demnach ein verfassungsgerichtliches Tätigwerden gegenstandslos.[365]

Nicht eine bloß nach den Verfahrensgesetzen fehlerhafte Bestimmung des Richters, sondern nur eine verfassungswidrige Entziehung des Richters kann als Verstoß gegen den Verfassungsgrundsatz des Art. 101 I 2 GG mit der Verfassungsbeschwerde gerügt werden. Es ist insbesondere Arndt[366] und Ostler[367] zu verdanken, daß diese Gesichtspunkte klar herausgestellt worden sind.

Mit dieser zutreffenden Unterscheidung glaubt allerdings Ostler bereits auskommen zu können für die Beurteilung, ob im Einzelfalle Art. 101 I 2 GG verletzt ist oder nicht. An dieser Stelle scheint Ostler seine Untersuchungen zu früh abgebrochen zu haben; er läßt sich nämlich nicht darüber aus, auf Grund welcher Kriterien denn nun eine ungesetzliche Besetzung der Richterbank als Verfahrensmangel

---

[365] Vgl. dazu BVerfGE 1, 418 (420) und 4, 1 (7); BVerfG in MDR 63, 194. S. auch *Seuffert*, NJW 69, 1369.

[366] *Arndt* erstmals in JZ 56, 633.

[367] *Ostler*, JR 57, 454 f.

im Range verfassungsverletzenden Unrechts gekennzeichnet ist. Diese Frage muß aber doch, wenn nicht allgemein jede mit den Gesetzen nicht übereinstimmende Gerichtsbesetzung eine Entziehung des gesetzlichen Richters im Sinne des Art. 101 I 2 GG sein soll, geklärt werden. Die Klärung ist entweder für jeden Einzelfall oder, wenn typische Fälle zu erkennen sind, für diese generell vorzunehmen.

Nach überkommener Ansicht ist jede Ungesetzlichkeit in der Gerichtsbesetzung, die durch einen Eingriff einer außerhalb der Rechtsprechung stehenden staatlichen Stelle hervorgerufen worden ist, ein Verstoß gegen den Verfassungsgrundsatz des Art. 101 I 2 GG, während dies, wenn der Besetzungsfehler von einem Handeln der Rechtsprechungsorgane selbst herrührt, nur dann der Fall ist, wenn der zuständige Richter willkürlich entzogen worden ist; eine irrtümlich falsche Bestimmung des Richters durch einen Richter dagegen ist keine Rechtsverletzung im Range eines Verfassungsverstoßes.[368]

Ob dieses Begriffspaar Irrtum und Willkür hier zur Unterscheidung von Verfahrens- und Verfassungsverstoß geeignet ist, kann erst entschieden werden, sobald den Darlegungen der Verfechter dieser Abgrenzungsmerkmale entnommen ist, welcher Sinn diesen Begriffen beigelegt wird und welche Folgerungen sich daraus für das Verhältnis von verfahrensrechtlichem Besetzungsfehler und Entziehung des gesetzlichen Richters ergeben.

Bettermann[369] setzt den Begriff der Willkür einem auf Vorenthaltung des gesetzlichen Richters abzielenden Vorsatz gleich: Kenntnis der rechtmäßigen Zuständigkeitsordnung und Wille, sie zu verletzen. Fahrlässigkeit genügt nach seiner Ansicht nicht, einen Irrtum zu verneinen und Willkür anzunehmen.

Kern[370] stellt die Begriffe Willkür und Vorsatz gemeinsam dem Irrtum gegenüber; während der error in procedendo eine objektiv unrichtige Gerichtsbesetzung verursacht, wird als willkürlich und vorsätzlich ein Handeln gekennzeichnet, mit dem der Handelnde aus sachfremden Motiven bewußt rechtswidrig auf eine unzulässige Richtervertauschung abzielt.

Arndt[371] hält ebenfalls an dem Begriffspaar Irrtum und Willkür fest, befreit das Willkürmerkmal jedoch von subjektiven Erfordernissen; er läßt den objektiven Mißstand ausreichen und sieht als verfassungswidrige Willkür jede „gezielte" Richterbestellung an, die dadurch möglich wird, daß das Berufensein eines Richters zur Entscheidung sich nicht allgemein und nicht normativ vorbestimmt aus

---

[368] Zusammenfassend *Schorn*, S. 156.

[369] *Bettermann*, S. 565 (6.).

[370] *Kern*, S. 191 (3.); *Kern*, JZ 56, 409 (411).

[371] *Arndt*, JZ 56, 633.

Gesetz und Geschäftsordnung finden und erkennen läßt, sondern auf der Anordnung einer Person (etwa des Vorsitzenden) beruht, die diese innerhalb eines ihr belassenen Ermessensspielraums — und sei es auch ohne sachfremde Erwägungen — getroffen hat. (Insoweit hat Art. 101 I 2 GG bei Arndt eine Strukturkontrolle der rechtsprechenden Gewalt zur Aufgabe). Unklar bleibt indes, wie Arndt Irrtum und Willkür demgegenüber dann voneinander abgrenzt, wenn dem Gesetzesvorbehalt des Art. 101 I 2 GG genügt und der gesetzliche Richter mittels dieser Normen eindeutig bestimmbar ist, der Vorsitzende oder eine andere Person aber nunmehr die Richterbank entgegen diesen Vorschriften ohne Fahrlässigkeit oder leicht- oder grob-fahrlässig oder gar vorsätzlich falsch besetzt; es ist jedoch ebensowenig erkennbar, daß Arndt in diesen Fällen die schlicht-gesetzwidrige Besetzung der Richterbank und die Entziehung des gesetzlichen Richters etwa ohne Zuhilfenahme der Begriffe Irrtum und Willkür voneinander abgrenzen will.

Auch die gerichtliche Praxis hat unter Berufung auf Kern die Begriffe Irrtum und Willkür übernommen und mit ihrer Hilfe den Verfahrensmangel der falschen Gerichtsbesetzung vom Verfassungsverstoß der Entziehung des gesetzlichen Richters unterschieden.[372]

Dies trifft insbesondere für das Bundesverfassungsgericht zu, das die Termini Irrtum und Willkür erstmals in seiner Entscheidung vom 26. 2. 1954[373] verwendet, sie dort allerdings weder erklärt noch ihre Anwendung begründet. In seinem Urteil vom 20. 3. 1956[374] kehrt dann nur der Irrtumsbegriff wieder, während das Willkürmerkmal vorübergehend fallengelassen wurde, indem das Bundesverfassungsgericht es dahingestellt ließ, wie Verfahrensirrtum und Entziehung des gesetzlichen Richters voneinander abzugrenzen sind. In seinen späteren Entscheidungen hat dann aber das Bundesverfassungsgericht wieder Irrtum und Willkür einander gegenübergestellt und zur Beantwortung der Frage: bloßer Verfahrensmangel oder Verfassungsverstoß, herangezogen.[375] Dabei hatte das Bundesverfassungsgericht auch Gelegenheit, den Begriff „Willkür" zu interpretieren, und nahm mit seiner Deutung eine Mittelstellung ein: Das Gericht bejaht Willkür im Sinne des Art. 101 I 2 GG nicht nur bei einem auf unsachlichen Erwägungen beruhenden Verstoß gegen die Zuständigkeitsordnung,[376]

---

[372] Vgl. u. a. BayVerfGH in NJW 62, 790 („Verfahrensirrtum" ./. „unsachliche, also willkürliche Erwägungen des Richters"); BGH NJW 58, 429 (allerdings mit bedenklicher Formulierung); zur zukünftigen Entwicklung: *Kern*, JZ 59, 219 (220).

[373] BVerfGE 3, 359 (364).

[374] BVerfGE 4, 412 (417).

[375] Vgl. etwa BVerfG in MDR 63, 194.

[376] Vgl. u. a. BVerfGE 7, 327 (329); 11, 263 (264, II 1); 15, 303 (306).

sondern sieht Art. 101 I 2 GG schon bei offensichtlicher Unhaltbarkeit der Zuständigkeitsentscheidung für verletzt an.[377]

Von den obersten Bundesgerichten hat das Bundesarbeitsgericht, das ebenfalls „Irrtum" und „Willkür" miteinander konfrontiert, sein besonderes Augenmerk auf die Klarstellung dieser Begriffe gerichtet. Allerdings konnten die Verlautbarungen der einzelnen Senate hierzu nicht einheitlich sein, weil sie von unterschiedlichen Grundeinsichten ausgingen. Während der 2. Senat[378] — um jedem Mißtrauen von vornherein den Boden zu entziehen — die volle rechtliche Nachprüfbarkeit der Kompetenz des entscheidenden Richters erreichen will und jeden Richter, der nicht klar aus dem Gesetz durch reine Rechtsauslegung bestimmbar ist, als willkürlich berufen ansieht — den Begriff der Willkür also frei von subjektiven Kriterien versteht —, geht der 1. Senat[379] aus von einem gesicherten demokratisch-rechtsstaatlichen Ablauf der Staatsfunktionen und von der rechtsstaatlichen Gesinnung jedes Einzelnen, der auf die Richterzuteilung Einfluß haben kann — insbesondere der Richterschaft selbst — sowie von einem umfassenden Vertrauen aller Rechtsuchenden und der Öffentlichkeit auf die rechtsstaatlich einwandfreie Zuweisung jedes Richters; damit ist Aufgabe des Art. 101 I 2 GG nicht bereits die Schaffung einer allgemeinen Vertrauensgrundlage, sondern nur der Schutz gegen Unlauterkeiten bei der Richterbestimmung im einzelnen Falle, so daß für den 1. Senat auch der Richter „gesetzlicher" Richter sein kann, der infolge einer Gesetzeslücke[380] nicht eindeutig bestimmbar war, sondern durch eine sachgemäße Ermessensentscheidung einer Person berufen wurde; der 1. Senat sieht die Einflußnahme einer Person oder eines Kollegiums auf die richterliche Zuständigkeitsverteilung im Einzelfall durch Willensentscheidung also lediglich dann als Willkür und Verstoß gegen Art. 101 I 2 GG an, wenn diese Willensentscheidung auf sachfremden Erwägungen beruht.

Die Besprechung der vorgetragenen Ansichten zum Irrtums- und besonders zum Willkürbegriff und die Abwägung ihrer unterschiedlichen Auswirkungen auf das Verständnis der Verfahrensrüge wegen fehlerhafter Besetzung der Richterbank und der Verfassungsbeschwerde wegen Entziehung des gesetzlichen Richters soll ausgehen von der Meinung des 1. Senats des Bundesarbeitsgerichts.

Die Auffassung des 1. Senats kann, wenn man seiner Grundeinsicht[381] — grundsätzliches Vertrauen aller in die Unabhängigkeit und

---

[377] BVerfGE 6, 45 (53).

[378] Vgl. BAG, JZ 62, 544.

[379] BAG NJW 61, 1740 (1741, 1743).

[380] Die allerdings „möglichst" klein sein muß, so daß sachfremde Einflüsse „hinreichend" ausgeschlossen sind, BAG, 1. Senat, a. a. O., S. 1741 unter Bezugnahme auf BVerfGE 9, 223.

[381] BAG, 1. Senat, a. a. O., S. 1743.

Lauterkeit der Rechtspflege — folgt, nicht widerlegt werden. Es besteht in diesem Falle kein Anlaß, jegliche Ermessensentscheidung zur Bestimmung des zuständigen Richters als unzulässig anzusehen. Nur gibt es Art. 101 I 2 GG jedem an die Hand nachzuweisen, daß er infolge einer fehlerhaften Ermessensentscheidung, nämlich durch eine sachfremde Ausfüllung und Ergänzung der gesetzlichen Zuständigkeitsnormen, dem Richter entzogen worden ist, der ohne dieses nicht vorherzusehende Ereignis auf ihn zugekommen wäre.

Könnte der Grundsatz des gesetzlichen Richters — immer — in diesem Sinne gehandhabt werden, so wäre dies zugleich Ursprung und Beweis eines vom Rechtsstaatsgedanken durchdrungenen öffentlichen Lebens. Doch wird ein solches Unternehmen stets von Einzelnen oder von Interessengruppen nach der einen oder nach der anderen Seite hin durchkreuzt werden, sei es, daß sie die auf diese Weise größere Möglichkeit der Einflußnahme auf die Richterzuteilung ausnutzen, oder sei es, daß sie sich regelmäßig darauf berufen können, sie seien ihrem gesetzlichen Richter entzogen worden.

Art. 101 I 2 GG muß daher so verstanden werden, daß er nicht auf einem Vertrauen basiert, sondern vielmehr erst ein Vertrauen schafft.[382] Die Auffassung des 1. Senats des Bundesarbeitsgerichts ist mit diesem Verständnis des Art. 101 I 2 GG nicht zu vereinbaren; der Willkürbegriff ist so, wie er vom 1. Senat verstanden wird, zu eng: Willkür im Sinne des Art. 101 I 2 GG ist nicht lediglich die sachfremde Willensentscheidung, sondern jede Willensentscheidung bei der Zuteilung des gesetzlichen Richters.

Ebenfalls zu eng ist der Willkürbegriff Kerns.[383] Legt man ihn zugrunde, so kommt Art. 101 I 2 GG gegen Einflüsse der Rechtsprechungsorgane auf die Bestimmung des gesetzlichen Richters erst dann zur Anwendung, wenn bereits der Tatbestand der Rechtsbeugung vorliegt. In diesen Fällen ist aber Art. 101 I 2 GG schon überflüssig.

Auch Bettermann[384] füllt den Willkürbegriff mit einem subjektiven Merkmal aus, indem er darunter die vorsätzliche Verletzung der rechtmäßigen Zuständigkeitsordnung versteht. Das überzeugt deshalb nicht, weil sonst auf der Verfassungsebene, insbesondere im Rahmen der Verfassungsbeschwerde, lediglich die objektive Verletzung ausschlaggebend ist;[385] dies ist vor allem anerkannt für Art. 3 GG,[386] als dessen Anwendungsfall Bettermann[387] den Art. 101 GG sieht.[388]

---

[382] Von dieser Grundeinstellung ausgehend auch BGH NJW 60, 2109.

[383] *Kern*, S. 191 (3.); *Kern*, JZ 56, 409 (411); s. oben S. 79.

[384] *Bettermann*, S. 565 (6.); s. oben S. 79.

[385] Vgl. *Ostler*, JR 57, 454 (455).

[386] Hierzu *Rinck*, NJW 64, 1649 (1651 f., III u. Fußn. 47/48) mit weiteren Nachweisen.

[387] *Bettermann*, S. 556 (a).

[388] Vgl. *Stree*, NJW 59, 2051.

In Erkenntnis dieser Zusammenhänge versteht das Bundesverfassungsgericht die Willkür im Rahmen des Art. 101 I 2 GG nicht als subjektives Element. Das Gericht hatte Gelegenheit, in seinem Urteil vom 16. 1. 1957[389] den entscheidenden Schritt zur Objektivierung des Willkürbegriffs zu tun; es nahm darin eine Verletzung des Art. 101 I 2 GG schon bei offensichtlicher Unhaltbarkeit der Zuständigkeitsentscheidung an. Diese Auffassung steht in Einklang mit der Grundvorstellung, die das Bundesverfassungsgericht vom Verfassungsprinzip des gesetzlichen Richters hat.[390] Ohne dadurch dessen Wirkung auf richterliche Akte zu übersteigern und somit den verfassungsrechtlichen Gehalt zu überspitzen, sieht das Bundesverfassungsgericht den Zweck des Art. 101 I 2 GG gerade darin, daß er bereits die Möglichkeit und den Anschein der Willkür, die dem bewußt rechtswidrigen Eingriff in die Zuständigkeitsordnung gleichzusetzen seien, ausschließen will.

Daß das Bundesverfassungsgericht mit der Objektivierung des Willkürbegriffs den richtigen Weg beschreitet, zeigt sich auch an den Folgerungen, die vor allem Arndt mit äußerster Konsequenz zieht, nachdem er das Willkürmerkmal vollkommen von subjektiven Momenten befreit hat.[391] In diesem Sinne steht dem gesetzlichen Richter der gewillkürte Richter gegenüber, dessen Berufensein sich nicht allgemein und nicht normativ vorbestimmt aus Gesetz und Geschäftsordnung finden und erkennen läßt, sondern dessen Tätigwerden im Einzelfall oder von Fall zu Fall auf der Willensentscheidung eines anderen beruht.

Nicht nur die vorsätzlich auf sachfremden Erwägungen beruhende Willensentscheidung, sondern jeder Willensakt bei der Berufung des Richters im Einzelfall ist dem Art. 101 I 2 GG verpönt; die Zuständigkeit des Richters ist kein Ermessensbegriff, sondern ein unbestimmter Rechtsbegriff.[392] Der willkürlich berufene Richter ist daher im weiten Sinne des gewillkürten Richters zu verstehen; denn gesetzlicher Richter und gewillkürter Richter schließen sich in ihrer letzten Konsequenz aus. Daraus ergibt sich weiter, daß für Art. 101 I 2 GG die Vermutung der Willkür — hier im Sinne einer sachfremden Einflußnahme — der Willkür selbst gleichsteht; nur unter dieser Voraussetzung kann aber der Art. 101 I 2 GG seine volle Wirkung entfalten, denn er muß, wie bereits gezeigt,[393] die Basis für ein festes Vertrauen in die Rechtsstaatlichkeit — insbesondere der Rechtsprechung — schaffen, indem er die rechtsstaatliche Verfahrensweise gerade bei der Ermittlung des zuständigen Richters für jedermann offensichtlich macht.

---

[389] BVerfGE 6, 45 (53).

[390] Vgl. dazu nämlich BVerfG in NJW 64, 1020.

[391] *Arndt,* JZ 56, 633.

[392] BVerfGE 9, 223; *Arndt,* JZ 62, 545 (3.).

[393] Siehe oben u. a. S. 82 f.

Auf der Grundlage dieses Verständnisses des Willkürbegriffes und des dementsprechend für die Anerkennung eines Verfahrensirrtums freibleibenden Raums läßt sich eine Abgrenzung des Verfassungsverstoßes der Richterentziehung vom bloßen Verfahrensverstoß der unvorschriftsmäßigen Gerichtsbesetzung vornehmen. Allein auf dieser Grundlage ist es auch möglich, die herrschende, aber bisher unbegründete und scheinbar willkürliche[394] Auffassung zu stützen, daß bei einer Zuständigkeitsverschiebung innerhalb der Dritten Gewalt infolge eines Eingriffs von außen immer ein Verfassungsverstoß anzunehmen ist, gleichgültig, ob die Stelle, die die Entziehung vornimmt, sich dazu für berechtigt hielt, daß dagegen ein Irrtum des Gerichts über seine Zuständigkeit oder die Vorschriftsmäßigkeit seiner Besetzung erheblich ist und die Verfassungswidrigkeit ausschließt.

Art. 101 I 2 GG bietet Schutz gegen Willkür. Wird jemand vor einen anderen als seinen gesetzlichen Richter gestellt, so besteht eine unwiderlegbare Vermutung dahin, daß er seinem gesetzlichen Richter willkürlich entzogen worden ist.[395] Der Verfassungsverstoß steht damit bereits fest. Die Willkür braucht nicht besonders nachgewiesen zu werden; ein etwaiger Irrtum bei der Ermittlung des gesetzlichen Richters ist unerheblich.

Von diesem Grundsatz ist eine Ausnahme zu machen, wenn ein Gericht jemandem den gesetzlichen Richter vorenthält. Die Gerichte sind bei ihren Entscheidungen an Gesetz und Recht gebunden (Art. 20 III und ähnlich Art. 97 I GG). Das Ergebnis ihrer Entscheidungen, das gerichtliche Erkenntnis, kann gegen die Verfassung verstoßen und insoweit vom Bundesverfassungsgericht nachgeprüft werden. Im übrigen aber ist die rechtsprechende Gewalt allein den Richtern der einzelnen Gerichtsbarkeiten anvertraut, die unabhängig sind und von keiner anderen Kraft im Staate korrigiert werden können (Art. 92, 97 I GG).[396] In diesem Bereich können Rechtsverletzungen also nur mit der Revision (u. a.) angegriffen werden; auch der Spruch des Rechtsmittelgerichts kann aber falsch sein. Damit hat man es in Kauf genommen, daß falsche Gerichtsentscheidungen gefällt werden und auch unangreifbar bestehen bleiben können. Die fehlerhafte Gesetzesauslegung an sich verstößt noch nicht gegen die Verfassung; der Richter „darf“ also irren. Dem würde eine Auslegung des Art. 101 I 2 GG widersprechen, die jeden Irrtum eines Gerichts bei der Anwendung einer zuständigkeitsregelnden Norm einer bloßen Vermutung folgend als Verfassungsverstoß wegen Verletzung des Art. 101 I 2 GG ansähe und damit in allen diesen Fällen den Weg zum Bundesverfassungsgericht eröffnete. Widerspricht demnach die Handlung, nämlich das

---

[394] *Ostler*, JR 57, 454 (455), und sogar *Arndt* selbst in JZ 56, 633.

[395] In diesem Sinne auch *Schorn*, S. 156.

[396] Vgl. BVerfGE 1, 418 (420, 428 f.); BVerfG in MDR 63, 194.

Irren an sich, nicht dem Art. 101 I 2 GG, so stimmt auch deren Folge mit Art. 101 I 2 GG überein: Der irrtümlich zugeteilte Richter ist gesetzlicher Richter. Die Auslegung des Verfassungsgrundsatzes des gesetzlichen Richters muß also den gleichrangigen Verfassungsgrundsatz, daß die Erkenntnisse der Gerichte nicht von anderen Staatsorganen korrigiert werden können, berücksichtigen. Der Grundsatz, daß jemand seinem gesetzlichen Richter immer entzogen ist, wenn er nicht vor den Richter kommt, der ihm nach dem Gesetz zusteht, ist folglich einzuschränken, wenn der an sich gesetzlich zuständige Richter jemandem durch einen Richter vorenthalten wird; hier ist Art. 101 I 2 GG nur verletzt, wenn nachweislich die Vertauschung nicht auf einem Irrtum dieses Richters, sondern auf Willkür beruht. Art. 101 I 2 GG gründet die gerichtliche Zuständigkeit auf das Gesetz; da allgemein die Gerichte unter Zubilligung der Unabhängigkeit berufen sind, Gesetze auszulegen, kann auch kein Fehler, der ihnen bei der Auslegung zuständigkeitsregelnder Normen unterläuft, über eine bloße Vermutung willkürlicher Richterentziehung grundsätzlich auf den Weg zum Bundesverfassungsgericht führen. Es bleibt hier vielmehr anheimgestellt nachzuweisen, daß die falsche Gesetzesauslegung nicht auf einem Irrtum beruht, sondern daß hinter ihr sachfremde Erwägungen des Gerichtes stehen, durch die der Betroffene seinem gesetzlichen Richter entzogen wird; unter dieser Voraussetzung erst wäre Art. 101 I 2 GG verletzt.

Dieser Nachweis sachfremder Erwägungen ist jedoch auch hier nur erforderlich, soweit ein Irrtum des Gerichts überhaupt beachtlich ist und die Verfassungswidrigkeit der zuständigkeitsverletzenden Handlung ausschließt; erheblich im Rahmen des Art. 101 I 2 GG ist aber — und dies auch bloß wegen der besonderen Stellung der Rechtsprechung im Staatsaufbau — lediglich der Irrtum eines Gerichts bei der Gesetzesauslegung. Außerhalb dieses Bereichs ist der Willkürbegriff allein durch objektive Merkmale umrissen; sobald diese erfüllt sind, wird Willkür bei der Bestimmung der gerichtlichen Zuständigkeit ohne weiteres angenommen. So verhält es sich im Falle des gewillkürten Richters, dessen Zuständigkeit nicht durch Gesetzesauslegung ermittelt, sondern durch Willensakt bestimmt worden ist; ein solcher Richter ist nicht „gesetzlicher" Richter und deshalb im Sinne des Art. 101 I 2 GG verdächtig, so daß allein auf Grund dieser Tatsache vermutet wird, daß dem Betroffenen unter Durchbrechung des Willkürverbotes des Art. 101 I 2 GG ein Richter zugeteilt worden ist. Hier macht es keinen Unterschied, ob der Willensakt von einem Richter oder von einem Verwaltungsbeamten stammt; Grundlage der Zuständigkeitsverteilung ist hier nicht mehr das Gesetz, sondern der zwischengeschaltete oder an die Stelle der Rechtsnorm gesetzte Wille eines Menschen im Einzelfall. Die Privilegien, die der Richter bei der

Rechtsanwendung auf Grund der Verfassung besitzt, werden durch Art. 101 I 2 GG ausgeschlossen für den Fall, daß er durch Willensakt in die gerichtliche Zuständigkeitsordnung eingreift; auch bei der Zuständigkeitsfestlegung durch einen Richter, die durch Willensakt und nicht durch Rechtsauslegung erfolgt ist, bedeutet also bereits die aus den objektiven Tatsachen gefolgerte Vermutung der Willkür einen Verstoß gegen Art. 101 I 2 GG, ohne daß ein konkreter Nachweis einer wirklich vorhandenen Willkür dazu noch erforderlich wäre.

Diesem Falle steht es gleich, wenn dem Art. 101 I 2 GG genügende zuständigkeitsregelnde Normen von einem Richter fehlerhaft so ausgelegt werden, daß das Ergebnis dieser Interpretation äußerlich stark von dem bei richtiger Auslegung zu erwartenden abweicht; entsteht hier der Anschein, daß die Zuständigkeit unter Mißachtung der Normen, also willkürlich und fern jeder Rechtsanwendung festgelegt worden ist,[397] dann reichen diese objektiven Tatsachen aus, um einen Verstoß gegen das Willkürverbot des Art. 101 I 2 GG anzunehmen.[398, 399] Denn die für Entscheidungen der Gerichte bei der Ermittlung des gesetzlichen Richters geltende Ausnahme von dem Grundsatz, daß Art. 101 I 2 GG in jedem Falle verletzt ist, wenn jemand vor einen anderen als den objektiv richtigen Richter gestellt wird, muß nach allgemeiner Regel eng ausgelegt werden. Diese Ausnahme gilt also nur so weit, als die Zuständigkeitsentscheidung eines Richters für einen verständigen Menschen auf reiner, wenn auch irriger Rechtsanwendung zu beruhen scheint. Jenseits dieser Grenze wird auf Grund objektiver Tatsachen Willkür unwiderlegbar vermutet und damit ein Verstoß gegen Art. 101 I 2 GG bejaht, diesseits der Grenze bleiben die Zuständigkeitsentscheidungen der Gerichte in Anbetracht der Stellung der Gerichtsbarkeiten im Staatsaufbau bis zur Darlegung von hinter der lediglich objektiv irrig erscheinenden Rechtsanwendung stehenden sachfremden Erwägungen und damit einer tatsächlich vorhandenen Willkür vom Bundesverfassungsgericht unkontrolliert.

Damit ist der Willkürbegriff im Sinne des Art. 101 I 2 GG unter Heranziehung objektiver Elemente geklärt, der nicht nur die vorhandene Willkür, sondern weitergehend die auf Grund objektiver Kriterien vermutete Willkür umfaßt. Auf dieser Basis konnte auch

---

[397] Ähnlich *Stree*, NJW 59, 2051; zu vgl. auch BVerfGE 4, 1 (7); *Forsthoff*, § 5 (3.), S. 86.

[398] A. A. ausdrücklich *Bettermann*, S. 565 (6.); im Ergebnis wie hier aber BVerfGE 6, 45 (53).

[399] Mit dieser Überlegung wäre auch der vom BVerfG entschiedene Fall JZ 56, 407 richtiger — im Ergebnis allerdings unter den weiteren Umständen gleich — gelöst worden, anstatt daß der im konkreten Falle kraft Gesetzes ausgeschlossene Richter einem völlig außerhalb der Gerichtsorganisation Stehenden gleichgestellt wurde. Dazu auch *Kern*, JZ 56, 409 (411 unten).

der Begriff des gerichtlichen Verfahrensirrtums eingegrenzt werden; ein solcher Irrtum, der keinen Verstoß gegen Art. 101 I 2 GG begründet, ist dann zu bejahen, wenn ein Gericht den gesetzlichen Richter einer Sache durch reine Rechtsauslegung ermitteln kann und das Gesetz auch angewandt zu haben scheint, dabei jedoch zu einem irrigen Ergebnis gekommen ist, ohne daß ihm sachfremde Erwägungen bei der Feststellung des zuständigen Richters nachzuweisen wären.

Anhand dieser Abgrenzung und Gegenüberstellung konnte die herrschende Lehre[400] bestätigt werden, die grundsätzlich jede fehlerhafte Entscheidung eines öffentlichen Gewaltträgers über die gerichtliche Zuständigkeit als Verstoß gegen Art. 101 I 2 GG ansieht, dabei aber bei entsprechenden Fehlentscheidungen der Gerichte dahingehend unterscheidet, daß Art. 101 I 2 GG nur verletzt ist, wenn der Mangel auf Willkür beruht, nicht dagegen, wenn er die Folge eines Verfahrensirrtums ist, der dann lediglich die Revision begründen kann.[401]

---

[400] Diese findet sich erstmals näher dargelegt bei *Kern*, S. 191. Kern weicht dabei allerdings — abgesehen von dem in seinem Verständnis steten Wandlungen unterworfenen Willkürbegriff — in einzelnen Punkten von der heute gültigen Auffassung ab. Das hat seine Ursache darin, daß Kern — erstens — bei seiner Erörterung nicht von Art. 105 WV (= Art. 101 GG) ausgeht, sondern von § 16 GVG und allgemein vom Grundsatz des gesetzlichen Richters; daher braucht für ihn auch „Entziehung des gesetzlichen Richters" nicht gleichbedeutend mit einer Verletzung des Verfassungsrechtssatzes und der heute damit verbundenen Zulassung der Verfassungsbeschwerde zu sein. Kern kann deshalb — zweitens — einen wertungsfreien Begriff der Entziehung des gesetzlichen Richters zugrundelegen, so daß für ihn jeder objektive Verstoß — auch jeder Verstoß eines Gerichts — gegen die gesetzliche Zuständigkeitsordnung eine Richterentziehung ist. Nun unterteilt Kern: Dieser objektive Verstoß gegen die gesetzliche Zuständigkeitsordnung („Richterentziehung") zeitigt Folgen, die unabhängig von Irrtum oder Willkür immer gleich sind, wenn der Verstoß auf das Einwirken einer außerhalb der Gerichte stehenden Stelle oder solcher Personen innerhalb der Gerichtsorganisation zurückgeht, die allgemein oder in einer bestimmten Sache keine richterlichen Aufgaben wahrnehmen dürfen; dagegen ist durch diese bloße Tatsache der „Richterentziehung" noch nichts über ihre Folgen gesagt, wenn ein Gericht diesen Verstoß verursacht; hier wertet Kern erst in der darüberliegenden Ebene, indem er nämlich der „Richterentziehung" verschiedene Folgen beimißt, je nachdem sie auf Irrtum oder Willkür beruht.

[401] Im Ergebnis ebenso etwa BGH NJW 58, 429 (430 a. E.), allerdings mit bedenklicher Formulierung: „... Jene Bestimmungen (d. h. Art. 101 I 2 GG, § 16 GVG) geben in dem hier in Betracht kommenden Bereich (d. h. innerhalb der rechtsprechenden Gewalt) nur einen Schutz gegen Willkür (Zit. ...). Etwas anderes gilt dann, wenn es sich um das Einwirken einer außerhalb der Gerichte stehenden Stelle oder ... handelt, ..." Der BGH übersieht damit, daß Art. 101 I 2 GG immer nur gegen Willkür schützt, daß diese Willkür aber in einem gewissen Bereich als auf Grund vorhandener objektiver Anhaltspunkte vermutete Willkür zu verstehen ist, s. o. S. 83 ff.

Diese übliche Unterscheidung mit Hilfe des Merkmals „Verfahrensirrtum“ scheint nicht auch mit dem Hinweis darauf untermauert werden zu können — wie es bisweilen geschieht[402] —, daß ein Verfahrensirrtum schon begrifflich ausgeschlossen sei, wenn es sich um das Einwirken einer außerhalb der Gerichte stehenden Person oder Stelle handelt, denn diese petitio principii beweist noch nicht, daß die Privilegierung des Verfahrensirrtums im Rahmen des Art. 101 I 2 GG überhaupt gerechtfertigt ist. Da dies auch nicht mehr ohne weiteres mit einem geschichtlichen Hinweis darauf belegt werden kann, daß die außerhalb der Rechtsprechung stehenden Staatsgewalten und ihre einzelnen Amtsträger weniger vertrauenswürdig waren, mußte zur Begründung auf die Stellung der Dritten Gewalt im Staatsaufbau zurückgegriffen werden.

Durch diese Gegenüberstellung von Verfahrensirrtum und willkürlicher[403] Entziehung des gesetzlichen Richters konnte der verfassungsrechtliche Gehalt der Frage nach der Gesetzlichkeit der Richterzuteilung geklärt werden, so daß damit anhand sachlich-rechtlicher Gesichtspunkte die Tatbestände, die eine lediglich prozeßrechtlich erhebliche Unvorschriftsmäßigkeit der Gerichtsbesetzung beinhalten, von denen unterschieden werden konnten, die zugleich einen Verstoß gegen den Verfassungsgrundsatz des gesetzlichen Richters enthalten. In letzteren Fällen stehen als Rechtsmittel grundsätzlich sowohl die Revision (und Wiederaufnahme) wie auch die Verfassungsbeschwerde als Rechtsmittel zur Verfügung. Obwohl durch sie gleiche Tatbestände unter verschiedenen rechtlichen Gesichtspunkten geprüft werden, ist es nunmehr doch notwendig, dieses sachliche Nebeneinander aus rechtspolitischen Gründen in eine bestimmte Reihenfolge zu bringen, damit das Bundesverfassungsgericht (Gleiches gilt gegebenenfalls für Landesverfassungsgerichte) nicht mit Verfassungsbeschwerden überschwemmt wird; in diesem Sinne kann nach § 90 II BVerfGG die Verfassungsbeschwerde erst nach Erschöpfung des Rechtsweges erhoben werden.

C. Der Wirkungsbereich des Verfassungsgrundsatzes des gesetzlichen Richters (Art. 101 I 2 GG) im einzelnen

I. Adressaten des in Art. 101 I 2 GG enthaltenen Ge- und Verbots

1. Regierung und Verwaltung

Der Grundsatz des gesetzlichen Richters, der ursprünglich die Gewaltenteilung gewährleisten und die Kabinettsjustiz verhindern

[402] Vgl. BVerfG in JZ 56, 407; *Leibholz-Rinck,* Art. 101 Anm. 6.

[403] Nach dem Sinn des Art. 101 I 2 GG ist das Willkürmerkmal in ihm ungeschrieben enthalten, entgegen der Ansicht von *Ostler,* JR 57, 454.

wollte, wendet sich — wenngleich mehr vorbeugend als früher — auch jetzt noch vor allem an die Zweite Gewalt in allen ihren Funktionen.

Art. 101 I 2 GG verbietet der Regierung und ihren Verwaltungsbehörden Richterentziehungen durch Hoheitsakt (Rechtsetzungsakt und Verwaltungsakt) sowie durch innerbehördliche Maßnahmen (organisatorischer und personeller Art). Soweit den Behörden in ihrer Eigenschaft als normgebenden Organen gemäß Art. 80 I GG die gesetzliche Einzelausgestaltung zur Erfüllung des Verfassungsgrundsatzes übertragen ist, enthält Art. 101 I 2 GG für sie ein Ge- und ein Verbot.[404] Entziehungen im Rahmen des Verwaltungshandelns sind möglich durch unmittelbare Eingriffe (z. B. Vorenthaltung jeglichen Richters, Unterstellung unter die Zuständigkeit eines bestimmten anderen Richters) wie durch mittelbare zuständigkeitsändernde Maßnahmen (z. B. Abberufung eines Richters).

Besonders augenfällige Verstöße gegen den Grundsatz des gesetzlichen Richters sind durch die Polizei möglich. Zwar ergibt sich das Recht des Verhafteten, binnen einer bestimmten Zeit dem Richter vorgeführt zu werden, aus Art. 104 GG und allgemein-rechtsstaatlichen Erwägungen, doch greift hinsichtlich des strafprozessualen Anspruchs, einem Richter schlechthin und insbesondere dem zuständigen Richter vorgeführt zu werden, Art. 101 I 2 GG ein. Art. 101 I 2 GG kommt auch sonst zur Geltung, wenn die Polizei einen zur Zuständigkeit der Gerichte gehörenden Fall nicht oder nicht rechtzeitig an diese abgibt. Weiter verstößt sie gegen Art. 101 I 2 GG, wenn sie entgegen ihren Befugnissen Strafen verhängt oder sich in rein zivilrechtliche Angelegenheiten einmischt und dadurch eine so erhebliche Behinderung schafft, daß der richterliche Schutz nicht mehr wirksam werden kann.[405]

2. Staatsanwaltschaft

Der Staatsanwaltschaft sind bedeutende Aufgaben bei der Vorbereitung und Durchführung vor allem der Strafprozesse übertragen; in erheblichem Maße wirkt sie insbesondere bei der Festlegung der gerichtlichen Zuständigkeit in den einzelnen Verfahren mit.

Die Bedeutung des Art. 101 I 2 GG für die Tätigkeit der Staatsanwaltschaft ist daher überragend, um so mehr, als die normativen Grundlagen, die der Gesetzgeber der Staatsanwaltschaft zur Feststellung der strafprozessualen Zuständigkeit an die Hand gegeben hat, im Sinne einer beweglichen Zuständigkeitsregelung sehr unbestimmt formuliert sind. Abgesehen davon, daß der Gesetzgeber von

---

404 Vgl. im einzelnen hier C I 5 (S. 97 ff.).

405 Vgl. *Kern*, S. 188; im einzelnen auch oben S. 71 (B II 3 f).

Verfassungs wegen verpflichtet ist, Regelungen zu treffen, „die dem Grundgedanken des Art. 101 I 2 GG besser gerecht" werden,[406] muß aber jedenfalls die Staatsanwaltschaft Begriffe wie etwa die „besondere Bedeutung des Falles"[407] als unbestimmte Rechtsbegriffe verstehen, die ihr keine Ermessensentscheidung gestatten; zudem gebietet Art. 101 I 2 GG, daß die staatsanwaltschaftliche Zuständigkeitsentschließung tatsächlich und rechtlich der vollen richterlichen Nachprüfung unterliegt,[408] so daß die Staatsanwaltschaft jeweils anzugeben hat, weshalb sie — etwa — die „besondere Bedeutung des Falles" bejaht.[409] Ebenso wie die Regelungen der sachlichen Zuständigkeit hat die Staatsanwaltschaft auch die Vorschriften über die örtliche Zuständigkeit in Übereinstimmung mit Art. 101 I 2 GG zu verstehen, soweit dies überhaupt möglich ist und diese Gesetzesbestimmungen nicht schlechthin verfassungswidrig sind.[410]

Eingehendere und klarere Zuständigkeitsregelungen enthalten im allgemeinen die Geschäftsverteilungspläne der Gerichte. Jedoch bestehen auch in diesem Bereich viele Möglichkeiten vor allem für die Staatsanwaltschaft, eine Verteilung der Sachen nach Gesichtspunkten zu bewirken, die zwar nicht allgemein sachfremd sind, doch gerade dem Grundsatz des „gesetzlichen" Richters zuwiderlaufen und daher objektiv willkürlich im Sinne des Art. 101 I 2 GG sind. Ist etwa in der Geschäftsverteilung eines Landgerichts die Zuständigkeit bei mehreren Angeklagten für die erste Instanz dahin geregelt, daß *die* Kammer die Bearbeitung zu übernehmen hat, die durch den Anfangsbuchstaben des Namens der in der Anklage zuerst genannten Person getroffen ist, so kann diese Norm nur dann im Sinne der Gesetzlichkeit des Richters wirksam werden, wenn die Staatsanwaltschaft nun ihrerseits nicht nach ihrem Ermessen die Reihenfolge in der Anklageschrift bestimmen kann. Sie muß sich daher an eine ein für allemal von vornherein — also normmäßig — feststehende Reihenfolge halten und etwa *den* Angeschuldigten an die Spitze der Anklageschrift setzen, der nach der alphabetischen Ordnung voransteht oder der bisher im Ermittlungsverfahren die beherrschende Person war. Dem-

---

[406] Diese hält auch das BVerfG für möglich, vgl. BVerfGE 9, 223 (230); entschiedener als das BVerfG jedoch *Eb. Schmidt* in einer kritischen Anmerkung zu dieser Entscheidung in JZ 59, 535; wie hier auch *Woesner*, NJW 61, 533.

[407] §§ 24 I Nr. 2, (74 I 2) GVG; ähnlich u. a. § 29 II 1 GVG: Umfang der Sache, § 74 a II GVG: besondere Bedeutung des Falles; zu § 25 Nr. 2 c, § 26 GVG vgl. aber oben S. 29 (A II 2 b bb), zu §§ 7 ff. StPO oben S. 30 (A II 2 b, bb).

[408] Vgl. auch §§ 209, 270 StPO.

[409] BVerfGE 9, 223 (228 f.); vgl. ferner oben S. 29 (A II 2 b, bb).

[410] Vgl. oben S. 30 (A II 2 b, bb).

entsprechend hat das Oberlandesgericht Nürnberg[411] unter Zugrundelegung eines objektiv verstandenen Willkürbegriffs einen Verstoß der Staatsanwaltschaft gegen Art. 101 I 2 GG festgestellt, als sie von der Norm abweichend aus „prozeßökonomisch und kriminalpolitisch durchaus beachtenswerten Erwägungen" „in der Anklageschrift willkürlich die Reihenfolge der Angeschuldigten so festgelegt" hatte, daß eine durch den Geschäftsanfall minder belastete Strafkammer zuständig wurde.

Art. 101 I 2 GG richtet sich also an die Staatsanwaltschaft, gleichgültig, ob es sich um die örtliche, sachliche, funktionelle Zuständigkeit oder um die Geschäftsverteilung im Strafverfahren handelt oder ob es um andere den Grundsatz des gesetzlichen Richters berührende Fragen geht, in denen die Staatsanwaltschaft Befugnisse hat.[412]

3. Richter und Gerichte

Art. 101 I 2 GG wendet sich auch an die Richter und Gerichte. Sollte der Grundsatz des gesetzlichen Richters ursprünglich die Gewaltenteilung sichern, also von außen kommende Eingriffe in die richterliche Tätigkeit verhindern, so garantiert er jetzt allgemein die Rechtsstaatlichkeit auf dem Gebiete der Gerichtsverfassung und verpflichtet demnach nicht zuletzt Richter und Gerichte selbst, jedem seinen gesetzlichen Richter zu gewähren. Dieses neue Verständnis des Grundsatzes des gesetzlichen Richters ist eine zwingende Folge der ständigen Erweiterung des gerichtlichen Rechtsschutzes und der damit parallel laufenden Vergrößerung und Verästelung des Rechtsprechungsapparates; solange der Rechtsuchende noch darum kämpfen mußte, überhaupt vor einem unabhängigen Gericht gehört zu werden, genügte es, den Umfang des Verbotes der Richterentziehung als auf das Verhältnis der Zweiten zur Dritten Gewalt beschränkt aufzu-

[411] OLG Nürnberg in NJW 63, 502, dessen Begründung nur in Einzelpunkten bedenklich ist; ebenso in anderem Zusammenhang (Zuteilung der Sachen durch die Geschäftsstelle) BGH NJW 60, 2109: daß bei der Verteilung der Sachen bei gleichzeitigem Eingang „Gesichtspunkte mitwirken, ... die keineswegs unsachlich zu sein brauchen. Damit ist aber das Recht auf den gesetzlichen Richter nicht mehr gewährleistet ...".

[412] Vgl. etwa BGH NJW 60, 542 (544, 2.): Rücknahme der Klage und Erhebung einer neuen Anklage mit dem gleichen Inhalt; der BGH geht dort allerdings irrtümlich davon aus, daß die Staatsanwaltschaft „bei der Wiederholung der öffentlichen Klage in der Ausübung des ihr nach § 24 I 2, § 74 I GVG zustehenden Ermessens bei der Wahl des zuständigen Gerichts wieder frei" sei, abgesehen von einer mißbräuchlichen Handhabung der Befugnis zur Klagerücknahme und des Wahlrechts bei der Neuerhebung der Anklage; vgl. in diesem Zusammenhang auch BVerfG NJW 65, 1223 (1224, B 2).

fassen; in der heutigen Zeit dagegen, in der der in der Verfassung verankerte vollkommene Rechts(weg)staat Wirklichkeit geworden ist, in der aber auch wegen der größeren Anzahl von Richtern und Gerichten die rechnerische Möglichkeit der Richtervertauschung dementsprechend größer geworden ist, hat der Rechtsuchende einen Anspruch darauf, gerade vor denjenigen unter allen Richtern gestellt zu werden, der ihm aus dem Zusammenspiel der zahlreichen Zuständigkeitsnormen zusteht; in diesem Sinne kann der Grundsatz der Gesetzlichkeit des Richters nur wirksam werden, wenn jeder, der auf die Zuständigkeitsverteilung innerhalb der Dritten Gewalt Einfluß hat, somit auch der Richter selbst, als Adressat dieses Verfassungsgebotes angesehen wird.

Art. 101 I 2 GG wendet sich in dreierlei Hinsicht an die Gerichte:

a) Die *Gerichtsverwaltung* kann jemanden seinem gesetzlichen Richter entziehen, etwa dadurch, daß die Geschäftsstelle Aktenzeichen in einer Weise zuteilt, die der maßgebenden Norm zuwiderläuft.[413] Bei Maßnahmen der Gerichtsverwaltung, die keine unter der Garantie der Unabhängigkeit vorgenommenen richterlichen Akte sind, kommt es für das Eingreifen des Art. 101 I 2 GG nicht darauf an, ob die Normverletzung auf Irrtum oder Willkür beruht,[414] da die Gerichtsverwaltung den Verwaltungsbehörden der Zweiten Gewalt in dieser Hinsicht gleichsteht.[415]

b) Die *gerichtliche Selbstverwaltung* kann gegen den Grundsatz des gesetzlichen Richters als Verbot wie als Gebot verstoßen.

So kann etwa das Präsidium im Hinblick auf den Vorrang des — förmlichen — Gesetzes dadurch den Art. 101 I 2 GG verletzen, daß es bei der Erstellung des Geschäftsverteilungsplanes gegen gerichtsverfassungsrechtliche Vorschriften verstößt, die für die Gesetzlichkeit des Richters Wesentliches beinhalten und deren Befolgung daher durch Art. 101 I 2 GG gesichert wird; ebenso handelt das Präsidium dem *Verbot der Richterentziehung* zuwider, wenn es eine Richter- oder Geschäftsverteilung in einer Weise vornimmt, die sich — ohne Verletzung einer sonstigen Norm — unmittelbar mit Art. 101 I 2 GG nicht vereinbaren läßt, indem es also etwa eine Kammer übermäßig mit Richtern (über-)besetzt.[416]

Gegen das *Gebot der Gesetzlichkeit des Richters* kann durch die gerichtliche Selbstverwaltung verstoßen werden, indem etwa das Präsidium bei der Erstellung des Geschäftsverteilungsplanes den als Grundsatz der gerichtlichen Zuständigkeitsregelung in Art. 101 I 2 GG

---

[413] Vgl. OLG Neustadt, MDR 65, 225.

[414] Vgl. BGH in DRiZ 63, 357; a. A. BAG NJW 61, 1740.

[415] Vgl. daher im einzelnen oben S. 79 ff. (B II 4).

[416] Vgl. dazu oben S. 42 ff. (A II 2 b, cc [2]). S. ferner BayVerfGH NJW 68, 99.

enthaltenen Vorbehalt des — materiellen — Gesetzes nicht hinreichend beachtet. Die Verteilung der Geschäfte muß nämlich danach so eingehend und dergestalt geregelt sein, „daß der ... im einzelnen Fall zuständige Richter im voraus und allgemein objektiv bestimmbar ist".[417] Zwar bereitet es Schwierigkeiten, allgemeine und zugleich für die Praxis brauchbare Merkmale zu finden, die jede willkürliche Zuteilung schlechthin ausschließen[418] in dem Sinne, daß die gerichtliche Zuständigkeit für jeden Fall rechtsatzmäßig in einer Weise festliegt, die es gestattet, die Entscheidung über die Zuständigkeit anhand reiner Rechtsanwendung zu treffen und ebenso diese Entscheidung bei erneuter Rechtsanwendung im Falle einer Überprüfung eindeutig nachzuvollziehen.[419] Solche allgemeinen und dem Grundsatz der Gesetzlichkeit des Richters genügenden Merkmale werden aber trotz der vorhandenen Schwierigkeiten bald gefunden sein, seitdem sich unter der Geltung des Art. 101 I 2 GG die Präsidien aller Gerichte um die Klärung dieser Probleme bemühen, mögen auch die Auffassungen über die von Art. 101 I 2 GG gestellten Anforderungen auseinandergehen. Kennzeichnend für die Kleinarbeit, die bei der Geschäftsverteilung zu leisten ist, bezeichnend aber auch für die Tatsache, daß es sich bei den Schwierigkeiten einer Geschäftsverteilung im Sinne des Art. 101 I 2 GG häufig um Probleme handelt, die parallel bei allen Gerichten und Gerichtszweigen auftreten, und die Rechtsprechungsorgane sich deshalb gegenseitig bei ihrer Überwindung anregen können, ist das Urteil des Bundesgerichtshofs vom 17. 8. 1960[420]; der Bundesgerichtshof hat darin eine Geschäftsverteilung als im Sinne des Art. 101 I 2 GG lückenhaft angesehen, gemäß der die Sachen nach dem zeitlichen Eingang den Kammern zugeteilt werden sollten, die dann jedoch den Fall, daß mehrere Sachen gleichzeitig beim Landgericht eingehen, nicht besonders regelte, so daß also der Geschäftsstellenleiter jeweils eine willkürliche Zuteilung vorzunehmen hatte. Über diesem Beispiel darf indes nicht aus dem Auge verloren werden, daß die Geschäftsverteilungspläne bisweilen viel krassere Lücken aufweisen, daß etwa ein Geschäftsverteilungsplan den richterlichen Eildienst überhaupt nicht oder nicht in einer dem Art. 101 I 2 GG genügenden Art und Weise regelt.[421]

Trifft die gerichtliche Selbstverwaltung ihre Anordnungen auch unter der Garantie der richterlichen Unabhängigkeit und sind diese auch ebensowenig wie echte Rechtsprechungsakte von außerhalb der Gerichtsbarkeit stehenden Organen nachprüfbar, so kommt es doch

---

[417] BAG (2. Sen.), JZ 62, 544.
[418] Vgl. hierzu BGH NJW 60, 2109 und BAG NJW 61, 1740.
[419] Vgl. hierzu oben S. 23 f. (A II 2 a) und unten S. 97 ff. (C I 5).
[420] BGH NJW 60, 2109; vgl. anderseits BAG (1. Sen.), NJW 61, 1740.
[421] Hierzu näher *Franz*, DRiZ 65, 157.

für die Frage, ob ein Rechtsetzungsakt der Selbstverwaltung gegen den Grundsatz der Gesetzlichkeit des Richters verstößt, nicht darauf an, ob die eventuelle Unvereinbarkeit eines solchen Aktes mit der Verfassung irrtümlich oder willkürlich verursacht wurde.[422] Vielmehr sind die Normen des Geschäftsplanes wie jede andere Norm aus sich heraus zu interpretieren und so auf ihre objektive Vereinbarkeit oder Unvereinbarkeit mit der Verfassung zu überprüfen. Verfassungsmäßigkeit oder Verfassungswidrigkeit einer Norm sind regelmäßig nicht an der Willensrichtung oder Bewußtseinslage des Gesetzgebers bei ihrem Erlaß zu messen. Auf den hinter dem objektiven Gehalt der Norm stehenden wirklichen Willen ihres Schöpfers kann hier nur insoweit zurückgegriffen werden, als eine generelle und abstrakte Zuständigkeitsregelung, die objektiv mit Art. 101 I 2 GG vereinbar ist, trotzdem jemanden seinem gesetzlichen Richter entziehen kann, wenn sie nämlich willkürlich-gezielt zu diesem Zweck in einem bestimmten Zeitpunkt erlassen worden ist.[423]

c) Eine Entziehung des gesetzlichen Richters ist schließlich denkbar durch *Akte der Rechtsprechung* selbst, und zwar sowohl durch die unmittelbare Spruchtätigkeit der Gerichte als auch durch die dem Spruch vorangehenden, ihn vorbereitenden *richterlichen Handlungen*[424] *im weitesten Sinne.*

Die Annahme von Verstößen gegen Art. 101 I 2 GG aus dieser Richtung und in dieser Weise erscheint deshalb zweifelhafter als alle anderen Möglichkeiten einer Richterentziehung, weil der gesetzliche Richter hier gerade durch den Staatsakt soll entzogen werden können, den das Verbot der Richterentziehung ursprünglich herbeiführen und gewährleisten sollte, nämlich die Entscheidung des unabhängigen Richters. Demnach kann es sogar vorkommen, daß jemandem sein gesetzlicher Richter durch den gesetzlichen Richter selbst genommen wird, indem dieser zu Unrecht seine Zuständigkeit verneint oder zwar den Fall zuständigkeitshalber an einen anderen Richter abgeben muß, aber an den falschen verweist; es könnte folglich nicht schlechthin genügen, daß eine Sache bereits an den Richter gelangt ist, dem man wegen seiner Gesetzlichkeit im Sinne des Art. 101 I 2 GG Vertrauen entgegenbringt und der sie deshalb entscheiden soll, sowie daß dieser Gelegenheit gehabt hat, in dieser Sache tätig zu werden, sondern es dürfte danach unter dem Gesichtspunkt des Grundsatzes des gesetzlichen Richters auch nicht gleichgültig sein, wie der gesetzliche Richter in dieser Sache entscheidet.

---

[422] Vgl. hierzu oben S. 84 f. (B II 4).

[423] Vgl in diesem Zusammenhang oben S. 9 ff. (A II 1 a) und S. 32 f. (A II 2 b, cc [1]), sowie insgesamt unten S. 102 f. (C I 5 b).

[424] Vgl. BGH DRiZ 62, 329 (330).

Trotz der aufgezeigten Bedenken ist Art. 101 I 2 GG in der angegebenen Richtung weit auszulegen. Der erkennende Richter, auch der gesetzliche Richter selbst, kann also durch richterliche Handlungen gegen Art. 101 I 2 GG verstoßen; denn dieser Verfassungsgrundsatz bezweckt, daß in einer Sache die (jeweils) erforderliche richterliche Entscheidung (abschließend häufig ein Sachurteil) durch niemand anders als den (jeweils) zuständigen gesetzlichen Richter getroffen wird. Genießt auch der zuständige Richter wegen seiner Gesetzlichkeit im Sinne des Art. 101 I 2 GG uneingeschränktes Vertrauen, so kann sich doch nachher herausstellen, daß seine Entscheidung rechtsfehlerhaft ist; ebenso wie die sachliche Entscheidung gegen materielles Recht und sogar gegen die Verfassung verstoßen kann, können auch Normen, die die Zuständigkeit oder Besetzung regeln, falsch angewendet und dadurch u. U. gar der Verfassungsgrundsatz des Art. 101 I 2 GG verletzt worden sein.[425]

Der Annahme, daß grundsätzlich auch der erkennende Richter jemanden seinem gesetzlichen Richter entziehen kann, steht nicht entgegen, daß Art. 101 I 2 GG bei der Bestimmung der gerichtlichen Zuständigkeit durch rechtsanwendende Staatsorgane nur Willensakte, jedoch keine Erkenntnisakte verbietet; denn er greift bei einer Zuständigkeitsentscheidung des erkennenden Richters ohnehin nur ein, wenn sie auf einem unzulässigen (willkürlichen) Willensakt und nicht auf einem (lediglich infolge eines Verfahrensirrtums) fehlerhaften Erkenntnisakt beruht.[426]

Kann also selbst der gesetzliche Richter durch willkürliche Entscheidung gegen Art. 101 I 2 GG verstoßen, so ist im einzelnen doch fraglich, wie weit dieser Verfassungssatz ein bestimmtes Verhalten des gesetzlichen Richters gewährleistet.

Er garantiert im wesentlichen nur, daß der gesetzliche Richter einen Fall nicht willkürlich an einen (falschen) anderen Richter weitergibt. Dagegen schützt er nicht gegen die formelle Justizverweigerung, also dagegen, daß der gesetzliche Richter den Fall unbearbeitet liegen läßt;[427] denn Art. 101 I 2 GG gibt keinen Anspruch etwa auf ein Urteil oder gar auf ein Sachurteil, noch weniger einen Anspruch auf ein günstiges Sachurteil, da er nichts darüber aussagt, wie der gesetzliche Richter eine Sache zu entscheiden hat.[428]

---

[425] Im übrigen vgl. Einleitung oben S. 91 (C I 3) sowie die Ausführungen zur Abgrenzung von willkürlicher Entziehung des gesetzlichen Richters und Verfahrensirrtum, S. 84 ff. insbesondere (B II 4).

[426] Vgl. BFH in NJW 61, 2280 mit Hinw. auf BVerfG in NJW 54, 593; zurückhaltend BGHZ 6, 178 (182); eingehend s. o. B II 4, insbes. S. 84 ff.

[427] Siehe oben S. 71 (B II 3 f).

[428] BayVerfGH in NJW 62, 790.

Anderseits wird jemand seinem gesetzlichen Richter dadurch entzogen, daß der gesetzliche Richter, wenn er einmal nicht zur vollen Sachentscheidung zuständig ist, die Sache insoweit nicht an den anderen, insoweit zuständigen und gesetzlichen Richter abgibt, sondern unter — nicht lediglich verfahrensirrtümlicher — Überschreitung seiner Kompetenz ein den gesamten Prozeß abschließendes Sachurteil erläßt; so kann etwa ein Gericht der Rechtsinstanz jemanden seinem gesetzlichen Richter entziehen, indem es sich nicht auf die rechtliche Würdigung der von der Tatsacheninstanz festgestellten Tatsachen beschränkt, sondern selbst unzulässigerweise Tatsachenfeststellungen trifft,[429] anstatt die Sache zurückzuverweisen.[430]

Auch durch Akte der Rechtsprechung kann es mithin auf die verschiedenste Weise[431] zu einer Verletzung des Art. 101 I 2 GG kommen, die indes nur dann anzunehmen ist, wenn dieser Verfassungsgrundsatz nicht lediglich verfahrensirrtümlich außer Acht gelassen worden ist.[432]

d) Hiernach ist *abschließend festzustellen,* daß Art. 101 I 2 GG sich auch an die Richter und Gerichte als Adressaten wendet und durch alle Organe der Dritten Gewalt verletzt werden kann; doch hat es sich gezeigt, daß es für die Untersuchung wesentlich ist, jeweils von der Frage auszugehen, ob der Grundsatz des gesetzlichen Richters durch einen (Verwaltungs-)Akt der Gerichtsverwaltung, durch einen Normsetzungsakt der gerichtlichen Selbstverwaltung oder durch einen Rechtsprechungsakt (im weitesten Sinne) des Richters durchbrochen sein mag.

4. Verfassungsgerichtsbarkeit

Art. 101 I 2 GG wendet sich an alle Staatsorgane und gilt daher auch für die gesamte rechtsprechende Gewalt. Die Verfassungsgerichtsbarkeit ist Teil der rechtsprechenden Gewalt.[433] Dementsprechend können die Verfassungsgerichte, insbesondere das Bundesverfassungsgericht, sowie die Verfassungsrichter ebenso gesetzlicher Richter sein wie die Gerichte und Richter der anderen Gerichtsbarkeiten; die Verfassungsgerichtsbarkeit hat aber anderseits auch den Grundsatz des gesetzlichen Richters im selben Maße zu beachten wie diese. Sofern

---

[429] Vgl. BVerfG in NJW 54, 593.

[430] In diesem Sinne auch zu der ähnlich gelagerten Problematik bei der Vorlegungspflicht *Schröder,* NJW 59, 1517, und *Stree,* NJW 59, 2051; hierzu noch unten S. 99 (C I 5 a) und S. 114 (C III).

[431] Im einzelnen vgl. dazu auch C III (S. 110 ff.).

[432] Ebenso — beiläufig — BVerfG NJW 65, 1223 (1224, B 2).

[433] Siehe hierzu *Maunz* in Maunz-Sigloch-Schmidt=Bleibtreu-Klein, Erläuterungen zu § 1 BVerfGG, insbes. Rdn. 7.

etwa das Bundesverfassungsgericht für eine Sache zuständig ist, muß sie innerhalb des Gerichts vor die richtigen Richter kommen,[434] und sofern ein anderes Gericht zuständig ist oder wird, darf das Bundesverfassungsgericht den Rechtsuchenden nicht diesem seinem gesetzlichen Richter entziehen, insbesondere nicht etwa eine Sache an ein unzuständiges Gericht zurückverweisen (vgl. § 95 II BVerfGG). Die für die anderen Gerichtsbarkeiten als Adressaten des Art. 101 I 2 GG entwickelten Grundsätze[435] gelten für das Bundesverfassungsgericht und die Verfassungsgerichte der Länder entsprechend.[436]

5. Gesetzgeber

Art. 101 I 2 GG beinhaltet nicht nur — wie es wegen seiner Formulierung beim ersten Hinsehen scheint — ein Verbot der Entziehung des gesetzlichen Richters, sondern auch ein Gebot, von vornherein den gesetzlichen Richter bereitzustellen; er enthält nicht lediglich einen Vorrang des Gesetzes, sondern nicht minder einen Vorbehalt des Gesetzes.

a) Gebot der Gesetzlichkeit des Richters

Gerade durch dieses Gebot der Gesetzlichkeit des Richters wendet sich Art. 101 I 2 GG an den Gesetzgeber.

Gesetzlicher Richter eines Falles ist nicht bereits der Richter, der im Einklang mit den bestehenden Gesetzesvorschriften zur Entscheidung zuständig ist — was dem allgemeinen Grundsatz des Art. 20 III GG entspräche —, sondern erst der Richter, dessen Zuständigkeit auf Grund abstrakter und genereller Normen allein durch reinen Erkenntnisakt — ohne Zwischenschaltung einer Willensentscheidung — zu ermitteln ist.[437] Art. 101 I 2 GG setzt für den Bereich der richterlichen Tätigkeit ein in dieser Weise lückenloses System zuständigkeitsregelnder Normen voraus; er gebietet damit zugleich dem Gesetzgeber, die entsprechenden Rechtsätze zu erlassen und dadurch den gesetzlichen Richter für alle Fälle von vornherein zuzuteilen.[438]

---

[434] An allen Entscheidungen müssen grundsätzlich sämtliche Mitglieder eines Senats mitwirken, und es dürfte sich also kein Richter durch Vortäuschung einer Verhinderung seiner richterlichen Aufgabe entziehen, vgl. §§ 2 II, 15 II 1 BVerfGG; zur Auslegung dieser Vorschriften und zur Vereinbarkeit des § 15 II 1 mit Art. 101 I 2 GG siehe *Schneider,* ZZP 77, 409 (411 f.) und beiläufig BVerfG in DRiZ 65, 375 (C II 2).

[435] Vgl. oben S. 91 ff. (C I 3).

[436] Vgl. aber darüber hinaus BVerfG in NJW 65, 1707.

[437] Vgl. oben S. 23 f. (A II 2 a) und S. 68 (B II 3 c).

[438] So trotz bedenklicher Einschränkungen dem Grundsatz nach schon BVerfG in NJW 59, 871.

Nur in geringem Ausmaße ist dem Gesetzgeber die Schaffung von Wahlzuständigkeiten gestattet; die Wahlmöglichkeit muß nämlich einmal auf einige wenige Zuständigkeiten beschränkt bleiben, damit der Beklagte nicht der Willkür des Klägers überliefert wird, und ist zum anderen sogar schlechthin unzulässig bei den Prozessen, in denen stets oder regelmäßig der Staat oder ein sonstiger Träger öffentlicher Gewalt Kläger ist, da widrigenfalls durch Ausübung eines Wahlrechts der Staat in anderer Eigenschaft wie als Rechtsetzer die gerichtliche Zuständigkeit bestimmte (Zuständigkeitsbestimmung durch die Partei wäre hier zugleich Kompetenzentscheidung durch den Staat).[439]

Der Gesetzgeber darf also nicht durch Schaffung von Wahlzuständigkeiten oder auch durch sonstige lückenhafte Zuständigkeitsregelungen stillschweigend oder ausdrücklich einem Exekutivorgan oder der in die Rechtspflege eingegliederten Staatsanwaltschaft[440] die Möglichkeit geben, die Zuständigkeit im Einzelfall zu bestimmen.

Sofern der Gesetzgeber dem Richter die Entscheidung über die Zuständigkeit im Einzelfall überläßt, darf dies nur in der Weise geschehen, daß dieser die Zuständigkeit erkenntnismäßig festzustellen und nicht willensmäßig-konstitutiv darüber zu befinden hat; denn die gerichtliche Zuständigkeit darf gemäß Art. 101 I 2 GG weder durch Verwaltungsakt noch durch Richterspruch,[441] sondern nur rechtsatzmäßig bestimmt werden.[442]

Daraus ergibt sich, daß der Gesetzgeber dem Art. 101 I 2 GG genügt, wenn er die Zuständigkeit normativ regelt, dem Richter aber die (bindende) Verweisung wegen Unzuständigkeit gestattet und aufträgt. Ebenso ist es mit Art. 101 I 2 GG vereinbar, wenn anstelle einer bindenden Verweisung von Gericht zu Gericht die Entscheidung von Kompetenzkonflikten oder sonstigen Ungewißheiten über die Zuständigkeit durch ein unbeteiligtes, meist übergeordnetes Gericht (oder Gremium: Präsidium) vorgesehen ist.[443]

---

[439] *Bettermann*, S. 571 f. (V 3 h) und S. 563 f. (IV 5); zur Wahlzuständigkeit in Strafsachen und ihren geschichtlichen und politischen Hintergründen vgl. *Oehler* in ZStrW 64, 292 ff., siehe auch oben S. 24 f. (A II 2 a) sowie S. 89 ff. (C I 2).

[440] Hierzu insbesondere siehe oben S. 89 ff. (C I 2) sowie 29 f. (A II 2 b, bb); vgl. etwa auch *Woesner*, NJW 61, 533.

[441] Wie hier BFH in BStBl 58 III, 198 (200 unten); a. A. *Schiedermair*, DÖV 60, 6 (11), und möglicherweise BSGE 5, 1 (2).

[442] Vgl. *Bettermann*, S. 567 ff. (V 3 e); anders noch die nunmehr unter der Geltung des Art. 101 I 2 GG bedenklichen Ausführungen von *Kern*, S. 187; s. näher oben S. 30 f. (A II 2 b, bb).

[443] Siehe §§ 36 Nr. 2, 5, 6 ZPO, 14, 19 StPO, 5 I 1 FGG, 58 I Nr. 2, 3, 4 SGG, 53 I Nr. 2, 4, 5 VwGO, 34 BDO, 52 III 2. und 3. Alternative WDO, 7 II EGZPO; für die Vereinbarkeit von § 7 II EGZPO mit Art. 101 I 2 GG: BVerfG in NJW 57, 337.

Ist die Zuständigkeit eindeutig und ohne Schaffung einer Wahlzuständigkeit rechtsatzmäßig geregelt, so wird nicht gegen Art. 101 I 2 GG verstoßen, wenn für den Fall, daß mehrere Gerichte — etwa vor der Verbindung mehrerer Sachen — zuständig sind, die Konkretisierung und Konzentrierung der Zuständigkeit auf eins der beteiligten Gerichte dem (übergeordneten) Richter überlassen wird.[444, 445]

Dagegen entspricht der Gesetzgeber nicht dem Verfassungsgrundsatz der Gesetzlichkeit des Richters, wenn er ein (Ober-)Gericht — etwa für den Fall der rechtlichen oder tatsächlichen Verhinderung des „an sich zuständigen Gerichts" — ermächtigt, von einer Vielzahl unzuständiger (gleichstufiger) Gerichte irgendeins für zuständig zu erklären.[446, 447]

Ebensowenig erfüllt der Gesetzgeber seinen Verfassungsauftrag, wenn er den Richter zwar nicht zur Abweichung von der gesetzlichen Zuständigkeitsordnung ermächtigt, wohl aber zur Bestimmung einer gesetzlich ungeregelten Zuständigkeit.[448, 449]

Noch bedenklicher ist die vom Gesetzgeber für die Fälle der Zurückverweisung häufig gewählte Regelung, die dem Richter in doppelter Hinsicht Ermessen einräumt,[450] indem nämlich zum einen nichts über die Voraussetzungen gesagt wird, unter denen das Rechtsmittelgericht an ein anderes Gericht oder an eine andere Kammer statt an die Vorinstanz zurückverweisen darf oder muß,[451] und indem zum anderen das Revisionsgericht ermächtigt wird, bei der Zurückver-

---

[444] Siehe §§ 36 Nr. 3, 4 ZPO, 13 II 2 StPO, 53 I Nr. 3 VwGO.

[445] *Bettermann*, S. 568 f. (V 3 e, cc).

[446] Siehe §§ 36 Nr. 1 ZPO, 15 StPO, 5 I 2 FGG, 53 I Nr. 1 VwGO, 58 I Nr. 1 SGG.

[447] *Bettermann*, S. 569 (V 3 e, dd); hierzu auch oben S. 30 f. (A II 2 b, bb).

[448] Siehe §§ 13 a StPO, 53 II VwGO, 58 I Nr. 5 SGG, 52 III 1. Alt. WDO; vgl. dagegen als verfassungsmäßige Zuständigkeitsregelung etwa § 606 III ZPO (Hilfszuständigkeit des LG Berlin).

[449] *Bettermann*, S. 569 (V 3 e, ee).

[450] Siehe §§ 565 I 2 ZPO, 97 I Nr. 2 WDO, 73 I Nr. 3 BDO; zu § 354 II StPO siehe folgende Fußnote. — Dagegen wird mit Art. 101 I 2 GG vereinbar sein der § 95 II 2. Halbs. BVerfGG, wenn er dahin ausgelegt wird, daß er zwar dem BVerfG bei der Zurückverweisung ein Wahlrecht einräumt („an *ein* zuständiges Gericht"), aber nur zwischen den mehreren Vorinstanzen („an ein *zuständiges* Gericht"); ebenso die §§ 566 a V 1 ZPO, 76 IV ArbGG, 144 V 1 VwGO, 170 III 1 SGG, die bei der erfolgreichen Sprungrevision dem Revisionsgericht die Zurückverweisung an das für die Berufung *zuständige* Gericht gestatten.

[451] Nur in dieser Hinsicht anders § 354 II StPO durch das StPÄG vom 19. 12. 1964 (*immer* Zurückverweisung an andere Richter).

weisung die gesetzliche Zuständigkeit im Einzelfall zu durchbrechen.[452] Auch für den zweiten Rechtsgang muß der Gesetzgeber gemäß Art. 101 I 2 GG die Zuständigkeit rechtsatzmäßig bestimmen und dementsprechend die Fragen „Iudex a quo oder iudex tertius?" und „Quis iudex tertius?" beantworten.[453]

Weiterhin ist der Gesetzgeber an das Gebot der Gesetzlichkeit des Richters gebunden bei der Regelung der richterlichen Zulassung von Rechtsmitteln.[454] Zwar sagt Art. 101 I 2 GG nichts darüber aus, ob der Gesetzgeber ein Rechtsmittel überhaupt gewähren muß; insoweit verhält es sich genauso wie bei der Gewährung des Rechtswegs an sich: dieser wird nicht durch Art. 101 I 2 GG, sondern etwa durch Art. 19 IV GG garantiert.[455] Aber beide Fälle entsprechen sich auch darin, daß, wenn der Rechtsweg oder das Rechtsmittel zugelassen wird, dies gemäß Art. 101 I 2 GG durch generell-abstrakte Norm unter Ausschaltung jeglichen Handlungsermessens geschehen muß. Eröffnet der Gesetzgeber einen Instanzenzug, so hat er ihn gesetzlich zu regeln; darunter fällt auch die Bestimmung der sachlichen und funktionellen Zuständigkeit der Appellationsgerichte und damit eine normative Aussage darüber, welche Entscheidungen unter welchen Voraussetzungen appellabel sind.[456] Diesen Ausführungen ist zu entnehmen, daß es sich bei der Frage der Statthaftigkeit eines Rechtsmittels nicht um ein Problem ausschließlich des Verfahrensrechts, sondern zugleich der Zuständigkeit und damit des Gerichtsverfassungsrechts handelt. Art. 101 I 2 GG prägt nur die Gerichtsverfassung und kann sich nicht auf die Gestaltung des Verfahrens auswirken; er verbietet daher auch nicht die konstitutive Entscheidung des Richters über die Statthaftigkeit eines Rechtsmittels. Der Gesetzgeber darf demnach die Statthaftigkeit eines Rechtsmittels von einer Zulassung durch den iudex a quo[457] oder ad quem oder einen iudex tertius abhängig machen, aber eben nur in der Weise, daß er die Voraussetzun-

---

[452] *Bettermann,* S. 569 f. (V 3 e, ff); insbesondere auch *Bettermann,* JZ 59, 17; damit wohl letztlich dem Grundsatz nach übereinstimmend, nicht jedoch in der praktischen Lösung der Probleme: *Seibert,* JZ 58, 609 und JZ 59, 120; zur Lösung im Sinne des Art. 101 I 2 GG OLG Bremen, NJW 65, 1447 (1448, letzter Absatz).

[453] *Bettermann,* JZ 59, 17; a. A. BVerfGE 20, 336 (342 ff.).

[454] Sie findet sich für die Revision in den §§ 546 I, II ZPO, 72 I 1 ArbGG, 132 I, II VwGO, 162 I Nr. 1 SGG, 115 FGO, 34 II WehrpflG, 339 I LAG, 23 I KgfEG, für die Rechtsbeschwerde in den §§ 92 I 1 ArbGG, 73 I, II KartellG, 76 II PersVG, für die Berufung in den §§ 64 I ArbGG, 150 Nr. 1 SGG, 131 I, II VwGO.

[455] Siehe oben S. 70 (B II 3 e).

[456] Vgl. *Bettermann,* S. 570 (V 3 f); a. A. (im Hinblick auf §§ 150 Nr. 1, 162 I Nr. 1 SGG) BSGE 5, 1 und *Weidner,* JZ 59, 758 (765, D X).

[457] Vgl. dazu BGH in NJW 65, 1965.

gen der Zulassung lückenlos — allenfalls unter Verwendung unbestimmter Rechtsbegriffe — normiert.[461] Wo die Zulassungsnormen des geltenden Rechts Zweifel lassen, ob sie dem Richter ein Handlungsermessen in der Zulassung oder Nichtzulassung der Appellation einräumen, sind sie dahin auszulegen, daß sie es nicht tun, während sie andernfalls gegen Art. 101 I 2 GG verstoßen.[458]

Ebendies gilt auch für die Regelungen der §§ 29 II GVG und 56 WDO, nach denen der Vorsitzende des Schöffengerichts die Zuziehung eines zweiten Amtsrichters bzw. der Vorsitzende der Truppendienstkammer die Zuziehung eines weiteren richterlichen Mitglieds anordnen kann, wenn dies wegen des Umfangs der Sache oder (§ 56 WDO) wegen der besonderen Bedeutung des Falles notwendig erscheint. Zur Gesetzlichkeit des Richters gehört auch eine dem Art. 101 I 2 GG entsprechende Durchformung der Gerichtsorganisation,[459] unter anderem eine generell-abstrakt festgelegte Zusammensetzung der Spruchkörper nach Art und Zahl ihrer Mitglieder;[460] keineswegs darf die Besetzung im Einzelfall, hier die Zuziehung eines weiteren Richters, von einem entsprechenden Antrag der Staatsanwaltschaft abhängen, wie es aber § 29 II 1 GVG bestimmt.[462]

Damit ist bereits die Bedeutung des Gebots der Gesetzlichkeit des Richters auch für die Gerichtsorganisation angesprochen; gerade in dieser Hinsicht werden dem Gesetzgeber Richtlinien nicht nur für den Inhalt, sondern auch für die Form der Gesetze gegeben, die er zur Bereitstellung des gesetzlichen Richters zu erlassen hat.[463]

b) Verbot der Entziehung des gesetzlichen Richters

Die Auswirkung des Art. 101 I 2 GG auf die Tätigkeit des Gesetzgebers erschöpft sich aber nicht darin, daß er ihn verpflichtet, die Gesetzlichkeit des Richters durch ein System zuständigkeitsregelnder Normen zu gewährleisten und zu sichern: Der Gesetzgeber darf ferner niemanden durch Gesetz seinem gesetzlichen Richter entziehen; demnach wendet sich Art. 101 I 2 GG nicht nur durch das in ihm enthaltene Gebot, sondern auch mit diesem seinem Verbot an den Gesetzgeber.

---

[458] Bettermann, S. 571 (V 3 f).

[459] Vgl. oben S. 7 ff. (A II 1), S. 47 (A II 2 b, cc [2]).

[460] Siehe hierzu auch die Ausführungen von *Gelhaar* zur Besetzung der Großen Senate bei den Oberen Bundesgerichten, DRiZ 65, 73 (insbesondere II 2 c); vgl. allerdings zu § 15 II 1 BVerfGG oben S. 97, Fußn. 434 (C I 4) sowie zum früheren § 52 III AO oben S. 38, Fußn. 159 (A II 2 b, cc [2]).

[461] Ohne Stellungnahme dazu BVerfGE 19, 323 (328).

[462] *Bettermann,* S. 571 (V 3 g).

[463] Siehe oben S. 7 ff. [A II 1, insbesondere a)].

Soweit er damit einen Vorrang des Gesetzes bestimmt, richtet er sich nämlich nicht allein an die gesetzesanwendenden Gewalten als solche; vielmehr spricht er in dieser Weise nicht minder die im Range unter der Legislative stehenden rechtsetzenden Organe dieser Gewalten an und ebenso die Legislative selbst, indem er von mehreren — im übrigen gültigen, verfassungsgemäßen — sich widersprechenden zuständigkeitsregelnden Normen die neu erlassene nachrangige, schwächere Norm (etwa des Landesrechts) verfassungswidrig macht.

Art. 101 I 2 GG kennt auch einen Vorrang der Verfassung.[464] Wesentliche rechtsstaatliche Grundsätze, die der Verfassungsrechtsatz des gesetzlichen Richters in sich aufgenommen hat, bestimmen seinen Gehalt und werden umgekehrt durch ihn besonders geschützt.[465] Gesetze zur Regelung der Gerichtsorganisation oder der gerichtlichen Zuständigkeit, die diesen in Art. 101 I 2 GG mitenthaltenen Verfassungsgrundsätzen widersprechen, verstoßen daher zugleich gegen ihn. So wird das Recht auf den gesetzlichen Richter verletzt, wenn etwa die Jurisdiktion bundesrechtlich vorgesehener Gerichte ausgeschlossen wird durch landesrechtliche Einrichtung solcher Gemeindefriedensgerichte, die wegen ihrer strikten personellen Bindung an die Gemeindeverwaltung mit dem Grundsatz der Gewaltenteilung unvereinbar sind.[466]

Soll in die bestehende gesetzliche Zuständigkeitsregelung durch gleich- oder höherrangiges Gesetz eingegriffen werden, so ergibt sich für die Vereinbarkeit oder Nichtvereinbarkeit dieser neuen Regelung mit dem Grundsatz des gesetzlichen Richters nichts mehr unmittelbar aus dem in Art. 101 I 2 GG sichergestellten Vorrang des Gesetzes in obigem Sinne. „Vorrang des Gesetzes" bedeutet aber im anderen Sinne auch Vorrang der Norm vor der Einzelfallregelung. Insoweit ist auch hier ein Einfluß des Verbots der Entziehung des gesetzlichen Richters auf die Tätigkeit des Gesetzgebers festzustellen: Die gesetzliche Zuständigkeit darf immer nur in der Weise geändert werden, daß die nunmehr geltende (Sonder-)Regelung allgemein eine unbestimmte Anzahl von Fällen erfaßt. „Gesetzlicher" Richter ist nämlich nicht rein formell jeder durch Gesetz für zuständig erklärte Richter, sondern materiell der dem jeweiligen Fall normgemäß-stetig zufallende Richter; auch durch gesetzlichen Einzelakt wird jemand also seinem gesetzlichen Richter entzogen. Die gesetzliche Einzelfallregelung ist demnach nicht minder dem Vorrang des Gesetzes (i. S. der Norm) unterworfen als die Zuständigkeitsbestimmung durch Verwaltungsakt oder Richterspruch.

---

[464] Vgl. BVerfG in NJW 65, 1014 zu § 93 a BVerfGG (Verfassungsmäßigkeit dieser gesetzlichen Regelung, die die Vorprüfung der Verfassungsbeschwerde einem Ausschuß des zuständigen Senats überläßt).

[465] Siehe oben S. 15 ff. (A II 1 c).

[466] BVerfGE 10, 200 (213, 216); *Kern*, JZ 60, 244 (245, B II 2 b, bb).

Sie verstößt gegen Art. 101 I 2 GG, gleichgültig, ob sie auf sachfremden Motiven beruht oder nicht; verfassungswidrig ist die Zuständigkeitsbestimmung im Einzelfall bereits an sich, so daß es auf die Motive des Gesetzgebers nicht mehr ankommt.[467]

Dies darf nicht zu der Annahme führen, daß umgekehrt jede der Form nach generell-abstrakte Zuständigkeitsregelung mit Art. 101 I 2 GG übereinstimmt.[468] Der Gesetzgeber kann nämlich einen Einzelfall behandeln, indem er gleichwohl dem Gesetz die Formulierung und den Anschein einer allgemeinen Regelung gibt. Auch eine derartige Zuständigkeitsbestimmung behält ihren Charakter als gesetzlicher Einzelakt und verstößt gegen Art. 101 I 2 GG, ohne daß die Motive des Gesetzgebers entscheidend sind.

Davon rechtlich zu trennen ist der Fall, daß der Gesetzgeber zwar ebenso eine bestimmte Sache vor einen anderen als den ursprünglich zuständigen Richter bringen will, dies aber durch ein Gesetz anstrebt, das außer dieser bestimmten Sache eine unbestimmte Vielzahl von Sachen regeln soll und — wegen der entsprechenden Gegebenheiten — sogar tatsächlich regelt. Dieses Gesetz selbst verstößt nicht gegen Art. 101 I 2 GG, es ist vielmehr verfassungsgemäß; denn die Vereinbarkeit eines Gesetzes mit der Verfassung ist allein an seinem Wortlaut und seinem daraus sich ergebenden Sinn zu messen, während es auf den dahinter stehenden Willen des Gesetzgebers nicht ankommt. Ebensowenig führt Art. 101 I 2 GG von sich aus subjektive Elemente in die Betrachtung ein: Er schützt zwar gegen Willkür, doch ist auch der Willkürbegriff in diesem Zusammenhang objektiv zu verstehen; „Willkür" ist hier gleichbedeutend mit der Vermutung, daß jegliche Einzelfallregelung der gerichtlichen Zuständigkeit auf sachfremden Motiven beruht. Da ein Gesetz der oben genannten Art weder durch seine Form noch in seinen Folgen eine Einzelfallregelung darstellt, darf es als mit Art. 101 I 2 GG vereinbar und verfassungsgemäß bestehen bleiben. So etwa braucht eine Neuregelung der Gerichtsorganisation oder der Geschäftsverteilung nicht rückgängig gemacht zu werden, die gerade in einem bestimmten Zeitpunkt vorgenommen wird, um mit einer unbestimmten Vielzahl von Fällen auch einen (oder mehrere) bestimmte vor einen anderen als den ursprünglich zuständigen Richter zu bringen. Trotzdem verstößt — zwar nicht die Neuregelung als solche, wohl aber — der Erlaß dieses Gesetzes zu diesem Zeitpunkt gegen Art. 101 I 2 GG, weil aus der Vielzahl der Fälle einem bestimmten durch diese Maßnahme der gesetzliche Richter entzogen werden sollte. Hier ist zu berücksichtigen, daß Art. 101 I 2 GG durch die Objektivierung des Willkürbegriffs keine Einschränkung, sondern die seinem Sinn entsprechende Ausweitung er-

---

[467] A. A. *Kern*, S. 202 f.

[468] A. A. *Kern*, S. 203 (indirekt), vgl. anderseits dort S. 201.

fahren hat; keineswegs sollte zugleich der Willkürbegriff in anderer Richtung beschnitten werden, wie es der Fall wäre, wenn die krassere Form der Willkür, nämlich die subjektive, tatsächlich nachgewiesene Willkür, als Ansatzpunkt einer Verletzung des Art. 101 I 2 GG ausgeklammert würde. Demnach ist selbst dann, wenn ein neu erlassenes Gesetz keinen objektiven Verstoß gegen die Gesetzlichkeit des Richters beinhaltet, eine Entziehung des gesetzlichen Richters durch den Gesetzgeber doch festgestellt, wenn nachgewiesen wird, daß der Gesetzgeber die Zuständigkeitsänderung zu diesem Zeitpunkt aus subjektiv-willkürlichen, nicht einmal notwendig sachfremden Überlegungen getroffen hat, um einen bestimmten Fall vor einen anderen als den eigentlich zuständigen Richter zu bringen. Die Neuregelung ist daher als für diesen Fall nicht bestehend zu betrachten.

Innerhalb des aufgezeigten Rahmens — insgesamt also durch generell-abstrakte Norm ohne Ansehung eines Einzelfalles sowie in Übereinstimmung mit höherrangigen Gesetzen — ist dem Gesetzgeber jegliche Änderung der gerichtlichen Zuständigkeit erlaubt. Er darf solchermaßen insbesondere rückwirkend Neuregelungen schaffen und die bereits anhängigen Prozesse vor einen anderen als den bisher mit der jeweiligen Sache befaßten Richter bringen; denn Art. 101 I 2 GG garantiert nicht auch eine perpetuatio fori für die Dauer der Rechtshängigkeit.[469] Eine derartige nachträgliche Änderung der Zuständigkeit verstößt nicht einmal dann gegen den Grundsatz des gesetzlichen Richters, wenn sie für die Rechtsuchenden ungünstig ist; ein prozeßrechtliches Gegenstück zu dem Verbot, materiell-rechtliche Strafgesetze zuungunsten des Täters mit rückwirkender Kraft auszustatten, ist im deutschen Recht nicht bekannt[470] und insbesondere nicht in Art. 101 I 2 GG zu sehen.[471] Daher dürfen sogar bisher gegebene Instanzen abgeschafft oder beschränkt werden (selbst unter Einbeziehung der in diesen Instanzen bereits anhängig gewesenen Sachen),[472] zumal Art. 101 I 2 GG nicht in das Verfahrensrecht eingreift. In diesem Sinne kann die Zuständigkeit nicht nur innerhalb eines Gerichtszweiges verschoben werden, sondern auch von einem Sondergericht — etwa — auf die ordentlichen Gerichte oder umgekehrt von den ordentlichen Gerichten auf ein — neugeschaffenes — Sondergericht, selbst wenn wegen Fehlens eines Instanzenzuges oder aus anderen Gründen der Rechtsuchende dort schlechter gestellt ist.[473]

---

[469] *Bettermann*, S. 572 (V 3 i); im übrigen in der Formulierung bedenklich.

[470] *Kern*, S. 200.

[471] A. A. für Art. 105 WV: *Kaufmann* (siehe bei Kern, S. 200 Anm. 1).

[472] *Kern*, S. 193 f.; *Kern*, JZ 60, 244 (245, B II 2 b, bb); vgl. demgegenüber *v. Mangoldt*, Art. 101 Anm. 3 (betr. Rechtsweg).

[473] *Kern*, S. 197 ff., teilweise einschränkend S. 200; *Kern*, JZ 60, 244 (245 B II 2 b, bb).

c) Gesetzgebungszuständigkeit

Indem sich Art. 101 I 2 GG an den Gesetzgeber wendet, spricht er damit sowohl die Legislative als auch die rechtsetzenden Organe der Exekutive und Judikative an. Seit der Aufnahme des § 16 Satz 2 GVG als Art. 105 Satz 2 in die Weimarer Verfassung ist durch den Grundsatz des gesetzlichen Richters jeder Gesetzgeber, also nunmehr unter der Geltung des Grundgesetzes auch der Bundesgesetzgeber, gebunden.

Die gerichtlichen Zuständigkeiten sind primär durch förmliches Gesetz zu regeln; insoweit richtet sich Art. 101 I 2 GG an die Legislative, und zwar an den Bund ausschließlich oder an den Bund mit Vorrang vor den Ländern. Zur förmlichen Gesetzgebung ist aus der Natur der Sache ausschließlich der Bund berufen hinsichtlich der Bestimmung der Zuständigkeit seiner eigenen Gerichte und der Finanzgerichte.[474] Hinsichtlich aller übrigen Gerichte liegt die förmliche Gesetzgebung beim Bund mit Vorrang vor den Ländern, da nach Art. 74 Nr. 1 GG die Gerichtsverfassung und das gerichtliche Verfahren unter die konkurrierende Bundeskompetenz fallen.[475]

Soweit die gerichtlichen Zuständigkeiten nicht durch förmliches Gesetz bestimmt zu werden brauchen,[476] darf die Legislative diese Regelung der Exekutive und Judikative überlassen. Diese Regelung kann der Exekutive aber zudem nur in den Schranken des Art. 80 I Satz 2—4 GG übertragen werden; als Ausdruck der Rechtsstaatlichkeit und der Gewaltenteilung gelten die Sätze 2—4 des Art. 80 I GG auch für den Landesgesetzgeber.[477] Der richterlichen Selbstverwaltung kann der Bundes- oder Landesgesetzgeber die Zuständigkeitsordnung innerhalb eines Gerichts — die Geschäftsverteilung — überantworten, ohne dabei an Art. 80 I Satz 2—4 GG gebunden zu sein, da Art. 80 erstens nur die Übertragung der Rechtsetzungsgewalt von der Ersten auf die Zweite, nicht auf die Dritte Gewalt betrifft und zweitens nur die abgeleitete Verordnungsbefugnis, nicht aber die Rechtsetzungsbefugnis kraft Autonomie.[478]

6. Parlamente und politische Parteien

Art. 101 I 2 GG wendet sich an die Parlamente nicht nur in ihrer Eigenschaft als Gesetzgeber. Haben sie bereits bei ihrer Gesetz-

---

[474] Vgl. Art. 92, 93 f., 95, 96, 98 I, 108 VI, aber auch 99 GG.

[475] Vgl. allerdings die Einschräkung bei *Bettermann*, S. 567 (V 3 c [2]).

[476] Vgl. einerseits oben S. 9 ff. (A II 1 a) und S. 35 (A II 2 b, cc [2]), anderseits S. 21 ff. (A II 2 a) und S. 31 ff. (A II 2 b, cc [1]).

[477] *Bettermann*, S. 566 (V 3 b).

[478] So BVerwGE 6, 247 für die Gemeindeautonomie; *Bettermann*, S. 566 f. (V 3 b).

gebungstätigkeit auf dem Gebiete der Gerichtsverfassung ständig den Grundsatz des gesetzlichen Richters im Auge zu behalten, so dürfen sie darüber hinaus niemals die gerichtliche Zuständigkeit anders als auf dem Wege der Gesetzgebung ändern. Den Parlamenten und entsprechenden Vertretungskörpern ist insbesondere verboten, sich in die Tätigkeit der Gerichte einzumischen und gesetzlich vor die Gerichte gehörende Sachen an sich zu ziehen; die Einsetzung und die Arbeit parlamentarischer Untersuchungsausschüsse darf weder zu einer Behinderung der Rechtspflege führen noch zu dieser in Konkurrenz treten.[479]

Eine Einflußnahme auf die Besetzung der Gerichte und Richterstellen im allgemeinen ist den Parlamenten und politischen Parteien durch Art. 101 I 2 GG nicht verwehrt.[480]

7. Prozeßparteien

Art. 101 I 2 GG richtet sich nicht an die Prozeßparteien und Verfahrensbeteiligten; er beschränkt nämlich nicht die private, sondern nur die staatliche Willkür, wendet sich also nur an die Staatsorgane und allenfalls noch an die gesellschaftlichen Mächte.[481] Der Verfassungsgrundsatz des gesetzlichen Richters hindert weder Zuständigkeitsvereinbarungen der Parteien noch Schiedsabreden; ihre Zulässigkeit bestimmt sich nach Gesetzesrecht, das dabei durch Art. 101 I 2 GG nicht beschränkt wird.[482]

II. Der Kreis der durch Art. 101 I 2 GG Geschützten

Bei der Frage nach dem Kreis der Geschützten ist von der Doppelnatur des Verfassungsgrundsatzes des gesetzlichen Richters auszugehen, der einerseits eine institutionelle Garantie und ein Gerichtsverfassungsprinzip beinhaltet und anderseits als Verfahrensgrundrecht einem erweiterten Kreis von Berechtigten einen grundrechtskräftigen Anspruch gewährt.[483]

---

[479] Vgl. *Bettermann*, S. 566 (V 2 b); *v. Mangoldt*, Art. 101 Anm. 3; siehe auch oben S. 75 (B II 3 l).

[480] Siehe hierzu oben S. 14 (A II 1 b).

[481] *Bettermann*, S. 562 f. (IV 3 e).

[482] *Bettermann*, S. 565 (V 1); vgl. auch oben S. 5 (A I), S. 24 (A II 2 a) und S. 70 (B II 3 e).

[483] Siehe oben S. 59 ff. (B I).

1. Art. 101 I 2 GG als Gerichtsverfassungsprinzip und institutionelle Garantie: Schutz für den gesetzlichen Richter selbst

Die Gesetzlichkeit des Richters ist einer der tragenden Grundsätze der Gerichtsverfassung; jeder Träger staatlicher Gewalt ist gehalten, alle von den Gerichten zu entscheidenden Fälle ihrem gesetzlichen Richter zuzuführen und niemanden seinem gesetzlichen Richter zu entziehen. Dies wirkt sich umgekehrt zu einem entsprechenden Verfassungsschutz für den gesetzlichen Richter selbst aus: Er hat einen Anspruch auf seinen ihm nach der gesetzlichen Zuständigkeitsordnung zustehenden Fall und dessen Parteien. Allerdings hat dieser Anspruch für den Richter nicht die Kraft eines Grundrechts im Sinne eines subjektiv-öffentlichen Rechts; vielmehr beinhaltet Art. 101 I 2 GG für ihn nur eine institutionelle Garantie.[484]

2. Art. 101 I 2 GG als Verfahrensgrundrecht: Grundrechtskräftiger Anspruch für jeden mit eigenen Rechten ausgestatteten Verfahrensbeteiligten

a) Deutsche und Ausländer

Art. 101 I 2 GG gewährt das Grundrecht auf den gesetzlichen Richter jedem, der an einem Verfahren vor den deutschen Gerichten beteiligt ist;[485] er gilt also nicht nur für Deutsche, sondern auch für Ausländer,[486] die den deutschen Gerichten unterstellt sind, und ist damit kein Deutschenrecht, vielmehr in Übereinstimmung mit Art. 6 I 1 MRK ein Menschenrecht.[487] Die gerichtliche Zuständigkeitsordnung darf Sonderbestimmungen für Ausländer nach Art. 3 III GG lediglich insoweit enthalten, als sie keine willkürliche Bevorzugung oder Benachteiligung der Ausländer bezwecken, beinhalten oder bewirken.[488] Die Exekutive verstößt gegen Art. 101 I 2 GG, wenn sie einen Ausländer abschiebt oder ausliefert, ohne ihm die Anrufung des zuständigen Richters zu ermöglichen.[489]

---

[484] Siehe oben S. 59 f. (B I 1).
[485] Siehe oben S. 60 ff. (B I 2).
[486] BVerfG in DVBl 65, 474 (B I).
[487] Vgl. u. a. *Bettermann,* S. 557 (IV 1 b).
[488] *Bettermann,* S. 557 (IV 1 b).
[489] *Hamann,* Art. 101 Anm. B 2 a; vgl. hierzu oben S. 70 (B II 3 f).

b) Juristische Personen

Den Anspruch aus Art. 101 I 2 GG können auch juristische Personen geltend machen. Das verfassungsmäßige Recht auf den gesetzlichen Richter soll ein ordnungsmäßiges Verfahren gewährleisten; daher muß es jedem zustehen, der nach den einschlägigen Prozeßnormen parteifähig ist. Das ergibt sich ebenso aus einer sinngemäßen Anwendung des Art. 19 III GG.[490]

c) Staat — Staatsorgane

Da jeder — einschließlich des Staates —, der in einem gerichtlichen Verfahren Partei ist, sich mit den in den Prozeßordnungen vorgesehenen Mitteln wehren kann, muß dies gleichfalls für das verfassungsrechtlich gesicherte prozessuale Recht auf den gesetzlichen Richter und die seiner Durchsetzung dienende Verfassungsbeschwerde gelten: Auch der Staat hat sicherlich dann ein Recht auf den gesetzlichen Richter, wenn er als Fiskus in Anspruch genommen wird und in Verwirklichung des Grundsatzes der Gewaltenteilung wie jede andere juristische Person richterlicher Hoheitsgewalt unterworfen ist.[491]

Die prinzipiellen Bedenken gegen dieses praktisch wünschenswerte Ergebnis verdichten sich in Anbetracht der Fälle, in denen der Staat in hoheitlicher Funktion an Gerichtsverfahren beteiligt ist, nämlich als Partei im verwaltungs- oder finanzgerichtlichen Verfahren oder sogar in der Weise, wie etwa die mit eigenen Befugnissen im Strafverfahren mitwirkende Staatsanwaltschaft. Würde das Recht auf den gesetzlichen Richter in jeder Hinsicht als Grundrecht verstanden, so könnte es dem Staat in diesen Fällen nicht zustehen, da der Staat keine Grundrechte gegen sich selbst haben kann. Das Recht auf den gesetzlichen Richter wird indes — damit es, seinem Sinn entsprechend, gleichermaßen jedem Prozeßbeteiligten zur Seite stehen kann — als grundrechtskräftiges, verfahrensgestaltendes grundrechtsähnliches Recht angesehen, auf das sich ein größerer Kreis von Berechtigten berufen kann, als dies bei einem echten Grundrecht der Fall ist: Auch der Staat hat einen grundrechtskräftigen Anspruch darauf, daß eine Sache vor den (ggf. seine Sache vor seinen) gesetzlichen Richter kommt.[492]

d) Alle mit eigenen Rechten ausgestatteten Verfahrensbeteiligten

Ermittelt man den Kreis der aus Art. 101 I 2 GG Berechtigten im Hinblick auf deren Stellung im Verfahren, so steht zunächst fest, daß

---

[490] BVerfGE 3, 359 (363, II).

[491] BVerfG in NJW 57, 337 (I 1).

[492] Siehe oben S. 61 f. (B I 2). Vgl. hierzu auch BVerfGE 21, 362 (insbes. 373).

jeder, der als Partei an einem Verfahren beteiligt ist, Anspruch auf seinen gesetzlichen Richter hat. Demnach kann etwa der Privatkläger[493] verlangen, daß seine Klage vor dem *zuständigen* Richter verhandelt wird.

Das Bundesverfassungsgericht[494] bejaht weitergehend die Berechtigung aus Art. 101 I 2 GG für alle diejenigen, die zwar — in verschiedenen Verfahrensarten vor den Landesverfassungsgerichten — nicht Partei sind, aber als Antragsteller eigene Rechte geltend machen. Geht es nicht um eigene Rechte des Antragstellers, so läßt das Bundesverfassungsgericht den Art. 101 I 2 GG jedenfalls (oder nur?) dann eingreifen, wenn der Antragsteller in parteiähnlicher Stellung am Verfahren beteiligt ist.[495] Mit dieser Begründung hat das Bundesverfassungsgericht[496] demjenigen das Recht auf den gesetzlichen Richter zugesprochen, der nach Art. 98 Satz 4 der Bayerischen Verfassung und § 54 I BayVerfGHG die unzulässige Einschränkung eines Grundrechts, von der er selbst nicht betroffen zu sein braucht, geltend macht und durch seinen Antrag ein Popularklageverfahren beim Bayerischen Verfassungsgerichtshof in Gang bringt.

Dabei hat es das Bundesverfassungsgericht — obgleich seine Argumentation in diese Richtung zielt — vermieden, ausdrücklich den Anspruch auf den gesetzlichen Richter für jeden anzuerkennen, der mit eigenen Rechten ausgestattet an einem Verfahren beteiligt ist. In diesem Sinne ist aber der „Niemand“ zu verstehen, dem nach Art. 101 I 2 GG der gesetzliche Richter nicht entzogen werden darf; denn den Anspruch auf den gesetzlichen Richter hat nicht nur der Verfahrensbeteiligte, den voraussichtlich die unmittelbaren Auswirkungen des Richterspruches treffen, sondern jeder, der ein gerichtliches Verfahren betreiben oder sonstwie mit eigenen Befugnissen daran beteiligt sein kann. Unter der Geltung des Grundgesetzes muß derjenige, dem der Rechtsweg eröffnet ist, auch Anspruch darauf haben, daß die von ihm vor die Gerichte gebrachte Sache von dem zuständigen Richter entschieden wird; ebenso muß derjenige, der als Verfahrensbeteiligter mit eigenen Rechten ausgestattet ist, zumindest den Anspruch auf den gesetzlichen Richter haben, da andernfalls, wenn nicht vor dem gesetzlichen Richter und damit ggf. nicht vor dem Richter seines Vertrauens verhandelt wird, jeder Ansatzpunkt zur Geltendmachung seiner sonstigen verfahrensmäßigen Rechte fehlt.

---

[493] Dessen Parteistellung wird u. a. bejaht von *Sarstedt* in Löwe-Rosenberg II, § 384 Anm. 4.

[494] BVerfG in NJW 62, 29.

[495] Daher nicht bei der Normenkontrolle (objektives Verfahren): BVerfGE 2, 79 (91, V).

[496] BVerfG in NJW 62, 29.

Die weite Auslegung des Art. 101 I 2 GG im Hinblick auf die Anspruchsberechtigten wird vor allem von Arndt[497] vertreten, der insbesondere der Staatsanwaltschaft den Anspruch auf den gesetzlichen Richter zuerkennt; für dieses Ergebnis spricht, daß die Staatsanwaltschaft das Recht und die Pflicht hat, auf ein verfassungsgerechtes Verfahren hinzuwirken.[498]

III. Der Umfang des Anspruches auf den gesetzlichen Richter in zeitlicher Hinsicht sowie im Hinblick auf den funktionellen Ablauf eines Verfahrens

Das Verbot der Entziehung des gesetzlichen Richters kennt keine zeitlichen Schranken; es gilt u. a. auch für die noch nicht bei einem Gericht anhängig gemachten Sachen.[499] So verstößt es gegen Art. 101 I 2 GG, wenn die gerichtliche Zuständigkeit mit Rücksicht auf einen bestimmten Fall vor dessen Rechtshängigkeit geändert wird oder wenn gar einem Rechtsuchenden, dem der Rechtsweg offensteht, ein Richter überhaupt vorenthalten wird.

Im Gegensatz zu Letzterem ist es mit Art. 101 I 2 GG vereinbar, wenn dem Rechtsweg eine nicht-richterliche Behörde vorgeschaltet wird,[500] um ihr wie etwa im Verwaltungsstreitverfahren Gelegenheit zu geben, einen Verwaltungsakt auf den Widerspruch des Verwaltungsunterworfenen hin vor Anrufung der Gerichte noch einmal zu überprüfen; hierbei handelt es sich um eine allgemeine Beschränkung des Rechtsweges — noch dazu auf verfahrensrechtlichem Gebiet —, die von Art. 101 I 2 GG nicht berührt wird.[501]

Innerhalb des Vorschaltverfahrens kann kein Anspruch auf den gesetzlichen Richter bestehen, weil dieses Verfahren nicht von einem „Richter" im Sinne des Art. 101 I 2 GG durchgeführt wird und nach der grundgesetzlichen Ordnung (Richtermonopol, Art. 92 GG) nicht als Teil des verwaltungsgerichtlichen Verfahrens angesehen werden kann; das Vorverfahren ist funktionell „Verwaltung" im verfassungsrechtlichen Sinne.[502]

Im strafprozessualen Vorverfahren liegt das einleitende Ermittlungsverfahren in der Hand der Staatsanwaltschaft. Sofern bereits in diesem Stadium des Prozesses der Richter eingeschaltet wird, geschieht

---

[497] *Arndt,* DRiZ 59, 171 (172 a. E.).

[498] *Arndt,* NJW 59, 1297 (1301, Anm. 23).

[499] *Kern,* S. 186 (B I 1).

[500] *Kern,* JZ 60, 244 (245, B II 2 b, bb).

[501] Vgl. in diesem Zusammenhang auch BAGE 11, 333 (335) betr. Innungsausschuß gemäß § 111 II ArbGG.

[502] *Schiedermair,* DÖV 60, 6 (9 f., II 2).

dies, um die Entscheidung über gewisse Maßnahmen und die Verantwortung dafür diesem unabhängigen Staatsorgan zu übertragen; soll der unabhängige, unparteiische Richter tätig werden, so muß folgerichtig der *gesetzliche* Richter tätig werden. Dies ist in § 162 StPO anerkannt und ist gemäß Art. 101 I 2 GG nicht anders denkbar, da jede richterliche Entscheidung vom zuständigen, gesetzlichen Richter zu treffen ist. Der Anspruch auf den gesetzlichen Richter besteht also schon im Verlauf des Ermittlungsverfahrens und nicht minder in der sich ggf. anschließenden gerichtlichen Voruntersuchung.[503]

Wenngleich dies dem Grundsatz nach nicht angezweifelt worden ist, wurden doch bei diesbezüglichen Einzelfragen Bedenken laut. So ist insbesondere umstritten, ob nur solche richterlichen Handlungen nach § 68 StGB die Strafverfolgungsverjährung unterbrechen können, die der gesetzliche Richter vorgenommen hat, bzw. ob jemand seinem gesetzlichen Richter entzogen wird, wenn ein anderer Richter eine Handlung zur Unterbrechung der Strafverfolgungsverjährung vornimmt. Schreiber[504] glaubt, für diese Fragen aus Art. 101 I 2 GG deshalb nichts entnehmen zu können, weil er nur eine prozessuale Parallele zu dem Grundsatz „nulla poena sine lege" aufstelle[505] und deshalb lediglich besage, daß der Staat verpflichtet sei, Gerichte einzurichten und vorher zu bestimmen, welches Gericht zur Aburteilung berufen sei. Dem ist einmal entgegenzuhalten, daß der Anspruch auf den gesetzlichen Richter nicht nur für die Aburteilung besteht, und zum anderen, daß dem Richter, dessen Zuständigkeit vorher festgelegt worden ist, auch niemand entzogen werden darf. Mit der Widerlegung der Argumentation Schreibers ist indes noch nicht positiv nachgewiesen, daß Art. 101 I 2 GG im Hinblick auf die Unterbrechung der Verjährung bedeutsam ist. In diesem Zusammenhang sind die Darlegungen Mittelbachs[506] zu berücksichtigen, daß die Unterbrechung kein Formalakt und nur im Rahmen einer ernsthaft betriebenen Verfolgung zulässig ist; die Entscheidung über die Weiterverfolgung sei hier dem Richter zu eigener Verantwortung übertragen und daher echte richterliche Tätigkeit. Daraus folgt, daß sich Art. 101 I 2 GG auch auf die richterlichen Handlungen zur Unterbrechung der Strafverfolgungsverjährung erstreckt; denn der Grundsatz der Gesetzlichkeit des Richters gilt für jede Entscheidung, die ein Richter im Rahmen seiner Unabhängigkeit trifft. Deshalb wird das Recht auf den gesetzlichen Richter verletzt, wenn ein unzuständiger Richter

---

[503] *Kern*, JZ 56, 409 (411, II 1 a); BayVerfGHE 3, 67 (79, II B 2); BVerfGE 25, 336(345 ff.) betr. Untersuchungsrichter.

[504] *Schreiber*, NJW 61, 2344 (2345).

[505] Daß dies nicht zutrifft (vgl. oben S. 104, C I 5 b), kann hier unberücksichtigt bleiben.

[506] *Mittelbach*, MDR 54, 138.

etwa einen Haftbefehl zur Unterbrechung der Strafverfolgungsverjährung erläßt.[507] Da die Unterbrechung kein Formalakt ist, sondern besondere Wirkung einer richterlichen Verfolgungshandlung, kann auch die Unterbrechung nicht aus der jeweils zugrundeliegenden konkreten Handlung abstrahiert und der Unterbrechungserfolg unabhängig vom weiteren Schicksal der Unterbrechungshandlung als fortwirkend angesehen werden. Wird also die Unterbrechungsmaßnahme wegen Verstoßes gegen Art. 101 I 2 GG aufgehoben, so entfällt auch ihre Unterbrechungswirkung. In diesem Sinne hat das Oberlandesgericht Hamm[508] der Anordnung gemäß § 111 a StPO[509] eines funktionell unzuständigen Richters die Unterbrechungswirkung mit dem Hinweis auf Art. 101 I 2 GG abgesprochen, weil § 68 StGB eine Handlung des nach dem jeweiligen Stadium des Prozesses zuständigen Richters erfordere. Dieses Ergebnis wird von Preisendanz[510] dahin erweitert, daß auch nur der sachlich und örtlich zuständige Richter — insgesamt also der gesetzliche Richter — oder ein von ihm in zulässiger Weise ersuchter Richter durch geeignete Maßnahmen die Verjährung unterbrechen könne.

Der Anspruch auf den gesetzlichen Richter bei Vornahme solcher Unterbrechungshandlungen läßt sich überdies nicht selten aus der Tatsache herleiten, daß diese Handlungen häufig schon zum Hauptverfahren gehören.

Die Geltung des Art. 101 I 2 GG für das Hauptverfahren bzw. im Zivilprozeß für das Erkenntnisverfahren ist anerkannt, und zwar nicht nur für die Hauptverhandlung bzw. für die mündliche Verhandlung einschließlich der Entscheidung, sondern auch für die sie vorbereitenden Handlungen.[511] So hat das Bundesverfassungsgericht[512] entschieden, Art. 101 I 2 GG gelte nicht lediglich für den erkennenden Richter, vielmehr gleichfalls für den Richter, der einen Termin zur Hauptverhandlung anberaume.

Da der Richter, der den Termin zur Hauptverhandlung bestimmt, häufig — etwa im landgerichtlichen Verfahren — nicht identisch ist mit dem erkennenden Gericht, folgt bereits aus dieser Tatsache, daß der Anspruch auf den gesetzlichen Richter sich nicht durchlaufend auf ein ganzes gerichtliches Verfahren, sondern nur auf jede einzelne oder auch mehrere Entscheidungen beziehen kann. Gleiches läßt sich auch daraus entnehmen, daß der gesetzliche Richter im Verfahren vor der Zivilkammer nicht immer insgesamt das Prozeßgericht — Kolle-

---

[507] Vgl. dagegen § 457 StPO (Haftbefehl zur Strafvollstreckung).
[508] OLG Hamm in DAR 58, 330 Nr. 186.
[509] Vorläufige Entziehung d. Fahrerlaubnis.
[510] *Preisendanz,* NJW 61, 1805.
[511] BVerfG in JZ 56, 407 (B I 4).
[512] BVerfG in JZ 56, 407 (B I 4).

gium —, sondern für gewisse Abschnitte und die währenddessen ergehenden Entscheidungen der Einzelrichter sein kann.[513] Ebenso können bei einem Kostenvorschußbeschluß andere Richter die „gesetzlichen" sein als bei einem in derselben Sache später ergehenden Beweisbeschluß, und das erkennende Gericht kann in derselben Sache beim Erlaß eines Teilurteils anders zusammengesetzt sein als beim Erlaß des Endurteils.[514] Es muß aber beachtet werden, daß — zum einen — trotz des Richterwechsels während des Ablaufs des Verfahrens jeweils der gesetzliche Richter mit der Sache befaßt ist, daß also der Übergang der Zuständigkeit stets normativ festliegen muß,[515] und daß — zum anderen — dem Wechsel Schranken gesetzt sind durch den in Art. 101 I 2 GG in verschiedener Hinsicht mitgeschützten Grundsatz der Ständigkeit der Gerichte.[516, 517] Gerade die letzte Erwägung ist, abgesehen von verfahrensrechtlichen Gründen, mitentscheidend dafür, daß sich etwa die Gerichtsbesetzung nach Eröffnung einer mündlichen Verhandlung nicht ändern darf;[518, 519] dies hingegen bedeutet wiederum nicht, daß die Richter, die an Beratung, Abstimmung und Entscheidung beteiligt sind, in jedem Falle identisch sein müssen mit den Richtern, die an der mündlichen Verhandlung teilgenommen haben: Wird in einer mündlichen Verhandlung auf weitere mündliche Verhandlung verzichtet und der Rechtsstreit damit in das schriftliche Verfahren übergeleitet, so sind zur Entscheidung nicht die Richter berufen, die an der mündlichen Verhandlung teilgenommen haben, sondern nur die Richter, die im Zeitpunkt der Entscheidung nach dem Geschäftsverteilungsplan die gesetzlichen Richter sind.[520]

---

[513] Vgl. §§ 348 ff. ZPO.

[514] *Schiedermair,* DÖV 60, 6 (15, V).

[515] Vgl. hierzu BAGE 12, 234 (236 ff.) hinsichtlich der „Rückläufer" vom Großen Senat.

[516] Siehe oben S. 69 (B II 3 d).

[517] A. A. *Richter* (JZ 61, 658, A III), der bei der Interpretation des Art. 101 I 2 GG das Prinzip der Ständigkeit der Gerichte stärker berücksichtigt und daraus ableitet, daß der Anspruch auf den gesetzlichen Richter sich *grundsätzlich* doch auf ein ganzes Verfahren und nur ausnahmsweise auf die einzelne Entscheidung bezieht.

[518] Für den Fall mehrerer mündlicher Verhandlungen in einem Verfahren vgl. BAGE 12, 321; enger anscheinend *Schiedermair,* DÖV 60, 6 (15, V).

[519] Vgl. zudem § 309 ZPO, allerdings auch § 192 II GVG (Ergänzungsrichter).

[520] BVerwG in DÖV 60, 239 Nr. 41; vgl. auch BGHZ 11, 27; siehe allerdings für den Fall, daß in der Entscheidung nicht nur der Akteninhalt, sondern ein aus den Akten nicht ersichtliches Vorbringen der Beteiligten oder Beweisergebnis verwertet werden soll, BVerwG in MDR 61, 1037 und BGH in LM § 128 ZPO Nr. 9.

Der Anspruch auf den gesetzlichen Richter besteht über die Entscheidung und die Instanz hinaus. Er ist nicht damit erschöpft, daß es zu einem Urteilsspruch des gesetzlichen Richters kommt. Vielmehr bindet Art. 101 I 2 GG noch den gesetzlichen Richter bei seinem Spruch: Der Richter darf nicht durch sein Urteil die Sache dem gegebenenfalls nach ihm zuständigen Richter entziehen; er darf insbesondere in Fällen, in denen eine Zurückverweisung erforderlich ist, nicht unter Überschreitung seiner Zuständigkeit selbst in der Sache entscheiden.[521] Ebendies gilt auch bei Bestehen einer Vorlegungspflicht:[522] Eine Beeinträchtigung des Anspruches auf den gesetzlichen Richter durch Mißachtung des Vorlegungsgebotes kann nicht etwa mit der Begründung verneint werden, die übergeordnete Vorlageinstanz sei nicht speziell zugunsten des einzelnen Rechtsuchenden geschaffen worden, sondern allgemein zur Wahrung der Rechtseinheit; denn einmal dient das Vorlegungsgebot doch dem Einzelnen, weil die Rechtseinheit nicht um ihrer selbst willen da ist, sondern die Rechtssicherheit und Rechtsgleichheit für jeden Einzelnen gewährleisten soll; vor allem aber kann es für die gerichtliche Bindung an Art. 101 I 2 GG nicht auf den Zweck einer Zuständigkeitsregelung ankommen.[523]

Aus dem Vorhergehenden ergibt sich bereits, daß der Anspruch auf den gesetzlichen Richter in allen Instanzen besteht. Die Wirkung des Art. 101 I 2 GG dauert aber noch darüber hinaus: Er gilt auch für das Wiederaufnahmeverfahren sowie während der Vollstreckung[524], soweit sie in der Hand des unabhängigen[525] Richters liegt.

IV. Kausalität und Rechtswidrigkeit: mögliche Tatbestandsvoraussetzungen eines Verstoßes gegen das Verbot der Entziehung des gesetzlichen Richters

1. Kausalität des Eingriffs („Entziehung“)

Eine Entziehung des gesetzlichen Richters ist nicht nur durch unmittelbaren Eingriff in die Gerichtsorganisation, -zuständigkeit und -besetzung oder etwa in die Terminierung der Sachen möglich, son-

---

[521] Siehe oben S. 96 (C I 3 c) und S. 99 (C I 5 a).

[522] Vgl. BVerfG in DVBl 65, 474 (B II 1 a) und NJW 65, 1323.

[523] *Stree*, NJW 59, 2051, und *Schröder*, NJW 59, 1517 (1520/1 Z. 5).

[524] *Bettermann*, S. 541/542 (III 2); siehe ferner oben S. 6 (A I), allerdings auch S. 74 (B II 3 j).

[525] Also nicht im Rahmen des § 451 III StPO, wohl aber etwa im Rahmen der §§ 458 ff. StPO; vgl. hierzu — insbesondere im Hinblick auf die Doppelfunktion des Amtsrichters gemäß §§ 451 III, 462 I StPO und die sich anschließenden Fragen der Selbstablehnung oder Ausschließung (§§ 30, 22 Nr. 4 StPO) — im wesentlichen zutreffend *Lorenz*, NJW 63, 701 (I.).

dern auch durch Einflußnahme über weitere Organe und Personen. Fast ausschließlich im zweiten Falle kommt den Kausalitätsfragen Gewicht zu; dabei zerfällt die Kausalitätsprüfung in drei Abschnitte:

Grundlage einer „Entziehung" des gesetzlichen Richters kann bloß eine solche Einflußnahme sein, die demjenigen, der für die Gerichtsbesetzung ausschlaggebende Maßnahmen zu treffen hat, diese Entscheidung im Hinblick auf einen bestimmten Fall nur formell überläßt; eine derartige „zwingende" Einflußnahme ist denkbar auf Grund politischer Machtstellung, dienstlicher Autorität oder eines sonstwie gearteten ähnlich starken Abhängigkeitsverhältnisses. Somit kann sich der Einfluß einer Kommentarmeinung zwar im Einzelfall auswirken, sie ist aber nicht gleichzusetzen mit einem „Eingriff" in einen bestimmten Fall. Nicht einmal die zum konkreten Fall überzeugend vorgetragene Meinung eines Referendars bedeutet einen Eingriff in diesen Fall, selbst wenn sie von dem ausbildenden Richter ohne nähere Prüfung übernommen wird; denn der Richter hatte uneingeschränkt die Möglichkeit, seine Entscheidung frei zu treffen; gleichgültig, wie die Entscheidung ausfällt, ist sie daher nicht nur formell, sondern auch wesentlich eine Entscheidung des Richters selbst. Anders verhält es sich demgegenüber, wenn etwa ein in einer bestimmten Sache ausgeschlossener Kammervorsitzender bei ohnehin in dieser Sache drängender Terminslage eine Vorverfügung oder einen bestimmten Vorschlag zur schleunigen Terminsanberaumung einem ihn vertretenden Richter vorlegt;[526] dieser wird sich — zumindest wenn wie hier das Begehren der Sache nach noch haltbar ist — der Autorität des Vorsitzenden beugen, sich dessen Anliegen nicht verschließen und Termin auf den gewünschten Tag anberaumen. Damit steht zugleich die Besetzung fest.[527] Während der vertretende Richter lediglich der Form nach über den Termin entschieden hat, hat der Sache nach über ihn der dazu nicht befugte Vorsitzende den Termin und damit die Besetzung bestimmt. Es handelt sich hier um eine „maßgebliche Einflußnahme"[528], um einen Eingriff in den Einzelfall in obigem Sinne. Die Kausalitätsprüfung umfaßt also im ersten Abschnitt mehr als die Feststellung der „reinen" Ursächlichkeit einer Einflußnahme für die Gerichtsbesetzung im Einzelfall: Hier bedarf es zugleich der Ermittlung der Erheblichkeit der Einflußnahme, also der Untersuchung, ob ein „Eingriff" in die Gerichtszuständigkeit oder -besetzung vorgenommen wurde.[529]

---

[526] Vgl. den der BVerfGE 4, 412 zugrunde liegenden Fall.

[527] Anders im Falle der BVerfGE 4, 412, wo der Vorsitzende sogar einen außerordentlichen Termin anberaumen ließ und dessen Besetzung bestimmte.

[528] BVerfGE 4, 412.

[529] Vgl. *Bruns*, NJW 64, 1884 (1885, 3 b und Anm. 12, sowie 1887, 5 b), wo dieses Problem erneut aufgezeigt wird.

Die Frage, ob der „Eingriff" zur „Entziehung" des gesetzlichen Richters geführt hat, wird im zweiten Abschnitt der Kausalitätsprüfung beantwortet. Hier ist die Kausalität im Sinne der Gleichwertigkeit aller Ursachen zu verstehen. Wenn auf diese Weise festgestellt wird, daß auch ohne einen Eingriff dieselben Richter am selben oder — mit Einschränkungen[530] — an einem anderen Tage entsprechend ihrer Zuständigkeit den Fall entschieden hätten, ist eine Entziehung des gesetzlichen Richters durch den Eingriff zu verneinen. Ist dies nicht positiv feststellbar und ist also nicht auszuschließen, daß ohne den Eingriff andere Richter entschieden hätten, so ist der Eingriff als Entziehung des gesetzlichen Richters zu werten.[531]

Noch geringere Anforderungen werden im dritten Abschnitt an die Feststellung der Kausalität gestellt; er enthält überhaupt keine eigentliche Kausalitätsprüfung mehr: Ist gegen den Grundsatz des gesetzlichen Richters verstoßen worden, so wird vermutet, daß die nunmehr von einem anderen Richter gefällte Entscheidung auf dem Verstoß beruht und abweicht von der Entscheidung, die der gesetzliche Richter getroffen hätte. Die gefällte Entscheidung ist also angesichts des Verstoßes gegen Art. 101 I 2 GG ohne weiteres mangelhaft.[532]

2. Rechtswidrigkeit der Entziehung des gesetzlichen Richters

Wird das Gebot der Gesetzlichkeit des Richters im Sinne des Grundgesetzes streng aufgefaßt, so kann sich gewöhnlich das Problem der Rechtswidrigkeit einer Zuwiderhandlung gegen das Verbot der Entziehung des gesetzlichen Richters gar nicht stellen: Ist die gerichtliche Zuständigkeit für jeglichen Normal- und Sonderfall von vornherein normativ festgelegt, so ergibt sich aus dem Zusammenspiel all dieser Normen jeweils der zuständige Richter; liegt ein Sonderfall im Sinne der Zuständigkeitsregeln vor, so ist von vornherein der für diesen Sonderfall zuständige Richter der gesetzliche Richter, so daß es daneben keines Wortes darüber bedarf, daß dieser Sonderfall rechtmäßig dem für den entsprechenden Normalfall zuständigen gesetzlichen Richter „entzogen" worden ist; handelt es sich dagegen etwa um den Normalfall im Sinne einer Zuständigkeitsregel und wird dieser trotzdem vor einen für einen Sonderfall zuständigen oder gänzlich unzuständigen Richter geschoben oder einem Richter überhaupt vorenthalten, so ist dieser Fall seinem gesetzlichen Richter ent-

[530] Wenn infolge des Eingriffs die Sache an einem späteren Tage verhandelt wird, darf sich nicht schon die Verzögerung als Entziehung des gesetzlichen Richters ausgewirkt haben; vgl. oben S. 71 (B II 3 f).

[531] Vgl. BVerfGE 4, 412.

[532] Vgl. BVerfGE 4, 412.

zogen, ohne daß es eines Hinweises darauf bedarf, daß dies rechtswidrig geschah. Der gesetzliche Richter gemäß Art. 101 I 2 GG geht also stets hervor aus einem System von ständig — bis hin zur Bestimmung der Zuständigkeit der kleinsten Organisationseinheit — sich verästelnden Zuständigkeitsnormen; durch Auslegung der — mehr oder weniger — unbestimmten Rechtsbegriffe an den Gabelungen diesen Normensystems kristallisiert sich ein Richter als zuständiger, gesetzlicher Richter heraus.

Dies ist der Grundsatz des gesetzlichen Richters, wie er sich aus Art. 101 I 2 GG ergibt; Ausnahmen kennt Art. 101 I 2 GG nicht; es kann daher auch nicht die Entziehung des gesetzlichen Richters in Einzelfällen gesetzlich gestattet sein. Da Art. 101 I 2 GG schlechthin keine durch Ermessensentscheidungen auszufüllenden Lücken in der gesetzlichen Zuständigkeitsregelung zuläßt, kann unter diesem Gesichtspunkt auch nicht zwischen rechtmäßigen und rechtswidrigen Eingriffen unterschieden werden,[533] denn jede derartige konstitutive Zuständigkeitsbestimmung verstößt gegen Art. 101 I 2 GG und ist deshalb rechtswidrig; die Rechtswidrigkeit ergibt sich also aus dem Verstoß gegen Art. 101 I 2 GG und nicht umgekehrt der Verstoß gegen Art. 101 I 2 GG aus der Rechtswidrigkeit des Eingriffs.

Nur in den Fällen, in denen ein neuer Richter in die Funktion eines zunächst zuständig gewesenen Richters eintritt, kann davon gesprochen werden, daß der anfangs zuständige, gesetzliche Richter durch rechtmäßigen oder rechtswidrigen Eingriff entzogen worden ist (sofern man nicht auch hier die Rechtswidrigkeit bereits in dem Begriff des „Entziehens" enthalten sieht). So liegt etwa im Falle der gerechtfertigten Ablehnung eines Richters[534] die Zuständigkeit zunächst bei dem abgelehnten Richter (vgl. insbesondere etwa §§ 47 ZPO, 29 StPO, 54 VwGO) und geht auf die Ablehnung hin rechtmäßig unter erneuter Anwendung der Zuständigkeitsnormen auf den danach nunmehr berufenen Richter über. Demgegenüber gehören bereits wieder die Fälle gesetzlicher Ausschließung eines Richters[535] zum System der Zuständigkeitsregeln im Sinne des Art. 101 I 2 GG und lassen die Zuständigkeit von vornherein bei dem für den ausgeschlossenen Richter berufenen Richter entstehen.

Allenfalls in Fällen entsprechend der Ablehnung eines Richters kann also davon gesprochen werden, daß dem System zuständigkeitsregelnder Normen andere Normen in der Art von Rechtfertigungsgründen gegenüberstehen, die eine Abweichung von der ursprünglichen

---

[533] Anders noch im Hinblick auf Art. 105 WV *Kern*, S. 186 f.; vgl. aber auch *Kern*, JZ 56, 409 (411): „... zu einer Entziehung ... erforderlich ... gesetzwidriges ... Tun ...".

[534] Vgl. etwa §§ 42 ff. ZPO, §§ 24 ff. StPO, § 54 VwGO.

[535] Vgl. etwa § 41 ZPO, §§ 22 f. StPO, § 54 VwGO.

Zuständigkeit gestatten. Jedenfalls in allen übrigen Fällen hat die Frage der Rechtswidrigkeit der Entziehung oder des Eingriffs unter der Geltung des Art. 101 I 2 GG keine selbständige Bedeutung mehr.

D. Rechtsfolgen von Verstößen gegen Art. 101 I 2 GG

I. Die Beständigkeit eines dem Grundsatz des gesetzlichen Richters zuwiderlaufenden Staatsaktes

Ein Gesetz, das gegen Art. 101 I 2 GG verstößt, ist nichtig;[536] es teilt das Schicksal aller Gesetze, die mit dem Grundgesetz unvereinbar sind.[537] Unwirksam sind daher ferner solche gegen den Grundsatz des gesetzlichen Richters gerichteten Gesetze, die darauf abzielen, den Art. 101 I 2 GG einzuschränken oder gar zu beseitigen. Sie verstoßen zwar nicht gegen Art. 101 I 2 GG, wohl aber gegen andere Verfassungsgrundsätze; die Unzulässigkeit dieser Akte ergibt sich einmal aus Art. 19 I und II GG, zum anderen aus dem Sinn des Art. 101 I 2 GG im Zusammenhang mit unserer staatlichen Gesamtordnung — insbesondere angesichts der Stellung der rechtsprechenden Gewalt und der Bedeutung, die der richterlichen Überzeugung zuerkannt ist (diese erhält durch den Grundsatz des gesetzlichen Richters das notwendige Gegengewicht[538]) — und vor allem aus Art. 79 III GG in Verbindung mit dem in Art. 20 GG niedergelegten Rechtsstaatsgrundsatz.[539, 540]

Verstößt ein Akt der Regierung[541] oder Verwaltung gegen Art. 101 I 2 GG, so ist er regelmäßig nichtig. Dies gilt insbesondere uneingeschränkt für Rechts- (und Organisations-)Verordnungen.[542] Meist trifft es aber auch für Verwaltungsakte zu, sei es, weil der Akt offensichtlich den Art. 101 I 2 GG verletzt (offenbare inhaltliche Mängel rechtlicher Art[543]), sei es insbesondere, weil er gegen das ausdrückliche

---

[536] Siehe dazu BVerfGE 10, 200; *Arndt*, JZ 62, 545 (2 a. E.).

[537] Diese Vorschriften sind von vornherein nichtig; sie werden nicht erst durch die Entscheidung des BVerfG vernichtet; nur kann ihre Nichtigkeit erst auf Grund der Entscheidung des BVerfG „geltend gemacht“ werden (vgl. §§ 31, 78, 95 III BVerfGG; *Geiger*, § 78, Anm. 4; *Maunz* in Maunz-Sigloch-Schmidt-Bleibtreu-Klein, Vorbem. vor § 1, Rdn. 25).

[538] Vgl. oben S. 1 f. (Einführung) und S. 3 ff. (A I).

[539] So auch *Joachim*, DRiZ 65, 181 (I 2 a. E.); zur Wechselwirkung zwischen der Anerkennung des Rechtsstaatsgrundsatzes und der Anerkennung des Grundsatzes des gesetzlichen Richters vgl. u. a. oben S. 18 (A II 1 c, aa) und S. 65 (B II 2 a).

[540] Teilweise — im Grundsätzlichen — abweichend *Oehler*, ZStrW 64, 292 (297).

[541] Dazu *Kern*, S. 235, 237 (A I, II 2).

[542] Vgl. *Forsthoff*, S. 126 (§ 7 A 2) und S. 385 f. (§ 22, 2 a).

[543] Siehe *Forsthoff*, S. 226 (§ 12 e, cc).

gesetzliche Verbot verstößt,[544] jemand seinem gesetzlichen Richter zu entziehen, oder sei es, weil ein Beamter unter offensichtlicher Überschreitung seiner sachlichen Zuständigkeit[545] jemand dem gesetzlichen Richter entzieht; hinzu kommen die sonstigen, allgemeinen Nichtigkeitsgründe (Formmängel o. ä.). Nichtig sind schließlich noch Verwaltungsverordnungen[546] und Dienstanweisungen, die dem Art. 101 I 2 GG widersprechen; so muß etwa die Staatsanwaltschaft eine auf eine Richterentziehung hinauslaufende Anordnung ihrer vorgesetzten Behörde unbeachtet lassen.[547]

Gerichtliche Entscheidungen, insbesondere Urteile, die gegen die Verfassung verstoßen, sind grundsätzlich nicht nichtig; es gehört zum Wesen der auf Rechtskraft zielenden Gerichtsbarkeit, daß auch Verfassungsverletzungen den Eintritt der Rechtskraft nicht hindern und solche Mängel sich nur auswirken, wenn die dagegen zulässigen Rechtsmittel oder Rechtsbehelfe genutzt werden.[548] Immerhin wird aber die Nichtigkeit gerichtlicher Verfahren und Entscheidungen dann bejaht, wenn das Verfahren in keiner Weise den Vorschriften und dem Geiste der Verfahrensordnung entspricht.[549] Besondere Intensität und die Evidenz eines Verfahrensverstoßes führen demnach zur Unwirksamkeit.[552] Somit hat eine Verletzung des Art. 101 I 2 GG dann die Nichtigkeit der Entscheidung zur Folge, wenn das Recht auf den gesetzlichen Richter schlechthin verweigert, also im ganzen dem Berechtigten versagt wird und es augenscheinlich ist, daß keine Justiz gewährt wird und das Verfahren überhaupt kein richterliches ist.[550] Wird demgegenüber das Grundrecht auf den gesetzlichen Richter — wie bei den meisten Verstößen gegen Art. 101 I 2 GG innerhalb der rechtsprechenden Gewalt — nur in seiner Fülle nicht voll gewahrt und lediglich graduell durch die eine oder andere einzelne Handlung oder Unterlassung verkürzt, so büßt das Verfahren seinen richterlichen Charakter nicht ein, und es fehlt regelmäßig an der Evidenz des Verfahrensmangels; mag die Entscheidung auf dem Verstoß beruhen und fehlerhaft sein, sie ist trotzdem — zunächst — gültig.[551] Es steht also fest, daß gerichtliche Entscheidungen nur selten von vornherein

---

[544] Siehe hierzu *Forsthoff*, S. 227 (§ 12 e, cc).

[545] *Forsthoff*, S. 214 (§ 12 a, bb).

[546] *Forsthoff*, S. 129 (§ 7 A 3).

[547] *Kern*, S. 235 (A I).

[548] *Arndt*, JZ 62, 545 (2 a. E.).

[549] Vgl. u. a. RGSt 40, 271 (273) und RGSt 72, 77 (78); dagegen wird die Nichtigkeit schlechthin verneint von *Niethammer* in Löwe-Rosenberg I (20. Aufl.), S. 60/1 (Einleitung § 15), während nunmehr *Schäfer* in Löwe-Rosenberg I (21. Aufl.), S. 144 bis 159 (Einleitung, Kap. 13), immerhin in einigen wenigen Fällen Nichtigkeit annimmt.

[550] *Arndt*, JZ 62, 545 (2.).

[551] Vgl. *Arndt*, JZ 62, 545 (2.).

unwirksam sind; ist dies dennoch einmal anzunehmen, dann stellt sich die Frage, ob es sich um ein Nicht-Urteil oder ein nichtiges Urteil (bzw. Entscheidung) handelt. Nichtige Urteile sind existente, aber wirkungslose Entscheidungen eines Gerichts;[552] Nicht-Urteile hingegen stammen entweder nicht von einem Gericht,[553] oder sie sind als Urteile eines Gerichts noch nicht in ein selbständiges rechtliches Dasein getreten.[554] Verfassungswidrige Gerichte sind im Sinne des Grundgesetzes Nicht-Gerichte;[555] die von ihnen, insbesondere von Ausnahmegerichten,[556] herrührenden Akte sind daher keine Ausübung der rechtsprechenden Gewalt im Sinne des Art. 92 GG und somit Nicht-Urteile.[557]

II. Die Durchsetzung des Anspruches auf den gesetzlichen Richter

1. Die prozessualen Mittel

Wird jemand seinem gesetzlichen Richter durch nichtigen (oder Nicht-)Staatsakt oder durch eine rein tatsächliche Maßnahme eines Staatsorgans (Intrige o. ä.) entzogen, dann braucht er regelmäßig nicht erst gegen diesen Akt vorzugehen; vielmehr steht ihm grundsätzlich weiterhin unmittelbar der Rechtsweg zu diesem seinem gesetzlichen Richter offen. Dies trifft auch zu, wenn die Richterentziehung durch ein verfassungswidriges Gesetz erfolgt ist; allerdings wird der angerufene Richter nicht ohne weiteres seine Zuständigkeit annehmen, sondern ggf. zunächst das Verfahren auszusetzen und die Entscheidung des Verfassungsgerichts gemäß Art. 100 GG über die Verfassungswidrigkeit des Gesetzes einzuholen haben. Ebenso kann der Verletzte ein Nicht-Urteil ignorieren und den Fall von seinem gesetzlichen Richter erneut untersuchen und entscheiden lassen.[558]

Er kann aber auch gegen das Nicht-Urteil selbst vorgehen und es anfechten; mit dem Rechtsmittel hat er sich an den *dafür* zuständigen gesetzlichen Richter zu wenden. Das angefochtene Nicht-Urteil wird aufgehoben, da es den Schein eines existenten Gerichtsaktes verbreitet.[559] Desgleichen kann er die Nichtigkeit eines Verwaltungsakts fest-

---

[552] Vgl. *Kern,* S. 238.

[553] *Jauernig,* NJW 60, 1885 (II.).

[554] *Jauernig,* NJW 60, 1885 (II.), mit Bezug auf BGHZ 14, 39 (44).

[555] *Jauernig,* NJW 60, 1885 (IV 1), u. a. mit Hinweis auf BVerfGE 10, 200.

[556] *Kern,* S. 238 (B I 1).

[557] Anders das BVerfG (NJW 60, 1051 u. 1563) im Hinblick auf die württemberg-badischen Friedensgerichte; wie das BVerfG auch *Reiff,* NJW 60, 1559 (I).

[558] *Kern,* S. 238 (B I 1).

[559] *Jauernig,* NJW 60, 1885 (II), unter Berufung auf BGH NJW 60, 1763 (1764); vgl. auch *Kern,* S. 241.

stellen lassen[560] (oder, wenn der Verwaltungsakt, der ihn seinem gesetzlichen Richter entzieht, lediglich fehlerhaft ist, diesen anfechten).

Hat eine Verletzung des Art. 101 I 2 GG die Nichtigkeit oder Fehlerhaftigkeit einer Gerichtsentscheidung zur Folge, so kann der Beschwerte nur gegen diese Entscheidung vorgehen; er gelangt dann vor seinen gesetzlichen Richter, nachdem die Entscheidung aufgehoben und die Sache — ggf. auf seinen Antrag hin — an den gesetzlichen Richter verwiesen ist. Als Rechtsmittel steht dem Rechtsuchenden insbesondere zu Gebote die Revision wegen unvorschriftsmäßiger Besetzung[561] oder Unzuständigkeit[562] des Gerichts,[563] sofern der Verstoß gegen Art. 101 I 2 GG sich zugleich als einer dieser absoluten Revisionsgründe auswirkt. Ferner kommt eine Nichtigkeitsklage[564] und eine Wiederaufnahme[565] des Verfahrens in Betracht. Schließlich stehen in jeder Lage des Verfahrens[566] — auch im Vollstreckungsverfahren — Rechtsbehelfe zur Verfügung. Ein Rechtsbehelf eigener Art ist nach Abschluß des Verfahrens die Verfassungsbeschwerde gemäß § 90 BVerfGG; jedermann kann sie mit der Behauptung, in seinem in Art. 101 GG enthaltenen Recht auf den gesetzlichen Richter verletzt zu sein, vor dem Bundesverfassungsgericht erheben.

Es kann sich indes nicht nur der Rechtsuchende gegen eine Entziehung seines gesetzlichen Richters wehren, sondern es muß auch jedes Staatsorgan und insbesondere jeder Richter das Seine tun, damit der Verfassungsgrundsatz des gesetzlichen Richters gewahrt bleibt.[567] Kein Richter darf einem Ausnahmegericht Rechtshilfe leisten,[568] und der gesetzliche Richter muß mit allen ihm zu Gebote stehenden gesetzlichen Mitteln versuchen, eine ihm zustehende Sache an sich zu ziehen bzw. zu halten; zwar stehen ihm keine prozessualen Rechtsbehelfe zu Gebote, doch kann er es etwa durch Nichtherausgabe der Akten verhindern, daß die Sache an einen nicht-gesetzlichen Richter kommt.[569]

Oberste Staatsorgane können gegen Verletzungen des Art. 101 I 2 GG das Bundesverfassungsgericht anrufen unter den Voraus-

---

[560] Vgl. *Forsthoff*, S. 208 f. (§ 12, 1).

[561] Siehe §§ 551 Nr. 1 ZPO, 338 Nr. 1 StPO, 138 Nr. 1 VwGO.

[562] Siehe § 551 Nr. 4 ZPO, 338 Nr. 4 StPO.

[563] Siehe hierzu *Kern*, S. 239 ff.

[564] Siehe §§ 579 I Nr. 1 ZPO, 79 ArbGG, 153 VwGO.

[565] Siehe §§ 580 Nr. 5 ZPO (Restitutionsklage), 359 Nr. 3 und 362 Nr. 3 StPO, 153 VwGO.

[566] Im einzelnen allerdings zeitlich begrenzt, vgl. etwa §§ 39, 274 I ZPO, 16 StPO.

[567] Siehe hierzu auch *Siebecke*, NJW 58, 1816; *v. Stackelberg*, NJW 59, 469; *Kohlhaas*, NJW 59, 471.

[568] *Kern*, S. 238 (B I 1), aber auch S. 239 (B I 2).

[569] *Kern*, S. 237 (A II 2).

setzungen des Art. 93 I Nr. 2 GG i. V. mit §§ 13 Nr. 6, 76 BVerfGG (abstrakte Normenkontrolle) oder des Art. 93 I Nr. 3 GG i. V. mit §§ 13 Nr. 7, 68 BVerfGG (Bund-/Länderstreitigkeiten). Außerdem kann die Bundesregierung im Wege der Bundesaufsicht (Art. 84 III GG) die Länder zur Behebung von Verstößen gegen den Grundsatz des gesetzlichen Richters anhalten.

2. Voraussetzungen für die Zulässigkeit einzelner Rechtsmittel und -behelfe

a) *Revision: Ist das angefochtene Urteil von Amts wegen auf eine Verletzung des Art. 101 I 2 GG hin zu überprüfen, oder ist die Revision nur im Falle dahingehender Rüge und Begründung zulässig*

Von den vorhergehenden Ausführungen, daß jeder Träger staatlicher Gewalt in seinem Bereich den Grundsatz des gesetzlichen Richters zu wahren hat, ist die Frage zu trennen, wieweit die Revisionsinstanz einen Verstoß der Vorinstanzen gegen Art. 101 I 2 GG von Amts wegen zu beachten hat. Alle gültigen — auch die fehlerhaften — Urteile zielen auf Rechtskraft, und der Erfolg einer Revision hängt davon ab, ob der Beschwerte sich entsprechend den Verfahrensregeln gegen eine Rechtsverletzung seitens der Vorinstanz zur Wehr setzt. Da die Prozeßgesetze[570] bestimmen, daß das Urteil der Vorinstanz nicht in vollem Umfange der Prüfung des Revisionsgerichts unterliegt, sondern nur soweit, wie es von den Parteien angegriffen wird, ist also grundsätzlich ein angefochtenes Urteil in der Revisionsinstanz nicht von Amts wegen auf eine Verletzung des Art. 101 I 2 GG hin zu überprüfen, sondern nur im Falle dahingehender Rüge des Beschwerten.

Es fragt sich indes, ob bereits die Rüge der Verletzung materiellen Rechts — ohne weitere Begründung — eine Überprüfung des Urteils unter dem Gesichtspunkt des Art. 101 I 2 GG veranlassen kann oder ob es sich bei Art. 101 I 2 GG um eine verfahrensrechtliche Norm handelt, so daß die Revision gemäß den Prozeßgesetzen[571] nur dann zulässig wäre, wenn in der Revisionsbegründung die konkreten Tatsachen behauptet sind, aus denen sich die Rechtsverletzung ergeben soll. Da die Grundrechtsnormen weder sämtlich Verfahrensvorschriften noch durchweg materielles Recht sind, ist für jedes einzelne subjektive Grundrecht zu prüfen, inwieweit es auf sachentscheidendem („materiellem") Recht beruht oder ein verfahrensgestaltendes Recht

[570] Vgl. etwa § 559 ZPO.
[571] Vgl. etwa §§ 554 III 2 b, 554 a ZPO.

ist. Der Gleichheitssatz des Art. 3 GG etwa kann für die Sachentscheidung maßgeblich sein oder eine Diskriminierung im Verfahren ausschließen; die Revisionsrüge der Verletzung materiellen Rechts läßt also stets die Pflicht des Revisionsgerichts entstehen, die Sachentscheidung auch am Gleichheitssatz zu messen; demgegenüber ist dann, wenn die Revision darauf gestützt wird, das Verfahren — etwa ein im Verfahren angewandtes Gesetz, das die Berufung ausschließt — sei gleichheitswidrig gewesen, dieser Verfahrensverstoß wie jeder andere besonders zu begründen.[572] Die Grundrechte aus Art. 103 II und III GG, die eine Rückwirkung des Strafgesetzes und eine Doppelbestrafung verbieten, sind rein sachentscheidendes Recht und werden daher von der Rüge der Verletzung materiellen Rechts mitumfaßt. Dagegen sind die Grundrechte auf rechtliches Gehör (Art. 103 I GG) und auf den gesetzlichen Richter (Art. 101 I 2 GG) rein verfahrensgestaltend, so daß die Rüge der Verletzung materiellen Rechts nicht genügt, um sich auf sie zu berufen.[573]

Das Revisionsgericht hat eine Verletzung des Art. 101 I 2 GG grundsätzlich also nur dann zu berücksichtigen, wenn ein dahingehender Verfahrensfehler gerügt und in der erforderlichen Weise begründet ist.

Andernfalls kann die Revision lediglich unter der Voraussetzung noch zulässig sein, daß der Verstoß gegen Art. 101 I 2 GG ausnahmsweise von Amts wegen zu beachten ist. Verfahrensmängel sind von Amts wegen zu berücksichtigen, wenn sie im Fehlen einer Prozeßvoraussetzung begründet liegen, da dann das Verfahren im ganzen unzulässig ist und es also auch für das Revisionsgericht um die Zulässigkeit seines eigenen Verfahrens geht. Die Gesetzlichkeit des Richters ist keine Prozeßvoraussetzung,[574] wenngleich die Nichtbeachtung dieses Grundsatzes regelmäßig das Verfahren fehlerhaft macht. Ein Verstoß gegen die Grundrechtsnorm des Art. 101 I 2 GG ist nur in den Fällen, in denen er die Nichtigkeit des Verfahrens zur Folge hat,[575] ein dem Fehlen einer Prozeßvoraussetzung vergleichbarer Verfahrensmangel. Krankt das Verfahren des Berufungsgerichts an Nichtigkeit, so entbehren sowohl seine tatsächlichen Feststellungen als auch deren rechtliche Beurteilung der Grundlage;[576] das Revisionsgericht kann sich dann nicht auf die Prüfung beschränken, ob das angefochtene Urteil auf einem Irrtum über sachentscheidendes Recht

---

[572] *Arndt*, JZ 62, 545 (1.).

[573] *Arndt*, a. a. O.

[574] Noch weniger die vorschriftsmäßige Besetzung der Richterbank gemäß § 551 Nr. 1 ZPO; vgl. BAG JZ 62, 544; BGH NJW 62, 1167 (1168); *Heußner*, NJW 61, 1189.

[575] Vgl. dazu oben S. 119 (D I).

[576] *Arndt*, JZ 62, 545 (2.).

beruht, wenn es gar keine gültige Grundlage für diese Prüfung gibt.[577] Nur in diesem Ausnahmefall, daß nämlich der Verstoß gegen Art. 101 I 2 GG das Verfahren des Berufungsgerichts nichtig gemacht hat, hat also das Revisionsgericht die Verletzung der verfahrensgestaltenden Grundrechtsnorm des Art. 101 I 2 GG von Amts wegen zu beachten.

b) Verfassungsbeschwerde: Vorherige Erschöpfung des Rechtsweges

Ist gegen eine Grundrechtsverletzung (§ 90 I BVerfGG) der Rechtsweg zulässig, so kann die Verfassungsbeschwerde erst nach Erschöpfung des Rechtswegs erhoben werden (§ 90 II 1 BVerfGG). Diese Prozeßvoraussetzung dient nicht zuletzt[578] der Entlastung des Bundesverfassungsgerichtes.[579] Sie ist so streng zu handhaben, wie es ihrem rechtspolitischen Zweck entspricht, zumal § 90 II 2 dem Einzelfall dadurch gerecht wird, daß er Ausnahmen zuläßt, wenn das sachliche Interesse der Allgemeinheit bzw. des einzelnen Beschwerdeführers eine schleunige Entscheidung des Bundesverfassungsgerichts gebietet. „Erschöpfung des Rechtsweges" heißt demnach Ausschöpfung aller jeweils zulässigen Rechtsbehelfe.[580] Dazu genügt es gegebenenfalls nicht, daß der ganze Instanzenzug eines zulässigen Rechtsweges durchlaufen wird; vielmehr gehören neben der Berufung, Revision, Beschwerde und weiteren Beschwerde hierher auch die Vollstreckungsgegenklage und die Drittwiderspruchsklage bei Verfassungsbeschwerden gegen Vollstreckungsmaßnahmen sowie das Klageerzwingungsverfahren bei einer Verfassungsbeschwerde gegen einen Bescheid der Staatsanwaltschaft nach § 171 StPO,[581] schließlich auch etwa ein Ehrengerichtsweg oder ein sonstiger besonderer Rechtsbehelf.[582] Dagegen ist nicht mehr „Rechtsweg" im Sinne des § 90 BVerfGG die Amtshaftungsklage gemäß Art. 34 GG / § 839 BGB, weil in diesem Verfahren die Vernichtung, Aufhebung oder Feststellung der Rechtswidrigkeit der grundrechtsverletzenden Maßnahme nicht Streitgegenstand ist, sondern die Grundrechtsverletzung nur incidenter festgestellt werden kann.[583]

---

[577] Vgl. hierzu *Haueisen*, NJW 61, 2329 (2333, IV.).

[578] Zu den Motiven des §§ 90 II BVerfGG im einzelnen vgl. *Pfeiffer*, S. 28 f. (§ 1 V [1], [2]).

[579] *Lechner* in Bettermann-Nipperdey-Scheuner III 2, S. 681, 683 (A III 3 e).

[580] *Pfeiffer*, S. 31 (§ 1, V 1. [4]); *Lechner*, § 90, Erläut. zu Abs. II, Anm. 1) b); einschränkend *Arndt*, NJW 64, 1667 (1668, 4.).

[581] *Pfeiffer*, a. a. O.; *Geiger*, § 90, Anm. 7; *Lechner*, a. a. O.

[582] Vgl. *Pfeiffer*, S. 30 (2).

[583] *Geiger*, a. a. O.; *Pfeiffer*, S. 30 (2); *Lechner*, § 90, Erläut. zu Abs. II, Anm. 1) a).

Desgleichen zählt nach allgemeiner Ansicht[584] nicht zum Rechtsweg im Sinne des § 90 II 1 BVerfGG die Wiederaufnahme des Verfahrens, insbesondere die Nichtigkeitsklage nach § 579 I Nr. 1 ZPO; dieser Meinung kann nicht uneingeschränkt beigetreten werden.

Arndt[585] führt aus, das Verhältnis zwischen der Nichtigkeitsklage wegen nicht vorschriftsmäßiger Besetzung des Gerichts und der Verfassungsbeschwerde wegen verfassungsrechtlicher Ungesetzlichkeit des Richters ordne sich bereits durch eine klare Trennung der Falschbesetzung der Richterbank infolge eines Verfahrensirrtums von dem Verfassungsverstoß der Ungesetzlichkeit des Richters: Nichtigkeitsklage und Verfassungsbeschwerde hätten danach ganz verschiedenartige Ansatzpunkte, und es könne deshalb nicht in Frage kommen, daß einer auf Art. 101 GG gestützten Verfassungsbeschwerde eine Nichtigkeitsklage vorausgehen müßte, damit der Rechtsweg erschöpft sei.

Diese Ansicht Arndts trifft indes nicht in vollem Umfang zu; trotz klarer Trennung zwischen der Falschbesetzung der Richterbank und dem Verfassungsverstoß der Ungesetzlichkeit des Richters hat sich nämlich herausgestellt, daß es Fälle gibt, in denen durch denselben Umstand zugleich eine unvorschriftsmäßige Besetzung der Richterbank gemäß § 551 Nr. 1 ZPO (§ 579 I Nr. 1 ZPO) herbeigeführt und gegen den Verfassungsgrundsatz des gesetzlichen Richters gemäß Art. 101 I 2 GG verstoßen wird.[586] Zwar ist Arndts Auffassung, daß die Nichtigkeitsklage und die Verfassungsbeschwerde ganz verschiedene rechtliche Ansatzpunkte haben — nämlich einmal den Verfahrensmangel der nichtvorschriftsmäßigen Besetzung der Richterbank gemäß § 579 I Nr. 1 ZPO und zum anderen den Verfassungsverstoß gegen den Grundsatz des gesetzlichen Richters gemäß Art. 101 I 2 GG — auch in diesem Falle zutreffend; aber ein und derselbe Sachverhalt kann — entgegen den Ausführungen Arndts in NJW 64, 1667 — bisweilen sowohl die Nichtigkeitsklage als auch die Verfassungsbeschwerde begründen. Beide Rechtsbehelfe haben dann sogar den gleichen Zweck, das gleiche Ziel und Ergebnis: die Beseitigung der auf einem Verfahrensfehler beruhenden und grundrechtsverletzenden Entscheidung, an der ein unvorschriftsmäßig „sitzender" und zugleich ungesetzlicher Richter beteiligt war. Im Gegensatz zu Arndt, der ein

---

[584] *Lechner*, § 90, Erläut. zu Abs. II, Anm. 1) a); *Lechner* in Bettermann-Nipperdey-Scheuner III 2, S. 682; *Geiger*, § 90, Anm. 7; *Pfeiffer*, S. 31 (4); *Arndt*, NJW 64, 1667 (1668, 4.) und NJW 65, 807 (808).

[585] *Arndt*, NJW 64, 1667 (1668, 4.).

[586] So müßte sogar *Arndt*, JZ 56, 633 (3. Abs.), zu verstehen sein; vgl. aber jedenfalls oben S. 77 ff. (B II 4). Dies trifft z. B. dann zu, wenn ein Gerichtsvorsitzender willkürlich an Stelle des nach dem Geschäftsverteilungsplan berufenen und nicht verhinderten Richters einen anderen Beisitzer hinzuzieht.

Nebeneinander und damit auch ein Nacheinander von Nichtigkeitsklage und Verfassungsbeschwerde verneint, ist also die Möglichkeit eines Nebeneinander dieser beiden Rechtsbehelfe zu bejahen; dieses sachlich-rechtliche Nebeneinander gestaltet § 90 II 1 BVerfGG zur Entlastung des Bundesverfassungsgerichts zu einem prozessualen Nacheinander.

Gerade diese Ausführungen zum Verhältnis von Nichtigkeitsklage und Verfassungsbeschwerde zueinander erweisen, wie genau die Bemerkung Arndts[587] zutrifft, daß die Verfassungsgerichtsbarkeit — als selbständiges aliud zu den anderen Gerichtsbarkeiten — sich auf den Schutz der Verfassung beschränkt *und* ihn auch unmittelbar zu ihrem Gegenstande hat, jedoch im Rahmen der Verfassungsbeschwerde erst dann, wenn durch Erschöpfung des Rechtsweges ein Rechtsschutzbedürfnis entsteht.

Dieses erforderliche Rechtsschutzbedürfnis findet zu wenig Beachtung, wenn entsprechend der allgemeinen Auffassung die Nichtigkeitsklage und überhaupt die Wiederaufnahme des Verfahrens rein formal deshalb nicht dem Rechtsweg im Sinne des § 90 II 1 BVerfGG zugerechnet werden, weil sie als „außerordentliche Rechtsbehelfe"[588] „jenseits des Instanzenzuges"[589] stehen; da dies ausnahmslos gelten soll, schränken damit die Vertreter dieser Auffassung ihre Erkenntnis[590], daß Erschöpfung des Rechtsweges die Ausschöpfung aller jeweils zulässigen Rechtsbehelfe bedeutet, zumindest ein.

Die allgemeine Ansicht kann nur mit Vorbehalten übernommen werden. Soll die Verfassungsbeschwerde gegen einen Verwaltungsakt erhoben werden, so genügt es allerdings regelmäßig, wenn gegen ihn der Rechtsweg beschritten und der gesamte Instanzenzug durchlaufen wird. Hier ist eine etwa folgende Wiederaufnahme in der Tat ein außerordentlicher Rechtsbehelf jenseits des normalen Instanzenzuges; sie kann nicht mehr zur Erschöpfung des Rechtsweges verlangt werden, da sie ohnehin in den meisten Fällen zu keinem (anderen) Ergebnis mehr führen würde und zudem ihr Streitgegenstand in keinem Zusammenhang mit dem der sich anschließenden Verfassungsbeschwerde stände. Ebenso sinnlos wäre die Wiederaufnahme gewöhnlich dann, wenn wegen einer Grundrechtsverletzung in den unteren Instanzen eines Gerichtsverfahrens, gegen die sich später die Verfassungsbeschwerde richten soll, bereits der weitere Instanzenzug durchlaufen worden ist.

Anders verhält es sich hingegen, wenn der Instanzenzug nicht wegen eines Grundrechtsverstoßes durchlaufen wurde und die Ver-

---

[587] *Arndt*, NJW 64, 1667 (1668, 4.).

[588] Vgl. etwa *Pfeiffer*, S. 31 (4).

[589] Vgl. *Lechner* in Bettermann-Nipperdey-Scheuner III 2, S. 682.

[590] Siehe oben S. 124.

fassungsbeschwerde sich gegen eine Grundrechtsverletzung in der letzten Instanz richten soll (etwa weil das Revisionsgericht falsch besetzt und nicht der gesetzliche Richter war). In diesem Falle ist zwar der Instanzenzug erschöpft, aber gerade die grundrechtsverletzende Entscheidung noch mit keinem Rechtsbehelf bekämpft worden. Obgleich auch hier die Wiederaufnahme außerhalb des normalen Instanzenzuges steht, ist sie doch in diesem Falle kein „außerordentlicher Rechtsbehelf", sondern der eben bei dieser Sachlage zulässige Rechtsbehelf. Deshalb muß die Wiederaufnahme hier der Verfassungsbeschwerde vorangehen; bevor nämlich nicht der Versuch gemacht worden ist, einen grundrechtsverletzenden Staatsakt mittels des jeweiligen spezifischen Rechtsbehelfs zu beseitigen, ist der Rechtsweg nicht erschöpft im Sinne des § 90 II 1 BVerfGG und damit kein Rechtsschutzbedürfnis für eine Verfassungsbeschwerde gegeben.

III. Die Ahndung von Verstößen gegen Art. 101 I 2 GG

1. Schadenersatz

Ist jemand seinem gesetzlichen Richter entzogen worden, so kann er unter den Voraussetzungen von Art. 34 GG, § 839 BGB im Wege der Amtshaftungsklage Ersatz des ihm durch die Richterentziehung entstandenen materiellen und — in Verbindung mit § 847 I 1 BGB — immateriellen Schadens erlangen.

2. Strafdrohungen

a) Kriminalstrafe

Ein Verstoß gegen den Grundsatz des gesetzlichen Richters kann unmittelbar oder — in Verbindung mit der Maßnahme des anstelle des gesetzlichen Richters tätig werdenden Staatsorgans — mittelbar einen Straftatbestand erfüllen.

Es sind insbesondere folgende Strafdrohungen zu nennen:[591]

Ein Richter, der in Kenntnis seiner Unzuständigkeit tätig wird, oder etwa ein Staatsanwalt, der die gerichtliche Zuständigkeit in einem Verfahren zugunsten oder zuungunsten eines Angeklagten manipuliert, macht sich unter den näheren Voraussetzungen des § 336 StGB wegen Rechtsbeugung strafbar. Außerdem können ein gegen Art. 101 I 2 GG verstoßender Beamter sowie ein ungesetzlicher Richter gemäß § 341 StGB wegen Freiheitsberaubung im Amte strafbar

[591] Siehe hierzu auch *Kern*, S. 242 ff. (B II).

sein. In der Tätigkeit eines Ausnahmegerichts kann eine Amtsanmaßung liegen (§ 132 StGB) und je nach Strafe, die es verhängt, Freiheitsberaubung oder Mord. Ein Beamter, der ein „Urteil" eines Ausnahmegerichts vollstreckt, ist wegen unzulässiger Strafvollstreckung nach § 345 StGB zu bestrafen. Unter den Voraussetzungen des § 346 StGB kann sich ein Beamter oder Richter im Falle eines Verstoßes gegen den Grundsatz des gesetzlichen Richters der Begünstigung im Amt schuldig machen.

Je nach den Umständen kommen auch Unterlassungsdelikte in Betracht (ggf. als echtes Unterlassungsdelikt die Nichtanzeige drohender Verbrechen, § 138 StGB).

Teilnahme an den genannten Delikten ist in den verschiedensten Formen möglich. Insbesondere sind aber hier einige verselbständigte Teilnahmetatbestände zu erwähnen, die bei Verletzungen des Grundsatzes des gesetzlichen Richters eingreifen können: Verselbständigte Tatbestände einer mittelbaren Täterschaft sind in diesem Sinne die §§ 105, 106 StGB (Parlamentsnötigung und Hinderung von Parlamentsmitgliedern); Anstiftungs- und Beihilfedelikte sind verselbständigt niedergelegt in § 89 i. V. m. § 92 II Nr. 5,[592] III Nr. 3 StGB (staatsgefährdende Zersetzung) und § 357 StGB (Pflichtverletzung des Vorgesetzten).

b) Disziplinarstrafe

Verletzt ein Beamter oder Richter durch einen Verstoß gegen den Grundsatz des gesetzlichen Richters schuldhaft seine Dienstpflichten bzw. richterlichen Pflichten, so kann wegen dieses Dienstvergehens eine Disziplinarstrafe gegen ihn verhängt werden.[593]

---

592 Vgl. oben S. 3 ff. (A I) u. a.

593 Für Beamte vgl. §77 BBG i. V. mit der BDO sowie entsprechende Vorschriften der Landesbeamtengesetze i. V. mit der jeweiligen Landesdisziplinarordnung. Für Richter im Bundesdienst vgl. §§ 26, 46 (i. V. mit § 77 BBG), 61 ff. DRiG i. V. mit der BDO, für Richter im Landesdienst §§ 26, 71 I 1 (i. V. mit § 45 BRRG und entsprechenden Vorschriften in Landesrichtergesetzen), 77 ff. DRiG i. V. mit der jeweiligen Landesdisziplinarordnung.

2. TEIL

Geschichte und Rechtsvergleichung

A. Die Geschichte des Grundsatzes des gesetzlichen Richters

Der Satz: „Niemand darf seinem gesetzlichen Richter entzogen werden" erscheint in dieser Form zum ersten Male in der Französischen Verfassung von 1791.[1] Zu diesem Zeitpunkt blickt er jedoch schon auf eine lange Entstehungsgeschichte zurück. Er ist im Laufe der Jahrhunderte geworden; nachdem jeweils vereinzelt Gewaltentrennung, Unabhängigkeit der Gerichte, Verbot der Kabinettsjustiz, Verbot von Ausnahmegerichten, Ständigkeit der Gerichte und gesetzliche Zuständigkeitsordnung als Grundlagen einer Rechtspflege im rechtsstaatlichen Sinne anerkannt waren, wurden schließlich alle derartigen Grundsätze in dem Verbot der Entziehung des gesetzlichen Richters als umfassendem Schutz eines rechtsstaatlichen Gerichtswesens zusammengefaßt und damit ein Meisterwerk gesetzlicher Abstraktion geschaffen.

Verschiedene dieser Wurzeln reichen bis in die römische und germanische Epoche zurück. Sehr früh schon wurde in Rom die magistratische Koerzition beschränkt, so daß der Inhaber der Gewalt den Ausgang des Prozesses nicht beeinflussen konnte.[2] Die sullanische Gerichtsreform ging von vornherein von einer — nach der verletzten Lex — bestimmten sachlichen Zuständigkeit der Geschworenengerichte aus, für das die Geschworenen auf möglichst unparteiische Weise gewonnen wurden[3]. In noch stärkerem Maße entzog die germanische Gerichtsverfassung den Spruch dem Einfluß des Herrschers oder seiner mit Weisung versehenen Beamten. Abgesehen von der überall im germanischen Recht durchgeführten Teilung zwischen Richter und Urteilern war grundsätzlich die gesamte Volksversammlung für das Erkenntnis zuständig, wodurch es unmöglich war, einen Beschuldigten seinem von vornherein bestimmten Richter zu entziehen.[4] Die Ein-

---

[1] „Les citoyens ne peuvent être distraits des juges que la loi leur assigne ..." (zit. nach *Kern*, S. 31, III).

[2] *Oehler*, ZStrW 64, 292 (297 f.).

[3] *Oehler*, ZStrW 64, 292 (298), im Anschluß an *Mommsen*, S. 213 ff.

[4] *Oehler*, ZStrW 64, 292 (298).

führung der — lebenslänglichen — Schöffen änderte daran nichts, denn damit blieb die Ständigkeit der Gerichte, die allein die gerechte Entscheidung verbürgt, gewährleistet. Auch die Carolina wollte über die Ständigkeit der Gerichte der Gerechtigkeit dienen.[5] Schließlich wurde die Ständigkeit des Gerichtskollegiums in jahrhundertelanger Entwicklung zum Zeichen eines Rechtsstaates überhaupt; erst die Einführung der Kabinetts- und Verwaltungsjustiz unterhöhlte in Einzelfällen dieses rechtsstaatliche Prinzip.[6]

Bemerkenswert ist aber, daß selbst in England, wo sich verhältnismäßig früh im Mittelalter freiheitliche und rechtsstaatliche Gedanken durchsetzten, bis zur Beseitigung der Sternkammern Kabinettsjustiz geübt und lange Zeit hindurch sogar als unverdächtig angeshen wurde.[7] Währenddessen entwickelten sich dort vielmehr andere Wurzeln des Verbots der Richterentziehung. So wurde in der magna charta von 1215 — wie schon zu Anfang des zwölften Jahrhunderts — erneut den Baronen und allen Freien das iudicium parium, die Aburteilung durch Standesgenossen, zugesichert. Zwar ist Kern[8] darin zuzustimmen, daß das iudicium parium und das Verbot der Richterentziehung sich nicht gegenseitig bedingen und auch geschichtlich nicht parallel gelaufen sind; aber es ist erkennbar, daß beide Prinzipien demselben Grundgedanken entsprungen sind: Es soll nicht gleichgültig sein, wer als Richter Gesetz und Recht auf einen Fall anwendet. Auch im England des zwölften und dreizehnten Jahrhunderts nahm man also nicht jedweden als Richter an; war der Richter kein Standesgenosse, so sah man sich als dem gerechten Richter entzogen an. Das siebzehnte und achtzehnte Jahrhundert brachten dann weitere Garantien auf dem Wege zur Gesetzlichkeit des Richters: In der petition of rights forderte das englische Parlament 1628 dem König das Verbot von Ausnahmegerichten ab; die bill of rights von 1689 enthielt die Forderung ordnungsgemäßer Bestellung der Geschworenen, und in der act of settlement von 1701 wurde die Unabhängigkeit der Richter zugesichert.

Der Grundsatz des Verbots der Richterentziehung gehört zwar zu jedem Rechtsstaat und ist — wie aus den obigen Ausführungen ersichtlich — nicht etwa erst eine Frucht liberaler Gedanken;[9] aber die entscheidenden Impulse zu seiner endgültigen Anerkennung gingen in der neueren Geschichte doch vom Freiheitskampf gegen den Absolutismus aus.

---

[5] Vgl. insbesondere Art. 1 und 2 CCC.

[6] *Oehler*, ZStrW 64, 292 (298).

[7] Vgl. *Kern*, S. 12 ff., 15 f.

[8] *Kern*, S.14 f.

[9] *Oehler*, ZStrW 64, 292 (297).

So schritt in England die Entwicklung des Grundsatzes des gesetzlichen Richters genau wie der Kampf gegen den Absolutismus bereits früh, aber nur allmählich voran. Die Verfassungen der nordamerikanischen Einzelstaaten und die Verfassung der Vereinigten Staaten von 1787 enthielten das Verbot der Richterentziehung oder das Verbot außerordentlicher Gerichte überhaupt nicht, weil für eine solche Verfassungsbestimmung kein praktisches Bedürfnis bestand.[10]

Die freiheitlichen Ideen Englands und Amerikas fanden im Laufe des achtzehnten Jahrhunderts auch Eingang in Frankreich. Die Gedanken der Aufklärung breiteten sich rasch aus (vor allem Montesquieu: „L'esprit des lois"). Aber in der Praxis änderte sich an den durch den Absolutismus hervorgerufenen Mißständen — insbesondere in der Strafjustiz — nichts. Wie dann der offene Kampf gegen den Absolutismus mit der Revolution wie ein Sturm hereinbrach, so erscheint auch das Verbot der Richterentziehung sofort in der uns heute geläufigen Form. Zwar steht es nicht ausdrücklich in der déclaration des droits de l'homme et du citoyen von 1789, weil diese sich sehr eng an die amerikanischen Verfassungen anlehnte; aber in der constitution française von 1791 findet es sich dann mit der Formulierung, in der erstmalig vom „gesetzlichen" Richter die Rede ist: Les citoyens ne peuvent être distraits des juges que la loi leur assigne (par aucune commission ni par d'autres attributions et évocations que celles qui sont déterminées à la loi. Diese zweite Satzhälfte läßt erkennen, daß sich das Verbot damals ausschließlich an Adressaten außerhalb der Justiz richtete). In späteren französischen Verfassungsurkunden ist verschiedentlich der Wortlaut des Verbotes unwesentlich verändert. Manchmal aber ist es überhaupt nicht erwähnt. Es darf nichtsdestoweniger angenommen werden, daß es auch dann als ungeschriebenes Recht weitergalt.[11]

Die Verfassungsentwicklung in Frankreich und in Belgien — das sich mit seiner konstitutionellen Verfassung von 1831 stark an die französische charte constitutionelle von 1814 anlehnte — übte einen großen Einfluß auf die Entwicklung in anderen europäischen und außereuropäischen Ländern aus. So weist Kern darauf hin,[12] daß im neunzehnten Jahrhundert das Verbot der Richterentziehung grundsätzlich übereinstimmend in den konstitutionellen Verfassungen u. a. Spaniens, Sardiniens, der Schweiz, der Türkei und Japans wiederkehrt.

Das Vorbild Frankreichs hat schließlich auch in Deutschland den entscheidenden Anstoß zur gesetzlichen Formulierung des Verbotes der Richterentziehung gegeben. Der Weg zu dieser Anerkennung war

---

[10] Vgl. *Kern*, S. 25 ff.

[11] Vgl. *Kern*, S. 31 ff. und insbesondere S. 45.

[12] *Kern*, S. 43 und 146 ff.

jedoch schon in langer Entwicklung bereitet. Im achtzehnten Jahrhundert schenkten vor allem die preußischen[13] Herrscher unablässig der Justizverwaltung und Justizverfassung ihre Aufmerksamkeit;[14] sie erkannten, daß eine unbestechliche und rasche Justiz eine der wichtigsten Säulen des Staates ist.[15] Das erklärt auch den scheinbaren Widerspruch, daß sie zwar auf Eingriffe in Justizsachen verzichteten, sich aber nichtsdestoweniger eine weitgehende Justizaufsicht einschließlich sachlicher Nachprüfung der Urteile vorbehielten. Die Entwicklung zum Rechtsstaat hatte also längst eingesetzt und ging im Gegensatz zu Frankreich schrittweise voran. Daher hatte die Anerkennung des Verbotes der Richterentziehung in Preußen keine so einschneidende Wirkung auf die einzelnen Urteile für und gegen die Staatsbürger. Verfassungsrechtlich hatte sie jedoch eine große Bedeutung: Wenn schließlich die gesetzliche Anerkennung noch so lange auf sich hat warten lassen, dann nur deshalb, weil der Monarch nicht gewillt war, seine souveräne Stellung grundsätzlich zu beschränken. Er hat diese Position bis zur Mitte des neunzehnten Jahrhunderts halten können. In der preußischen Verfassung von 1850 hieß es dann in Art. 7 Satz 1: „Niemand darf seinem gesetzlichen Richter entzogen werden." — In den anderen deutschen Staaten, in denen die Stellung des Bürgers ungünstiger war, kam die Wendung vom Absolutismus zum Liberalismus überraschender, so daß sie (ab 1814) alle noch vor Preußen das Verbot der Richterentziehung in ihre neuen, konstitutionellen Verfassungen aufgenommen haben.[16]

Unter den Grundrechten, die 1848 von der Frankfurter Nationalversammlung proklamiert und 1849 in die Paulskirchenverfassung übernommen wurden, findet sich als § 175 der Verfassung auch das Verbot der Richterentziehung: „Niemand darf seinem gesetzlichen Richter entzogen werden." Die Reichsverfassung von 1871 enthielt weder Grundrechte noch Bestimmungen über die Rechtspflege (abgesehen von Art. 77). Das Verbot der Richterentziehung ist also hier zwar nicht zu finden, bestand aber nach übereinstimmendem Landesrecht doch. Mit der Schaffung des Gerichtsverfassungsgesetzes von 1877 und der Aufnahme des Grundsatzes des gesetzlichen Richters als § 16 erweiterte sich der Sinn dieses Postulates.[17] Justiz und Verwal-

---

[13] Vgl. aber auch *Lühr* (DRiZ 61, 341) zu den damaligen Verhältnissen im Kurstaat Hannover, insbesondere zum Proömium der Gerichtsordnung für das Oberappellationsgericht Celle, in dem der Grundsatz des gesetzlichen Richters anklingt (vgl. a. a. O., S. 342).

[14] Vgl. in diesem Zusammenhang *Kleinheyer,* V B, VI, insbesondere S. 77, 83 ff., 144, 149.

[15] *Kern,* S. 56.

[16] Vgl. *Kern,* S. 114 f.

[17] Vgl. dazu *Kern,* S. 130 ff., insbes. S. 140 f. Vgl. ferner oben S. 65 (1. Teil, B II 2 a).

tung waren von nun an scharf getrennt. Alle Entscheidungen, die eine richterliche Tätigkeit (einschließlich Geschäftsverteilung usw.) darstellen, dürfen seitdem nur noch die Gerichte treffen. Keine andere Institution ist zur Nachprüfung dieser Entscheidungen befugt. Da dem Bürger auch gegen Willkürakte der Justiz Schutz geboten werden soll, richtet sich § 16 GVG nicht mehr nur an die außerhalb der Justiz stehenden Organe, sondern in starkem Maße ebenso an die Justiz selbst.

Keine Schranke kennt das Gebot — abgesehen von der Unterbrechung während der nationalsozialistischen Zeit — seit der Übernahme des § 16 GVG als Art. 105 in die Weimarer Reichsverfassung. Es gilt von da an auch für die Sondergerichte und bindet als Verfassungsrechtssatz insoweit die Gesetzgebung. Wenige Jahrzehnte nach der Blütezeit des Liberalismus und kurze Zeit nach der Errichtung eines demokratischen Rechtsstaates in Deutschland setzte im Dritten Reich eine rückläufige Entwicklung ein. Diese rechtsstaatswidrige Einstellung mußte vor allem Art. 105 WV treffen. Zwar ist er nie offiziell aufgehoben gewesen; aber das Prinzip des gesetzlichen Richters war tot. Damals schrieb Jaeger:[18] „Zur weiteren Verständlichmachung ... muß mit zwei Vorstellungen aufgeräumt werden, die aus der Vergangenheit noch unser Denken belasten ... Der zweite überkommene ... Begriff ist der des zuständigen (gesetzlichen) Richters." Anstelle des Prinzips des gesetzlichen Richters gilt für ihn als endgültig einziger Grundsatz:[19] „Jeder Richter ist da zuständig, wo und wann ihn die Führung und kraft Ermächtigung der Führung andere Stellen ansetzen zu müssen glauben."

Beim Neuaufbau Deutschlands nach dem zweiten Weltkrieg war durch die Abneigung gegenüber jeder Willkür der Wille zu Freiheit und Recht so gestärkt, daß man bei aller Verschiedenheit der Auffassungen darüber einig war, eine rechtsstaatliche Verfassung schaffen zu wollen. Das Gebot des gesetzlichen Richters war einer ihrer Bausteine. Noch eher aber war der Grundsatz des gesetzlichen Richters bereits wieder in die vor dem Grundgesetz ergangenen deutschen Landesverfassungen aufgenommen worden.

B. Der Grundsatz des gesetzlichen Richters im geltenden Recht

I. Deutschland (abgesehen vom Bundesrecht)

1. Länder der Bundesrepublik Deutschland

Alle vor dem Grundgesetz entstandenen Verfassungen der Länder der Bundesrepublik bekennen sich ausdrücklich zum Grundsatz des

[18] *Jaeger,* S. 95.
[19] *Jaeger,* S. 95.

gesetzlichen Richters. Diese Vorschriften der Landesverfassungen gelten gemäß Art. 142 GG neben Art. 101 I 2 GG fort;[20] sie müssen, wollen und können so ausgelegt werden, daß sie die Gesetzlichkeit des Richters mit derselben Intensität garantieren, mit der auch Art. 101 I 2 GG sie gewährleistet:

Die Landesverfassungen, in denen sie enthalten sind, sind im selben Maße wie das Grundgesetz rechtsstaatliche Verfassungen. Den gesetzlichen Richter insbesondere sichern die meisten dieser Verfassungen mit einem Wortlaut zu, der sich völlig mit dem des Art. 101 I 2 GG deckt.[21] Wo dies nicht der Fall ist, läuft die Formulierung zumindest nicht auf eine schwächere Garantie hinaus; so betont die rheinland-pfälzische Verfassung ausdrücklich den Anspruch eines jeden auf seinen gesetzlichen Richter.[22] Der grundrechtliche Charakter dieses Rechtes auf den gesetzlichen Richter wird in fast allen diesen Landesverfassungen[23] durch seine Aufnahme in den Grundrechtsteil stärker hervorgehoben als im Grundgesetz, wo es im Abschnitt über die Rechtspflege seinen Platz fand; dabei ist bemerkenswert, daß in der Verfassung für Rheinland-Pfalz, die den Grundrechtsteil u. a. in die Abschnitte „Freiheitsrechte" und „Gleichheitsrechte" unterteilt, der Anspruch auf den gesetzlichen Richter — im Zusammenhang allerdings mit den Grundsätzen „nulla poena sine lege" und „ne bis in idem" — bei den Freiheitsrechten erscheint;[24] lediglich in der Verfassung des Freistaates Bayern findet sich das Verbot der Richterentziehung — wie im Grundgesetz — im Abschnitt über die Rechtspflege.

Da das in Art. 101 I 2 GG enthaltene Prinzip des gesetzlichen Richters mit dem Inkrafttreten des Grundgesetzes im gesamten Bundesgebiet[25] geltendes Recht wurde, brauchten (und durften?[26]) die *nach* dem Grundgesetz entstandenen Landesverfassungen[27] die Gesetzlichkeit des Richters nicht mehr besonders zu garantieren. Dies ist dann auch — abgesehen von der Verfassung von Berlin[28] — in keiner

---

[20] Siehe oben S. 66 (1. Teil, B II 2 b).

[21] Hessen, Art. 20 I 1; Bayern, Art. 86 I 2; Bremen, Art. 6 I; Saarland, Art. 14 I.

[22] Art. 6 I 1 VerfRh-Pf.

[23] Hessen, Rheinl.-Pf., Bremen, Saarland.

[24] Vgl. nämlich in diesem Zusammenhang oben S. 67 f. (1. Teil, B II 3 c). Ähnlich wie Rh.-Pf. aber W-Berlin, vgl. Art. 9 I.

[25] Einschließlich W-Berlin, vgl. Art. 23, 144 I GG.

[26] Vgl. die Ausnahmebestimmung des Art. 142 GG.

[27] Schleswig-Holstein, NRW, W-Berlin, Niedersachsen, Hamburg, Baden-Württemberg.

[28] Vgl. Art. 9 I 2, 67. Eine Teilregelung enthält Art. 39 I Vorläuf. Nieds-Verf: „Die rechtsprechende Gewalt wird im Namen des Volkes durch *die nach den Gesetzen bestellten Gerichte* ausgeübt"; ähnlich Art. 65 I VerfBad-W.

dieser Verfassungen noch ausdrücklich geschehen; verschiedentlich haben sie es jedoch für tunlich gehalten, sich auf die im Grundgesetz festgelegten Grundrechte zu beziehen.[29]

2. Mitteldeutschland

Nachdem in den Jahren nach dem zweiten Weltkrieg zunächst die Verfassungen der Länder in der sowjetischen Besatzungszone sämtlich den gesetzlichen Richter garantiert hatten,[30] enthielt die Verfassung der „Deutschen Demokratischen Republik" vom 7. 10. 1949 den Grundsatz des gesetzlichen Richters im Abschnitt über die Rechtspflege:

Art. 134 Satz 1 „Kein Bürger darf seinen gesetzlichen Richtern entzogen werden."[31]

In der „Verfassung der Deutschen Demokratischen Republik" vom 8. 4. 1968 ist der Grundsatz des gesetzlichen Richters in Art. 101 niedergelegt (in Abschnitt IV: Sozialistische Rechtspflege und Gesetzlichkeit):

„Art 101 (1) Niemand darf seinem gesetzlichen Richter entzogen werden.
(2) Ausnahmegerichte sind unstatthaft."

Der in allen diesen Verfassungen enthaltene Satz hat jedoch nur geringe Bedeutung erlangt.

Der Grund hierfür liegt einmal darin, daß der Aufgabenbereich der Gerichte stark beschränkt ist, weil ein erheblicher Teil der Rechtsprechungsaufgaben auf die durch Schiedskommissionen entscheidenden Staatlichen Vertragsgerichte[32] und auf die Konfliktkommissionen[33, 34] übertragen worden ist. Zum anderen liegt der Grund darin,

---

[29] Vgl. NRW, Art. 4; Baden-Württ., Art. 2 I.

[30] Thüringen (1946), Art. 48 Satz 2; Sachsen-Anhalt (1947), Art. 65, 2. Halbs.; Mecklenburg (1947), Art. 66 I 2. Halbs.; Mark Brandenburg (1947), Art. 41 I 1; Sachsen (1947), Art. 65 I 1.

[31] Das GVG der „DDR" v. 17. 4. 1963 (GBl. I S. 45) enthält in § 3 III den Satz: „Ausnahmegerichte sind unstatthaft."

[32] Vgl. die VO über das Staatliche Vertragsgericht v. 22. 1. 1959 (GBl. I S. 83).

[33] Zur Erweiterung der Zuständigkeit der Konfliktkommissionen gegenüber der VO v. 30. 4. 1953 (GBl. S. 695) vgl. die VO über die neuen Konfliktkommissionen vom 28. 4. 1960 (GBl. I S. 347) — i. V. mit der Richtlinie für die Arbeit der neuen Konfliktkommissionen vom 4. 4. 1960 (GBl. I S. 347) — und die VO über die Konfliktkommissionen vom 1. 6. 1961 (GBl. II S. 203) — i. V. mit der Richtlinie für die Wahl und die Arbeitsweise der Konfliktkommissionen vom 26. 5. 1961 (GBl. II S. 203) —.

[34] Vgl. *Creuzburg* und *Hänsel* in NJ 62, 721: „So werden heute bereits 34,9 Prozent der gesamten Straftaten in der DDR mit Hilfe der Konfliktkommissionen behandelt."

daß das Oberste Gericht der „Deutschen Demokratischen Republik" bereits recht früh in einem Urteil[35] den Grundsatz des gesetzlichen Richters sehr eng ausgelegt hat, indem es ihn auf das in ihm enthaltene *Ver*bot beschränkt ansah und indem es ihm keine Bedeutung für die Zuständigkeit innerhalb eines Gerichts beimaß; das Gericht versteht den Art. 134 der Verfassung von 1949 so,

> „daß gesetzlicher Richter derjenige ist, der nach den geltenden Gesetzen, insbesondere dem Gerichtsverfassungsgesetz und den Prozeßordnungen, an dem für den betreffenden Bürger sachlich und örtlich zuständigen Gericht amtiert. Das Gebot, niemanden seinem gesetzlichen Richter zu entziehen, will verhindern, daß eine Sache, die zur Zuständigkeit der ordentlichen Gerichte gehört, an eine andere Stelle oder eine Verwaltungsbehörde überwiesen wird, ohne daß dafür eine gesetzliche Grundlage besteht. Ist aber eine Sache bei dem dafür örtlich und sachlich zuständigen Gericht anhängig, so ist der Bürger seinem gesetzlichen Richter nicht entzogen, wenn der Prozeß vor einem Richter, der dem Gericht zur Zeit der Verhandlung angehört, entschieden wird. Nichts anderes besagt auch der § 16 GVG. Ebenso wie in Art. 134 der Verfassung drückt der Satz, der Ausnahmegerichte für unstatthaft erklärt, das gleiche positiv aus, was der Satz, der sich mit dem gesetzlichen Richter beschäftigt, in negativer Form zum Ausdruck bringt. Hieraus folgt, daß die Bestimmungen der §§ 62 ff. GVG lediglich Verwaltungsvorschriften sind, die den geschäftsmäßigen Ablauf unter den Kammern des Landgerichts regeln ..."

II. Weitere Länder

1. Großbritannien

Großbritannien besitzt im Gegensatz zu allen anderen modernen Staaten keine Verfassungsurkunde, in der die Grundregeln des Verfassungslebens zusammengefaßt sind. Freiheitsbriefe und alte Urkunden aus dem Mittelalter, die in zeitgemäßem Sinne umgedeutet werden, gelten neben den neueren Verfassungsgesetzen des neunzehnten und zwanzigsten Jahrhunderts als Bestandteile des englischen Verfassungsrechts fort.[36] Damit haben auch die in den großen englischen Grundgesetzen des siebzehnten und achtzehnten Jahrhunderts enthaltenen — oben bereits erwähnten[37] — Garantien, die jeweils einen Teil des vom Grundsatz des gesetzlichen Richters umfaßten Schutzbereichs sichern, bis heute ihre Gültigkeit bewahrt.

Ein umfassendes Verbot der Richterentziehung in der seit der französischen Revolution in vielen Staaten üblichen Form ist aber in England nie normiert worden. Die britische Gerichtsverfassung kennt

---

[35] OG in NJ 51, 377 (1.).

[36] Vgl. Dennewitz, 1. Bd., S. 31; *Franz*, S. 495.

[37] Siehe oben S. 130 (2. Teil, A).

vor allem nicht die Gesetzlichkeit des Richters in der Durchformung, wie sie in Deutschland — und zwar nicht erst unter dem Grundgesetz — besteht. In diesem Zusammenhang soll hier nur auf die nach britischem Recht bestehende Möglichkeit hingewiesen werden, daß ein — örtlich — unzuständiges Gericht sich selbst nach freiem Ermessen für zuständig erklären kann. Die englische Gerichtsverfassung und das englische Rechtsschutzsystem lassen sich jedoch nur schwer mit den deutschen Verhältnissen vergleichen.

2. Vereinigte Staaten von Amerika

Weder die heute noch geltende Verfassung der Vereinigten Staaten von 1787 noch die Verfassungen der Einzelstaaten sprechen den Grundsatz des gesetzlichen Richters aus.[38] In der Tat besteht er in den Vereinigten Staaten nicht in dem Sinne, wie er in Deutschland verstanden wird. So werden — wie Meyer[39] ausführt — bisweilen gerade für bedeutende und umfangreiche Prozesse die Richter unter Abwägung aller möglicher Umstände, ihrer politischen Neigung, ihrer Konfession, ihres Gesundheitszustandes, ausgesucht.

3. Norwegen

Zur Verdeutlichung der Unterschiede, die zwischen dem norwegischen und dem deutschen Rechtssystem bestehen — und zwar weniger im materiellen, als vielmehr im prozessualen Recht und insbesondere auf dem Gebiet der Gerichtsverfassung —, greift Börresen[40] bezeichnenderweise die Bestimmungen über die Geschäftsordnung und das Prinzip des gesetzlichen Richters heraus. Der Grundsatz des gesetzlichen Richters bestehe in diesem Sinne in Norwegen nicht. Das deutsche System sei insgesamt mehr in Einzelheiten regelgebunden, u. a. in dem historisch verständlichen Wunsch, möglichst wirksame Kautelen gegen jegliche denkbare Verletzungen der Rechtsstaatlichkeit zu errichten. Im Vergleich mit diesem peinlich genau und logisch aufgebauten Rechts- und Gerichtssystem scheine das norwegische mehr auf Ehrfurcht vor dem „common sense" und einer gewissen Abscheu vor Bürokratisierung — teils wohl auch auf bloßen Traditionen — zu beruhen. Börresen wagt jedoch keine Antwort auf die Frage, welchem der beiden Systeme der Vorrang einzuräumen sei, dem deutschen, weil es eine stärkere Konsequenz aufweise, oder dem norwegischen, weil es eine größere Elastizität besitze.

---

[38] Vgl. auch oben S. 131 (2. Teil, A).
[39] *Meyer*, DRiZ 54, 10.
[40] *Börresen*, DRiZ 62, 321 (323, VII).

4. Belgien

Die Verfassung Belgiens von 1831, deren Vorbild die französische Verfassung von 1791 und die französische Charte von 1814 waren, bekennt sich wie diese ausdrücklich zum Grundsatz des gesetzlichen Richters.[41]

Die einschlägigen Artikel 8 und 94 lauten:

Art. 8 (in: Titre II. Des Belges et de leurs droits.): Nul ne peut être distrait contre son gré du juge, que la loi lui assigne.

Art. 94 (in: Titre III. Des pouvoirs., Chapitre III. Du pouvoir judiciaire.): Nul tribunal, nulle jurisdiction contentieuse ne peut être établie qu'en vertu d'une loi. Il ne peut être créé de commissions ni de tribunaux extraordinaires sous quelque dénomination que ce soit.

5. Schweiz

Die Bundesverfassung der Schweizerischen Eidgenossenschaft von 1874 enthält den Grundsatz des gesetzlichen Richters in Art. 58 I:

> Niemand darf seinem verfassungsmäßigen Richter entzogen, und es dürfen daher keine Ausnahmegerichte eingeführt werden.

Die schweizerische Rechtsprechung sieht diese Verfassungsbestimmung auch dann als verletzt an, wenn ein Gericht in willkürlicher Übertretung bestehender Vorschriften seine Kompetenz im Einzelfalle bejaht oder verneint.[42]

Der Anspruch auf den verfassungsmäßigen Richter gehört zu den verfassungsmäßigen Rechten im Sinne des Art. 113 I Nr. 3 der schweizerischen Bundesverfassung, gegen deren Verletzung nach dieser Vorschrift Beschwerde beim Bundesgericht — dem u. a.[43] die verfassungsgerichtlichen Aufgaben übertragen sind — erhoben werden kann.[44]

6. Österreich

In Österreich ist der Grundsatz, daß niemand seinem gesetzlichen Richter entzogen werden darf, in Art. 83 II des Bundesverfassungsgesetzes in der Fassung von 1929 niedergelegt; gleichlautend erscheint er auch in § 1 des Gesetzes zum Schutze der persönlichen Freiheit von 1862, das durch Art. 149 des Bundesverfassungsgesetzes zu einem Verfassungsgesetz des Bundes erklärt wurde.

---

[41] Siehe dazu *Kern*, S. 43 f.

[42] Vgl. *Fleiner-Giacometti*, § 84, S. 867.

[43] Vgl. Art. 106 ff. der Bundesverfassung.

[44] Vgl. *Fleiner-Giacometti*, § 87, S. 884.

Aus der Interpretation, die der Grundsatz des gesetzlichen Richters durch die Rechtsprechung des österreichischen Verfassungsgerichtshofs gefunden hat, sollen zwei Punkte herausgegriffen werden, die gerade im Vergleich zur Auslegung dieses Satzes in der Bundesrepublik Deutschland bemerkenswert sind:

Der Verfassungsgerichtshof sieht — zum einen — das Verbot der Entziehung des gesetzlichen Richters dann als verletzt an, wenn eine Behörde Befugnisse eines Strafrichters wegen einer Handlung ausübt, die gegen keine rechtsgültige Strafandrohung verstößt und daher nach dem Gesetz überhaupt nicht der Beurteilung durch den Strafrichter unterliegt.[45] Damit hat der Gerichtshof unter dem Gesichtspunkt des Grundsatzes des gesetzlichen Richters einen verfassungsrechtlichen Klageanspruch wegen Verletzung des Prinzips „nulla poena sine lege" anerkannt.[46]

Zum anderen versteht der Verfassungsgerichtshof unter dem „gesetzlichen Richter" nicht mehr nur die zuständige richterliche Behörde, sondern die zuständige Behörde überhaupt, also auch die zuständige Verwaltungsbehörde.[47] Adamovich-Spanner[48] halten diese über den ursprünglichen Sinn und Zweck des Grundrechts auf ein Verfahren vor dem gesetzlichen Richter wesentlich hinausgehende Auslegung vom allgemeinen rechtsstaatlichen Standpunkt aus für zweckmäßig, verfassungsrechtlich jedoch für anfechtbar.

7. Italien

In der Verfassung der italienischen Republik von 1947 findet sich das Verbot der Richterentziehung unter den Rechten und Pflichten der Bürger — Zivilrechtliche Beziehungen — in Art. 25 I:

> Niemand kann dem vom Gesetz vorbestimmten natürlichen Richter entzogen werden.[49]

---

[45] Vgl. die Nachweise bei *Adamovich-Spanner*, S. 448 (7. Hauptstück, B II 6).

[46] *Adamovich-Spanner*, a. a. O.; vgl. dagegen die Regelung in der Bundesrepublik Deutschland, wo sich die Möglichkeit zur Erhebung der Verfassungsbeschwerde aus § 90 I BVerfGG i. V. mit Art. 103 II GG unmittelbar ergibt.

[47] Vgl. *Adamovich-Spanner*, a. a. O., mit den dortigen Nachweisen, u. a. auch Fußnote 1 a. E.

[48] *Adamovich-Spanner*, a. a. O.

[49] Übersetzung nach *Zurcher*, S. 274.

8. Türkei

Die türkische Verfassung von 1961 sichert das Recht auf den gesetzlichen Richter in Art. 32 I unter den Vorschriften über den Rechtsschutz zu:

> Niemand darf gezwungen werden, sich vor einer anderen Behörde als dem zuständigen Gericht zu verantworten.[50]

9. Japan

Die Verfassung Japans von 1947 enthält das Prinzip des gesetzlichen Richters in Art. 32 im Kapitel über die Rechte und Pflichten des Volkes:

> Niemand darf seinem ordentlichen Richter entzogen werden.

Ferner bestimmt Art. 76 II im Kapitel über die Rechtsprechung:

> Kein Sondergericht darf eingerichtet werden, . . .[51]

10. Sowjetunion

Die Verfassung der Union der Sozialistischen Sowjetrepubliken — in der Fassung von 1955 — garantiert zwar in Art. 112 den Richtern die Unabhängigkeit. Aber den Grundsatz des gesetzlichen Richters enthält das sowjetische Verfassungs- und Gerichtsverfassungsrecht nicht. Es ist vielmehr unter verschiedenen Umständen ausdrücklich im Strafprozeßrecht vorgesehen, daß durch individuelle Anordnung — bisweilen nichtrichterlicher, politischer Instanzen — ein örtlich oder sachlich unzuständiger Richter im Einzelfalle an die Stelle des an sich berufenen Gerichts gesetzt werden kann.[52]

III. Völkerrechtlicher und internationalrechtlicher Bereich

Auf dem Gebiete des internationalen, überstaatlichen Rechts ist ein alle Völker *verpflichtender* Schutz der Menschenrechte zwar mehrfach gefordert, aber bisher nicht verwirklicht worden. Immerhin ist es jedoch den westlichen Staaten Europas 1950 in Rom gelungen, die Konvention zum Schutze der Menschenrechte und Grundfreiheiten zu

---

[50] Übersetzung nach P. C. Mayer=Tasch-J. Contiades: Die Verfassungen Europas, Stuttgart 1966, S. 569.

[51] Übersetzung nach *Franz*, S. 547 und 553.

[52] *Maurach*, Hdb. der Sowjetverf., Art. 112, Anm. 4.

schaffen. Darin hat auch der Grundsatz des gesetzlichen Richters Aufnahme gefunden:

Art. 6 I 1 *Jedermann hat Anspruch darauf, daß seine Sache* in billiger Weise öffentlich und innerhalb einer angemessenen Frist *gehört wird,* und zwar *von einem* unabhängigen und unparteiischen, *auf Gesetz beruhenden Gericht,* das über zivilrechtliche Ansprüche und Pflichten oder über die Stichhaltigkeit der gegen ihn erhobenen strafrechtlichen Anklage zu entscheiden hat.

Indem die Konvention jedermann den Anspruch auf Verhandlung seiner Sache vor einem auf Gesetz beruhenden Gericht gibt, gewährleistet sie jedem Rechtsunterworfenen seinen gesetzlichen Richter; ein ad hoc zur Entscheidung berufenes Gericht ist kein Gericht im Sinne des Art. 6 I 1 MRK.[53, 54]

---

[53] *Schorn,* MRK, Art. 6 I 1, insbesondere Erläut. 25.

[54] Zum Grundsatz des gesetzlichen Richters in der internationalen Gerichtsbarkeit vgl. auch *Ehle,* NJW 64, 321 (327, V 2 a), sowie oben S. 5 (1. Teil, A I).

STICHWORTVERZEICHNIS

(Die Zahlen bezeichnen die Seiten.)

FSC
www.fsc.org
MIX
Papier | Fördert gute Waldnutzung
FSC® C083411

Kolibri 360 GmbH
Ferdinand-Jühlke-Straße 7
99095 Erfurt, Deutschland
produktsicherheit@kolibri360.de